FUENTE DE VIDA

CONTACTO CON EL ORIGEN DEL SER

Léonard Lassalle

FUENTE DE VIDA

CONTACTO CON EL ORIGEN DEL SER

MY LOCAL MEDIA COMPANY LTD · ENGLAND

*Publicado en el 2013
por My Local Media Company Ltd
Copyright © Léonard Lassalle 2017*

Traducido al español por el Dr. Ing. Andrés Emilio Pérez Morillas

N° ISBN: 978-0-9576475-5-8

Se ha dejado por sentado el derecho moral de los autores.

Todos los derechos reservados.
Ninguna parte de esta publicación puede reproducirse, ni almacenarse en un sistema de recuperación, ni trasmitirse de ninguna forma, sin la previa autorización por escrito de la editorial, ni puede circularse en forma alguna de tapa o cubierta, distinta de aquella en la que se publica y sin una condición similar, incluyendo el que esta condición sea impuesta al posterior comprador.

Ilustración de la Cubierta: Léonard Lassalle
Diseño de la Cubierta: Laurence Lasalle
Diseño del Libro: Dahlan Lassalle
Compuesto en Palatino
Producido a través de www.lulu.com

para My Local Media Company Ltd, Inglaterrazaa

Contenidos

Agradecimientos   7

Introducción   9

Capítulo 1   11
Primeros pasos con la práctica espiritual,1937-1959
Descubriendo a la compañera de mi vida, Oyendo de un nuevo enfoque a la espiritualidad, La primera visita de Jean a Francia, El primer contacto con el entrenamiento espiritual, Cómo compartir la experiencia, El encuentro con la bestia, Crecimiento en la conciencia, Comprendiendo mi origen, Coincidencia y realidad, Viviendo mi carácter independiente, Primer encuentro con los militares, Reconectando con las fuerzas de vida, Nueva vida en Francia, Experiencia de levitación, Abandonando el miedo, Nuestra boda y el primer Congreso Mundial Subud.

Capítulo 2   70
Encuentros con un hombre excepcional, 1959-1988
La primera visita de Bapak a Francia, Mi Nuevo nombre, Conciencia con los ángeles, Encontrando por primera vez a los profetas, Bapak, Jesús y Mahoma, El melocotón, La peletería, Conduciendo ciego bajo la lluvia, Bapak cambia inesperadamente su plan, Concientizando el lado espiritual del mundo material, El payaso de Dios.

Capítulo 3   101
Sobre el asunto de los nombres, concepción, sexo, la vida y la muerte
Convirtiéndonos en padres, Descubrimientos sobre mi padre carnal, Más sobre los nombres, Otra experiencia de nombre, La circuncisión, Mélinda, tratando con la enfermedad, El sonido de la Tierra, Edgar y el misterio del mal olor, La partida de mi abuela GC, Conectando con la fuente de la existencia.

Capítulo 4   134
Un accidente nos ayuda a mudarnos al norte
Mudándonos a París, Liberándome finalmente de los militares, En busca de

un ingreso y un lugar dónde vivir, Desafiándome a mí mismo, Encontrando una profesión que fuera una fuente de ingreso en los muchos años por venir, Mudándonos al Reino Unido, Adaptándome a la demanda, Nuestra primera propiedad, Adquiriendo la tienda, La compra de la Casa de Lúpulo de Basset, Estableciéndome y descubriendo mis muchos talentos, Aprendiendo a través de una dolorosa experiencia, Atestiguando (siendo testigo de) los poderes del mundo material, Después de la partida de Bapak, 1987.

Capítulo 5 199
El latihan en giras internacionales
Première visite à Java, Changement dans mes responsabilités spirituelles, Primera vista a Java, Cambios en mis responsabilidades espirituales, El primer latihan de Janusz en un ático de Varsovia, Una visita astral en el latihan, El arcángel, La todo abarcadora fuerza de vida, Problemas en el aeropuerto de Kinshasa, Siguiendo la ululante danza, Recibiendo guía de cualquier parte de su cuerpo, Tratando con los ancestros, Desbloqueando lo que está trabado a través del sonido y el movimiento en el latihan, Un encuentro con la magia negra, desarrollando la conciencia del alma

Capítulo 6 244
Mudándonos al sur, a Provenza
Dejando Inglaterra después de 26 años, El trabajo continúa..., Regresando a pintar con óleo, Entonces, un desafío inesperado, La tragedia del 11 de septiembre de 2011, Solo una historia más, Las últimas palabras...

Glosario 266

Índice de cambios de nombres 267

Sobre el autor 268

Agradecimientos

Muy agradecido por su ayuda y aliento:

A Mélinda, por su valiosa asistencia durante la escritura de este libro.

A nuestros hijos, que lo hicieron posible ofreciéndome un software de reconocimiento de la palabra llamado Dragón. Esto me permitió hablarle a la computadora, en lugar de tener que teclear el texto, ya que mi visión es ahora demasiado pobre para ver el teclado claramente.

A Laurence, el más joven de nuestros hijos, que contribuyó mucho a la maquetación del libro.

A Laurence Shorter por sus pertinentes observaciones.

A Adrienne Campell, por su aliento, apoyo y disposición a editar, junto con Brianna Shepard; y a Jane Phillimore, la editora. quien dio a Fuente de Vida su aprobación final.

Gracias a nuestro hijo Dahlan Lassalle por sus consejos, por la maquetación del libro y por haberlo leído hasta sus etapas finales.

Y finalmente gracias al Dr. Andrés (Samuel) Pérez Morillas por su traducción al español y a Lia Espinosa por su ayuda a Samuel como correctora y por hacer la lectura final de Fuente de Vida.

Léonard Lassalle
84340 - Beaumont du Ventoux - France
Septembre 2017

Introducción

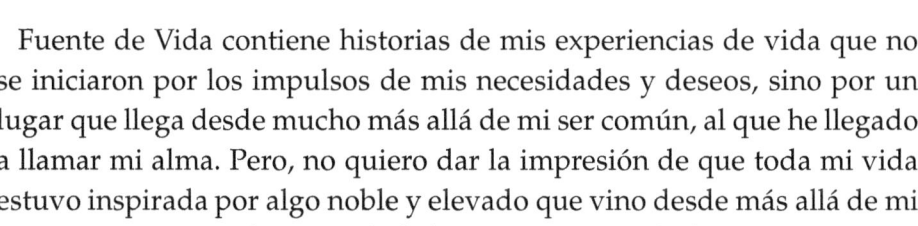

Fuente de Vida contiene historias de mis experiencias de vida que no se iniciaron por los impulsos de mis necesidades y deseos, sino por un lugar que llega desde mucho más allá de mi ser común, al que he llegado a llamar mi alma. Pero, no quiero dar la impresión de que toda mi vida estuvo inspirada por algo noble y elevado que vino desde más allá de mi ser común. Tengan la seguridad de que mis necesidades y deseos están realmente vivos, aún llenan mi ego y han estado activos en el proceso de desarrollo de mi vida, con sus altas y bajas, placeres y sufrimientos.

En octubre de 1957, cuando tenía 19 años, comencé un entrenamiento espiritual llamado el latihan kejiwaan* de Subud*. Gradualmente, a través de una práctica continua, concienticé que junto a mi ser común residía en mí una más profunda y excelente conciencia. Con objeto de que esta conciencia se enraizara en mí, necesité cultivar un espacio interior, que solo saldría cuando de buen grado abandonara mi ordinario y egocéntrico ser.

En Fuente de Vida comparto mis experiencias, consciente de que a veces, pudieran encontrar algunas de ellas difíciles de aceptar como ciertas, ya que no son racionales en el sentido terrenal de la palabra. Llegan de una conciencia diferente, donde la lógica de dos más dos no siempre necesariamente es igual a cuatro. Sin embargo, su impacto sobre mi vida diaria es evidente, como lo descubrirán cuando lean.

Que yo sepa, estas experiencias han llegado desde el redespertar de mi conciencia primaria, que se origina en la Fuente de Vida. Cumpliendo con la práctica del latihan, poco a poco, he llegado a descubrir en mí mismo una nueva forma de comprensión, que no brota de deducciones o adiciones, sino más bien de una percepción global del todo, sin el uso del pensamiento.

Encuentro que en mi ser he desarrollado diferentes lugares de comprensión: las creaciones de la mente deben ser entendidas por la mente, los sentimientos del corazón por este, las realidades de una naturaleza espiritual entendidas a través del abrazo del todo por el alma. Descubrí en mí mismo que cada nivel de conciencia tiene su propia realidad y leyes de existencia.

Veintiséis años después de mi primer latihan, en una reunión en el Hotel Tara de Londres, el día 2 de octubre de 1983, Muhammad Pak Subud* (el hombre que primero recibió el latihan y a quien llamamos 'Bapak'*) me pidió compartir con otros mis experiencias de vida durante mis años practicando el latihan.

Esta es la principal razón para escribir este libro: contar las historias de estas experiencias tal y como las he vivido, con toda su simplicidad y sinceridad.

* ver Glosario, página 266

Capítulo 1

Primeros pasos con la nueva práctica espiritual, 1937- 1959

Crecí en un entorno poco habitual debido, principalmente, a una madre excéntrica y amorosa, que me crió en una isla salvaje de la costa de Var, en el sur de Francia. No había tiendas ni escuelas en la Ile du Levant; y hasta los seis años, los únicos niños que frecuentaba eran Sylvette, mi

Île du Levant

hermana mayor, y una niña pequeña llamada Didi. A mi hermano Philippe, once años mayor que yo, lo había internado su padre en un colegio de jesuitas en Avignon, y no lo vi hasta después de la guerra. La mayor parte de mi tiempo lo pasaba solo, cerca de mi alma, con las aves, los peces, los reptiles y los insectos que habitaban la isla y su costa. Mi educación artística vino, en gran parte, de la naturaleza que me rodeaba, de la música del movimiento del mar cuando borboteaba en las rocas dentro de los hoyos de los cangrejos, del dulce morir de las olas sobre la diminuta playa de guijarros, o de los silbidos del mistral soplando a través de los matorrales.

Mi madre, que era pintora, actuó como un espejo para mí, imprimiendo mis sentimientos con su búsqueda para encontrar la correcta vibración del color con qué pintar. Solía observarla escudriñando su trabajo desde lejos antes de mezclar enérgicamente los brillantes pigmentos oleaginosos con su espátula, para obtener el resultado deseado. Podía mirarla durante horas, en completo silencio y admiración.

Mi madre pintando la Ile du Lévant a bordo de un barco, 1932

En 1942, en medio de la guerra, sobrevivir en la Ile du Levant se hizo muy difícil; los alimentos eran

11

escasos y los botes de suministro, que hacían la travesía de 15 km desde la Francia continental, llegaban cada vez con menos frecuencia. Mi padre adoptivo se había ido a la guerra, y mi madre decidió mudarse a una pequeña aldea llamada Dieuleft, en la región de Drôme, en el sudeste de Francia. Allí encontró una escuela privada mixta, donde fuimos aceptados mi hermana y yo, como los únicos niños no internos. La directora, la Sra. Soubeyran, consciente de nuestra situación material, se negó amablemente a cobrar. Tres meses después de mudarnos supimos que Marcel Lasalle (mi padre adoptivo), había muerto electrocutado por un cable de alta tensión en Nuremberg, en Alemania.

François pintando en Summerhill

Asistimos a esta escuela durante nueve años y en ella recibimos una educación elemental básica. Después de la guerra, en 1951, nuestra madre tuvo vla brillante idea de enviarnos a una escuela libre y revolucionaria, en Inglaterra, llamada Summerhill, dirigida por el Sr. AS Neill. El padre de mi hermana y mi abuela pagaban las cuotas. Esta escuela tuvo un profundo y positivo efecto en mi desarrollo emocional, me aportó autoconfianza, junto con la habilidad de expresarme fluidamente en inglés. A los quince años, fui a París a estudiar dibujo durante dos años, y a aprender lo que entonces se llamaba 'publicidad' (diseño de carteles y rotulación).

Esta educación, poco ortodoxa y sin la presencia de un padre, acontribuyó probablemente a hacerme independiente y autosuficiente. Tiendo a ser una persona muy práctica, no creyendo en nada, excepto en aquello que experimento directamente. Baso mi comprensión en lo que puedo tocar, en lo que puedo sentir.

Mientras nos criaba, nuestra madre nunca mencionó la palabra Dios, ni nos contó sobre la existencia de la Biblia, ni el Nuevo Testamento, ni sobre prácticas espirituales o religión alguna. Había sufrido los rigores de un padre clérigo y autoritario, quien posteriormente se convirtió en coronel del ejército británico. Pero, a través de mucho sufrimiento emocional, encontró su camino individual, acercándose a la naturaleza y nos crió de forma libre y amorosa. Escribí mi primer libro: "Castañas, Nueces y Queso de Cabra", sobre las aventuras de mis primeros años, hasta el final de mis estudios y el encuentro con mi esposa, Jean.

Mi pensamiento racional me trajo un cierto confort y me dio una base para gestionar mi existencia. Mi mundo era relativamente pequeño, pero lo que entendía de él tenía sentido, ya que en lo que confiaba, provenía de la realidad de mis experiencias. Al tener una naturaleza de artista, tendía a vivir a través de mis emociones y sensibilidad, más que de mi cabeza. Esta forma de pensamiento me ayudó a conducir mi frágil velero, a través del complejo y amplio océano de mis sentimientos.

Encuentro con la que sería la compañera de mi vida

Fue durante el período de dos años, mientras estudiaba pintura en la Escuela Central de Artes y Oficios en Londres, cuando conocí a Jean, que más tarde cambiaría su nombre y se llamaría Melinda. En esa época ella ganaba un poco de dinero como modelo, en las clases de pintura de Leslie Cole.

En una mañana de septiembre de 1965, entré al estudio de pintura un poco más tarde que lo usual y encontré una grata sorpresa; una inspiradora y nueva modelo, posando sobre una silla alta y cubierta con una tela blanca. No queriendo perder más del precioso tiempo para pintar, fijé rápidamente mi lienzo sobre el destartalado caballete de la escuela de arte y exprimiendo los colores de los tubos a mi paleta, me mantuve mirándola atentamente, preguntándome qué ángulo sería el mejor para crear una composición atractiva sobre mi lienzo.

Escogí finalmente una vista tres cuartos, vertí algo de trementina en un viejo pote de yogurt, y brocha en mano, estaba listo para comenzar. Cual fuego que se apodera de un seco campo, invadido por una súbita ráfaga de inspiración, me sumergí totalmente en mi creatividad. Trabajé duro durante la primera parte de la mañana; no hubo pensamientos en mi mente, sólo concentración en el trabajo.

Mientras la observaba atentamente, noté que esta nueva modelo era diferente de otras con las que había trabajado en Londres y París. Parecía estar internamente despierta; había una intensidad en sus distantes y pálidos ojos verdes que reflejaba una conciencia interior activa. Durante el acostumbrado descanso inglés del té de las once, no pude resistir ir hacia Jean y preguntarle si podía sentarme con ella; sonrió y asintió suavemente con la cabeza, en silencio.

Jean (Mélinda) en Londres, 1956

Después de las presentaciones, comenzamos a conversar; "¿Qué haces dentro de ti misma mientras estás posando?", pregunté, curioso por saber si lo que había observado mientras estaba posando era correcto. Sorprendida por mi pregunta respondió: "¡Nada!" Repetí la pregunta varias veces, hasta que finalmente reconoció: "Bueno, si insistes te lo diré: a veces, cuento de1 a 100 y al mismo tiempo de 100 a 1. También intento sentir el final de los dedos de mis pies y subir lentamente sintiendo mi cuerpo hacia mi cabeza, mientras intento estar consciente de todo mi ser."

Y riendo, añadió: "Pero raramente tengo éxito; ¡es difícil, sabes!" Sorprendido, y con admiración por su logro, dije: "Lo que haces se parece mucho a un ejercicio de Gurdjieff." De alguna forma, una parte de cada uno de nosotros se había fusionado; ambos estábamos satisfechos de que el otro conociera el "Trabajo" de Gurdjieff, eso estableció entre nosotros una comunicación instantánea; (si no han oído antes del Sr. Gurdjieff les diré que fue un maestro esotérico caucasiano que trajo técnicas de autodesarrollo del Medio Oriente para enseñar a los occidentales y que tuvo su centro en Fontainebleau, cerca de París.)

Jean me dijo que vivía y trabajaba en un centro llamado "Instituto para el Estudio Comparativo de la Historia, la Filosofía y las Ciencias". El centro estaba en una propiedad llamada Coombe Springs, cerca de Kingston upon Thames. Su director era John G. Bennett y, bajo su guía, los alumnos practicaban los métodos de Gurdjieff. Yo mismo ya había estado interesado en este trabajo y en los escritos de Ouspensky, a través de un amigo artista, pintor, en Londres. La lectura de estos libros esotéricos me mostró como cambiaba mi conciencia, según mi humor. Observé que no había nada realmente permanente en mis sentimientos y pensamientos.

Jean se convirtió enseguida en mi compañera y pasábamos juntos todo nuestro tiempo libre. Comencé a visitarla en Coombe Springs, sobre todo por las tardes, permaneciendo allí con frecuencia hasta la mañana. Compartió su vida allí conmigo, incluyendo el trabajo interior que hacía a través de diferentes tipos de ejercicios, tales como "Movimientos" "Las danzas derviches" y el "Ejercicio Parar". El Sr. Bennett era el maestro, y algunos de sus pupilos más experimentados impartían también las clases. Junto a la vida de estudiante de arte que estaba viviendo en Londres, desarrollé rápidamente nuevas relaciones con los amigos de Jean en Coombe Springs, pero para mí los residentes y la gente que visitaba el Instituto parecían complicados, y algunos daban la impresión de estar "embobados" en su devoción por el trabajo de Gurdjieff, igual que les sucedía con su maestro, el Sr. Bennett. Yo tenía 18 años y era demasiado independiente y autosuficiente para seguir el camino de alguien excepto el mío propio. Probablemente debido a mi educación, un poco salvaje y original, no quería unirme ni a esta ni a otra organización que tuviera autoridad sobre mí.

Un nuevo enfoque de la espiritualidad

En esa época compartía un pequeño piso en una primera planta con un amigo estudiante llamado John Lawrence, que estudiaba ilustración de libros, en la Escuela Central de Artes y Oficios en la Avenida Belsize Park, no lejos de Hampstead Heath. John había sido educado en un catolicismo estricto, y en una escuela católica privada, y nuestros muy diferentes condicionamientos y educaciones nos condujeron a una comprensión divergente sobre todo tipo de asuntos. Disfrutábamos de nuestras conversaciones, cada cual esforzándose para que el otro comprendiera su propio punto de vista. En cuestión de asuntos espirituales, a él lo habían enseñado a "creer": en Dios, en el Nuevo Testamento, en la Biblia y en Jesús y sus milagros. Mi razonamiento era que "creer" en algo tiende a significar que no conozco eso en lo que se me pide creer, ya que cuando lo conozco a través de la propia experiencia, no hay más necesidad de creer en ello.

"¿No es mejor confiar en lo que conoces por tu propia experiencia, que creer en algo sobre lo que no sabes nada, por muy sagrado que pueda parecer?" Preguntaba. Y John respondía: "¡Pero no puedes conocer a Dios! Sólo puedes creer en Él." Y así nuestras conversaciones continuaban, frecuentemente hasta bien tarde en la noche. Mi corta estancia en la Escuela Summerhill me había enseñado que no había comportamiento malo ni bueno; todo dependía desde qué ángulo lo miraras. Ahora veo que, aunque nuestras discusiones eran interesantes, ni él ni yo cambiaríamos nuestros puntos de vista.

Regresaré ahora a la historia de cómo fue mi encuentro con este nuevo enfoque espiritual. Una noche, a principio del verano de 1957, me desperté al oír un automóvil pitando en medio de la noche, afuera, en la Avenida Park Belsize. Miré por una de las grandes ventanas de guillotina para ver quién estaba lo suficientemente loco como para hacer eso y para mi sorpresa, vi a Jean y a nuestro amigo Peter Gibbs saludándome desde el pequeño Austin 7 descapotable, estacionado. Levanté la guillotina y dije, manteniendo mi voz baja: "¡Silencio, tranquilos, despertareis a todo el vecindario!"

"¿Podemos subir a verte?" rogó Jean, brindándome una amplia sonrisa. Me puse rápidamente mis pantalones vaqueros y una camisa que estaba a los pies de mi cama, y bajé aprisa para abrir la puerta delantera. Habían venido a decirme que algo increíble había pasado en Coombe Springs. Noté que los ojos de ambos centelleaban, llenos de vida; parecían eufóricos, como si hubieran sido tocados por la varita mágica de un hada. "¿Están borrachos? ¿O han tomado alguna droga? ¿Se dan cuenta de que son las dos y media de la madrugada?", pregunté, manteniendo mi voz tan baja como me era posible. Peter habló para decirme la razón de su excitación. El Sr. Bennett, que habitualmente impartía los seminarios internacionales del "Trabajo" de Gurdjieff, había invitado recientemente a un indonesio llamado Muhammad Pak Subuh, a venir junto con su familia y algunos amigos. Según Peter, habían venido, a Coombe Springs, a traer un tipo de entrenamiento espiritual totalmente nuevo.

La decisión de invitar a los indonesios parece que había sido tomada rápidamente por el Sr. Benet y unos pocos "Gurdjiefferos" cercanos; algunos de la "Vieja Guardia", que no fueron consultados, y de la "línea dura" de Gurdjieff, habían abandonado Coombe Springs, otros se habían quedado para recibir y experimentar el "Contacto" que Muhammad Pak Subuh había traído con él.

"Nos ofrece lo que llama latihan kejiwaan, que aparentemente significa un tipo de entrenamiento espiritual", explicó Peter con vacilación. Parece que el Sr. Bennett, con unos pocos alumnos escogidos, había comenzado este latihan hace pocos meses en Londres. Este "Contacto" lo trajo de Indonesia un tal Hussein Rofé, que lo recibió directamente cuando estuvo con Pak Subuh en Indonesia. Basados en los resultados positivos que ellos mismos habían experimentado, el Sr. Bennett y su pequeño grupo habían decidido ofrecer dicho ejercicio a otros miembros del Instituto presentes en Coombe Springs.

Posteriormente, el Sr. Bennett explicó por qué había decidido invitar a Pak Subuh al Instituto. Les contó que en su última conversación con Gurdjieff, justo antes de su muerte en octubre de 1949. Gurdjieff le había sugerido que prestara toda su atención a una nueva corriente espiritual que vendría desde el Lejano Oriente a ayudar a la humanidad. Poco después, un sabio maestro Sufi del Medio Oriente le dijo algo similar. Y un antiguo seguidor del "trabajo", Meredith Starr, que vivía en Chipre, había contactado con él afirmando de forma convincente que, en su breve experiencia del latihan, ciertamente lo recomendaría como algo enteramente nuevo y prometedor.

Peter explicó todo esto en un santiamén. "Así que, ¿cuál es la diferencia con lo que estaban haciendo antes...esos ejercicios de Gurdjieff..." auto-observación" y todas esas cosas?" pregunté, sin entender mucho de qué trataba todo eso.

Continuó explicando: "Es completamente diferente. Con los ejercicios de Gurdjieff la gente usa su voluntad y concentración. Con este latihan es al contrario, no usamos ni nuestra voluntad ni nuestra concentración; nos abandonamos del todo y seguimos lo que sale espontáneamente del interior. ¡Es increíble!"

Peter trató de compartir su nueva experiencia con entusiasmo: "¿Abandonar qué cosa? ¿Para qué?", repliqué cínicamente, sin comprender lo que él estaba diciendo.

Fue Jean quien continuó, deseosa de compartir conmigo su experiencia del latihan; su boca bailaba libremente al hablar, expresando mucha alegría. "Justo antes de que las mujeres comenzaran el latihan, nos pidieron quitarnos los zapatos y cerrar los ojos. Entonces oí a una mujer indonesia decir 'comenzamos'. Pronto sentí movimientos que venían desde muy profundo dentro de mí, no me resistí, sino que los seguí. Las lágrimas rodaron por mis mejillas. Comencé espontáneamente a cantar y hacer sonidos que nunca antes había hecho.

Había unas diez mujeres en el cuarto y todas se estaban moviendo y cantando libremente, algunas llorando, otras riendo. Fue asombroso; me sentí muy bien después..."

Para enfatizar lo que estaba compartiendo, bajó lentamente sus párpados para cerrar sus ojos, mostrándome la sinceridad de su abandono. Había tanta emoción en su voz que las lágrimas inundaron sus ojos.

"¿Cuando pasó eso?" pregunté, tratando de retroceder a una realidad más firme.

Jean contestó, "Oh, justo alrededor de las diez de la noche en la casa grande. Todos los que comenzaron este latihan se preguntan qué les está sucediendo."

Observé a ambos, pensando en silencio: "Estos están en las nubes; lo que dicen no tiene sentido, Coombe Springs parece haberse convertido en un tipo de manicomio."

Al fin, dándose cuenta de que su alegría y entusiasmo no parecían tener mucho efecto en su amigo francés, Peter decidió de repente: "Pienso que mejor nos vamos; sabes, ¡Jennifer se estará preguntando dónde diablos estaré a esta hora de la madrugada!" Jennifer era la esposa de Peter.

Miré los verdes y brillantes ojos de Jean. En su luminosidad vi una sombra de decepción y supe que se debía a que yo no había podido responder positivamente a su inmensa alegría. Sonreí dulcemente y dije, "Buenas noches. ¡La próxima vez traten de venir a una hora más razonable! Los veré el próximo fin de semana." Habíamos acordado que la visitaría el sábado siguiente por la tarde en Coombe Springs.

De regreso a la cama escuché el ronroneo del motor del Austin 7 disipándose lentamente en la noche. El silencio que le siguió, en lugar de apaciguar mi mente, me dio el espacio para reflexionar sobre lo que acababa de suceder.

"No, mis amigos no estaban borrachos, era obvio. ¿Por qué se habían molestado en venir desde tan lejos, desde Kingston upon Thames hasta Londres Norte, para compartir conmigo sus inverosímiles experiencias? Eso ciertamente demostraba confianza y hasta amor, pero ¿cuál sería la verdadera razón de su estado de excitación e híper-alegría? Después de todo, uno no hace esa larga travesía en medio de la noche solo para disfrutar del viaje. Quizás lo que han encontrado sea tan grande y poderoso, tan nuevo y sublime, que sintieron la urgencia de compartirlo de inmediato con la persona más cercana a sus corazones."

Con estos pensamientos vino un cálido sentimiento que se difundió por mi pecho: habían conducido todo ese camino porque yo les importaba. De repente me sentí mal por haber dicho ese "buenas noches" tan rápida y bruscamente.

Unos pocos días después, visitando el Instituto, noté que había un enorme cambio en los residentes desde la llegada de Pak Subuh. Había más ligereza y sonrisas, como si todos estuvieran relajados y de repente se sintieran felices de ser ellos mismos. Los más jóvenes sintieron especialmente que la experiencia del latihan los había separado del cordón umbilical que los ataba tan firmemente al Sr. Bennett y al trabajo de Gurdjieff. Encontré a los residentes más comunicativos, como si hubieran sido liberados de una tensión interna provocada quizás, por la concentración de pensamientos requeridos por el método de "auto-observación" de Gurdjieff...

Primera visita de Jean a Francia

A principios del verano de 1957, quería ir al sur para pasar las vacaciones con mi madre y presentarle a Jean. Había invitado a Jean a quedarse con nosotros en Vallauris, donde vivía mi madre en la Costa Azul. Hicimos la larga travesía en tren y llegamos a Cannes bajo un magnífico cielo azul. Era la primera vez que Jean estaba en Francia y yo estaba orgulloso de mostrarle esta bella parte del mundo.

Mi madre estaba encantada por nuestra visita y por conocer a mi novia; era la primera que le presentaba y desde el primer momento sintió un gran afecto hacia ella. El contraste entre la forma de vida de nuestras respectivas familias era enorme. Jean había sido educada en una atmósfera inglesa muy burguesa, en la que poco de lo que uno siente por dentro se compartía con los padres. Los sentimientos se guardaban y cara a tus padres y a otros, siempre se daba la apariencia de que todo estaba bajo control.

En mi familia, la mayor parte de las emociones se compartían instantáneamente: digo la mayoría, porque las muy profundas, donde había sufrimiento, no se compartían, a fin de evitar el dolor a los que amábamos.

La casa de nuestra madre en el barrio de Devens, en Vallauris

También había diferencia en el aspecto material: en Inglaterra, la mayoría de las casas tenían baños con agua caliente y fría, salas con cortinas de flores y sillones cómodos. En Francia, sólo teníamos un grifo en la cocina que tenía que dar servicio a las necesidades de toda la familia. No había sala, ni cortinas en las ventanas, ni cómodos sillones. La cocina funcionaba como sala y cuarto de trabajo, y la única, sólida y resistente mesa de toda la casa era utilizada para todo tipo de actividades.

Aunque mi nueva compañera no se mostró incómoda en ese momento, me dijo muchos años después que se había sorprendido al observar una diferencia tan enorme en las formas de vivir. Fue muy gratificante que Jean se relacionara tan bien con mi madre; conversaban juntas en la terraza, bajo la vid, mientras mamá, cigarrillo en mano, hacía sus pantallas de rafia. Nadamos en el azul Mediterráneo, y visitamos la atractiva costa y el agreste campo, en mi vieja Lambretta gris.

Las vacaciones fueron estimulantes para ambos, pero pronto llegó el momento de regresar a Inglaterra. La reunión con mi madre había sido importante, ya que había ayudado a que Jean entendiera mejor mi origen. Yo había conocido a su familia y admirado la forma en que ella podía liberarse de la fuerte influencia de la vida burguesa. Ahora ella podía entender que mi origen y educación eran responsables de mi carácter y mi comportamiento.

En cuanto regresamos, Jean regresó a Coombe Springs. No sabía muy bien qué haría a continuación, pues la llegada del latihan había cambiado totalmente la dinámica del Instituto y de sus seguidores. Yo por mi parte, como no había terminado mis estudios de arte en la Escuela Central de Artes y Oficios retomé con verdadero placer los pinceles, los colores y la paleta. Estaba de nuevo inmerso en la vida de estudiante de arte en Londres.

Primer contacto con el entrenamiento espiritual

Mi hermana, su esposo Toby y yo decidimos compartir un apartamento en Nevern Square, no lejos de la estación de metro de Earl's Court. Toby se estaba recuperando después de tres meses en un centro de convalecencia en Jordán, y mi hermana ganaba algo de dinero como modelo en el mundo de la moda en Londres. Yo pasaba con Jean todo el tiempo libre que podía encontrar, a menudo los fines de semana visitábamos a

CAPITULO 1

Peter y Jennifer Gibbs en Sussex Oriental, y nos quedábamos en el secadero de lúpulo.

Mis amigos invertían la mayor parte de su tiempo hablando sobre su nueva experiencia del latihan. Podía ver cuánto significaba para ellos, pero no deseaba comenzar a involucrarme. Realmente no sentía la necesidad. Sin embargo, estaba observando los obvios efectos y cambios que el entrenamiento espiritual estaba teniendo en ellos y me preguntaba si eso tendría algún efecto sobre mí pues, aunque yo no practicaba el ejercicio mi cercanía a Jean propiciaba que todo mi ser recibiera cierta influencia.

Me di cuenta de que la frágil estructura que había estado construyendo desde mi infancia, a través de las alegrías y sufrimientos de mi vida, estaba comenzando a desmoronarse. No era tan estable como yo había pensado; la duda me estaba invadiendo. ¿Sabía acaso realmente quién era? Esta persona dentro de mí parecía no ser la misma, siempre estaba cambiando, dependiendo de quién estaba a su alrededor. Lentamente fui sintiéndome más y más confundido, y cuando los amigos o la familia me hacían una pregunta, cualquier pregunta, respondía, "No tengo idea; realmente, de verdad, no sé nada, ni siquiera quién soy."

Mi hermana y Toby estaban muy preocupados conmigo. Pensaron que mi extraño comportamiento podía deberse a la influencia de Jean, por estar tanto tiempo con ella. Su suposición me perturbó; sabía, muy en lo profundo, que había comenzado un cambio dentro de mí mismo, pero no podía explicarlo claramente. Lo que estaba pasando en mi interior era demasiado borroso para compartirlo con alguien, incluso con mi familia. Me sentí vulnerable, como si todas mis defensas estuvieran en el suelo, sintiéndome como un niño, un verdadero niño. Aún estaba en este estado perdido cuando, al final de la tarde de un viernes, a mediados de octubre de 1957, crucé las verjas de Coombe Springs. De forma automática, tal como era mi costumbre, caminé directo hacia la habitación de Jean, cuando de pronto me topé con Pierre Elliot en el patio, fuera de la casa grande.

Pierre, que estaba relacionado con la familia del Sr. Bennett, había pasado la mayor parte de su vida de estudiante en la Sorbona de París. Nunca perdía una oportunidad de hablar francés conmigo.

"Salut, François! Comment ça va?" dijo, sonriendo, ofreciendo su mano derecha para un apretón. Cuando Pierre preguntó cómo estaba, sentí que podía abrirle mi corazón y respondí, vacilando, "No muy bien, de hecho, nada bien; siento que me he perdido, o nos hemos perdido. Siento que no sé absolutamente nada sobre quién soy o sobre nada más."

Con sus manos detrás de la espalda, caminando lentamente mientras miraba al suelo, escuchó mis palabras. De repente dejó de caminar y, suavemente, volviendo su cabeza para mirar directamente a mis ojos, dijo: "Es simple, ¿por qué no comienzas el latihan?" Y después de un momento añadió: "Podría organizarlo para ti, comenzando esta noche si quieres."

Estaba a punto de contestar: "No, gracias, eso no es para mí", cuando sentí un silencio dentro de mí y mi voz interior, esa que antes en raras ocasiones había llegado desde las profundidades de mi ser, me dijo con calmada autoridad: "¿Por qué no? ¿Te das cuenta de que no sabes nada? Admite que no sabes quién eres; entonces ¿por qué no entrar y ver? ¿Qué puedes perder?"

Tenía sentido, ¿por qué no? ¿Cómo podía hacer un juicio sobre algo que sólo conocía desde afuera? ¿Qué tenía que perder? Miré a mi amigo: sus ojos suaves y avellanados parecían reírse, ocultos tras unas lentes viejas y rayadas con montura de delgado carey: "¡Ok! ¿Por qué no? Dime cuándo y dónde," me oí decir.

"Esta noche, a las nueve en la cabaña," contestó, y añadió, "Ven tal como estás." La cabaña era un gran cobertizo de madera, que se había construido no lejos de la casa grande con el único propósito de utilizarla para hacer latihan, mientras que el Djamichunatra (un gran edificio de nueve lados, basado en el eneagrama) se estaba terminando de construir en la parte sur al final de la propiedad.

Jean no estaba en su habitación; la encontré en la casita conversando con su nueva amiga, Sheila. Ambas estaban encantadas cuando les conté mi breve conversación con Pierre en el patio. Un resplandor en los ojos de Jean hizo que brillaran cual luces de bengala en Navidad. Entendí su felicidad, ya que sería algo más que compartiríamos: nuestro mundo interior.

"Sí, estoy tan perdido...me he dado cuenta que no sé nada y que no tengo nada que perder; así que ¿por qué no intentar?" me dije, sintiéndome más fuerte desde que decidí comenzar el entrenamiento espiritual que los indonesios llamaban el latihan kejiwaan.

Unos minutos antes de las nueve de la noche, caminé hacia la cabaña. Mis pasos eran lentos y mi respirar largo y profundo. El aire de otoño se había vuelto penetrante, las hojas ya estaban cayendo de los árboles; no había luna y me guiaba en la oscuridad por una bombilla de poco voltaje que había encima de la puerta de la cabaña. Pierre estaba de pie esperándome en la estrecha antecámara.

"Quítate el abrigo, la chaqueta y los zapatos y cualquier cosa metálica incluyendo tu reloj, y si tienes monedas, también; ponlo todo allí, sobre el banco, o dentro de tus zapatos," dijo, señalando el largo banco de estructura metálica con listones de haya, que estaba a mi derecha contra la pared de madera.

Al quitarme, con cierto nerviosismo los mocasines, me di cuenta de que mi corazón estaba latiendo aprisa y pensé: "¿A qué cosa te vas a entregar?" No era este el tipo de pensamiento que necesitaba en ese momento, al abrirse de par en par la puerta del salón de latihan, pero no había tiempo para reflexionar: Me encontré en una sala más espaciosa de lo que yo había esperado al ver el edificio desde afuera. Estaba iluminada por una bombilla de débil luz que colgaba del vértice del inclinado techo, permitiendo apenas ver sus cuatro equinas. Mis fosas nasales detectaron de inmediato un fuerte olor a aceite quemado de parafina, mezclado con el húmedo olor de muchas alfombras viejas que cubrían, de forma desordenada, el piso de tarima de madera que chirriaba bajo nuestros pasos.

Pierre me guió al centro y me colocó bajo la bombilla de luz. Frente a mí, de pie a un metro de distancia, estaba el alto e impresionante Sr. Bennett, sus ojos de color azul pálido me miraron con aire amable y su boca tenía una ligera sonrisa. A su izquierda estaba Muhammad Pak Subuh, más conocido por Bapak, que utilizaba unas lentes, gruesas y cuadradas, de montura moderna; era la única persona en todo el cuarto que no se quitó los zapatos y que mantuvo sus manos detrás de su espalda, mirando a la distancia, como si estuviera ausente.

A la derecha del Sr. Bennett estaba Pierre sin sus lentes, con sus ojos ya cerrados. Un poco más alejado en el cuarto reconocí, en la semioscuridad, a Sjafrudin, Icksan, Batara Panand, y a un hombre muy joven llamado Imran, posteriormente Asikin.

La gente llama al primer latihan "una apertura"; y me pregunté qué en mí iba a ser abierto.

El Sr. Bennett me sacó de mis pensamientos diciendo con voz tranquila, "¡Relájese, cierre sus ojos…comenzamos!"

Cerré mis ojos pensando, "¿Comenzar qué?" Entonces, después de un corto tiempo, empecé a sentir que el aire se estaba moviendo a mí alrededor y que había movimiento en el cuarto. Oí, viniendo de la dirección del Sr. Bennett, extrañas voces y un tipo de canto espontáneo. Intrigado, abrí imperceptiblemente mis ojos.

Mirando a través de mis pestañas, vi el espectáculo del Sr. Bennett bailando, aunque debería decir mejor gesticulando, me recordó a un gran orangután expresando libremente su felicidad. Manteniendo mis ojos entreabiertos giré mi cabeza hacia los otros sonidos. Alejado en el cuarto vi a Icksan haciendo alguna extraña danza de artes marciales javanesa, sus piernas y pies dirigidos hacia afuera, y sus manos planas como pequeñas hachas moviéndose con brío, bajo un ritmo de pequeños gritos espasmódicos. Pierre había desaparecido, pero entonces reapareció, dando vueltas alrededor del cuarto con pasos largos y lentos. Cada uno de los presentes, excepto yo, realizaba su expresión individual, totalmente independiente del resto.

Me sentí fuera de lugar en esta sala con esta gente extraña. Me pregunté si debía simplemente correr hacia la puerta y salir. ¿Quería realmente permanecer aquí, entre este grupo peculiar, haciendo extrañas cosas? No me sentí parte de este "entrenamiento espiritual"; no sabía qué hacer para participar. ¿Me apresuré en aceptar venir esta noche? Pero todos habían venido a hacer latihan conmigo. No podía simplemente irme, ¿acaso podía? Me estaba sintiendo muy torpe, fuera de lugar, tanto emocional como físicamente, y me estaba preguntando cuánto tiempo duraría esto, cuando de repente, justo detrás de mí, oí un fuerte y muy sonoro eructo...

"¿Por qué no tirarse pedos también?, "qué más da", pensé, "también vendría de Dios" continué, divertido por mis divagaciones.

Mientras estas reflexiones críticas bullían en mi cabeza, otro colosal eructo llegó a mis oídos. Esta vez fue como si los intestinos de la Tierra se hubieran abierto y el estruendo estuviera saliendo totalmente libre, sin resistencia alguna.

Me había criado en el campo; y siempre había observado con cierta admiración, cómo se relajaban las cabras, las vacas y los caballos, cuando permitían que sus gases escaparan de sus cuerpos. Intrigado y curioso por saber quién tenía la habilidad de eructar con una relajación tan natural, giré mi cabeza con cuidado para ver quién era.

CAPITULO 1

Justo detrás de mi hombro derecho estaba Bapak, sus ojos cerrados y su cuerpo balanceándose delicadamente de izquierda a derecha. Parecía estar en un lugar muy lejano, sin embargo, me sentí totalmente envuelto en el espacio de su conciencia. De repente mi consciencia se despertó: ¿qué estaba haciendo? ¿Estaba comportándome como un mirón? Sentí como si me derritiera por dentro, igual que un trozo de mantequilla bajo un sol radiante y cerré mis ojos experimentando una sensación de humildad…después, me vi encoger hasta convertirme en un ser diminuto. Fue como si mi ser ordinario, con sus muchos Yos se hubiera desvanecido; solo quedaba quietud y una conciencia en alerta.

En un silencio interior abisal, se instaló una paz profunda, seguida por una conciencia de que había mucha vida en mis manos y brazos, que se elevaron lentamente por sí mismos; la única "voluntad" que se necesitaba era la de abandonarse, dejarles hacer, darles libertad de movimiento. Ahora estaban desplegados, suspendidos en el aire, sin ningún esfuerzo por mi parte, y en mi cara brillaba una sonrisa de bienestar.

"¡Terminamos!" la voz de Bennett llegó como un hachazo. "¡Terminar ahora!" Me sentí irritado por esta brusca interferencia y protesté: "¡Qué es eso de terminar! ¡Acabo de comenzar mi latihan!"

"Oh no, lo has estado haciendo más de media hora, y es suficiente," respondió como un padre que sabe lo que es bueno para su hijo.

No había nada más que decir, la experiencia, aunque algo corta, fue profunda y totalmente nueva para mí. Sentí, todo el tiempo, una gran paz interior mientras caminaba lentamente hacia la puerta de la cabaña, y no me sentía de humor para hablar con nadie. Me puse con rapidez los zapatos y el abrigo; mientras, los otros salían sin prisa, hablando y riendo. Al caminar en la oscuridad hacia las casitas, mi mente estaba en blanco, como si hubiera sido desconectada temporalmente de la fuente de mis pensamientos.

Mientras caminaba solo en la fría oscuridad me sentí maravillosamente bien. Noté cómo mi conciencia interior era diferente a como era antes. Al llegar a las casitas, disfruté saboreando un momento de vacío, sintiendo simplemente ese sentimiento en mi ser, y me detuve al pie de los escalones, esperando encontrar un impulso para subir al piso de Sheila.

Finalmente oí carcajadas provenientes de la cocina; sus vibraciones positivas me empujaron escalones arriba y entré al cuarto con una cara radiante. "¡Oh, estás ahí!, nos estábamos preguntando dónde estabas", dijo Jean con una sonrisa feliz. Y continuó: "Rápido, dinos, ¿cómo te fue? ¿Quiénes estaban allí?"

Sheila dejó de remover la salsa rojiza de la cacerola y se volvió, sonriendo también, con la cuchara de madera en la mano. En verdad, yo aún no estaba listo para compartir mi experiencia que parecía haber durado sólo un instante, pero al ver su sed por saber lo que había pasado a François en el latihan, me rendí y di paso a mi naturaleza de payaso.

¡Cómo nos reímos mientras contaba mi historia! Imité al Sr. Bennett bailando como un mono; a Iksan haciendo su danza marcial en la semioscuridad; a Pierre caminando en círculos con las manos detrás de su espalda y la cara hacia abajo, como mirando al suelo... Luego el majestuoso eructo y la súbita conciencia de que Bapak estaba de pie justo detrás de mí. Me puse serio para contarles mi sentimiento sobre lo estúpido que había sido al comportarme como un mirón; y cómo me había derretido literalmente, después de haber sentido la presencia de Bapak, que desencadenó en mí una profunda humildad. Conté también como me reencontré con una conciencia interior que no había experimentado desde que era niño, pero diferente porque ahora era un adulto.

Me desperté temprano en la mañana y, acostado al lado del cálido cuerpo de Jean, reflexioné, "Si fuera a morir ahora, ¿cuál François sería?" Al aquietarse mis pensamientos, instantáneamente me hice consciente de una inmensidad pacífica y eterna, fuera del tiempo. Tuve la sensación de que ese sería el lugar al que iría cuando muriera.

Fue una comprensión muy reconfortante, sentirme cerca de la fuente de mi origen, el "ser" antes de la "palabra", con plena conciencia de mi Ser en un espacio eterno. Tuve el sentimiento de que ahora podría volver a conectarme simplemente, dejando aparte mi ego.

En esa época solo tenía 19 años y la palabra alma no era aún parte de mi vocabulario.

Estaba esperando hacer mi próximo latihan; pero esta vez no me sentaría en la barrera a observar a los otros, sino que bajaría a la arena con toda mi sinceridad y me abandonaría totalmente, estando atento a lo que llegara.

Dos días después volví de Londres para unirme, a las nueve de la noche, al latihan general de hombres (como regla general se aconsejaba a los hombres y mujeres hacer el latihan separados). Había una cola afuera cuando llegué; el vestíbulo era muy pequeño y tardó un rato hasta que todos se quitaron los zapatos, abrigos y objetos metálicos de sus bolsillos. Muchos charlaban entre ellos como si fueran camino al cine; otros parecían estar ya en sus burbujas, ausentes en su propio mundo.

Peter me miró, sonrió con amabilidad y dijo: "Te veo más tarde," antes de desaparecer en el salón siempre débilmente iluminado. Le seguí. Algunos hombres ya estaban haciendo su latihan; otros estaban tranquilamente sentados sobre el piso con sus espaldas contra las paredes de madera. Unos pocos habían terminado su latihan y regresaban lentamente a su presencia física y después salían de la sala.

Encontré un lugar donde tenía suficiente espacio para seguir los movimientos que llegaran de mi interior sin molestar a nadie. Ahora, con mis ojos cerrados, mis brazos relajados a lo largo del cuerpo y mis piernas y pies ligeramente separados, me mantuve en silencio sincero, con la decisión de no resistir cualquier cosa que surgiera de adentro. Sentí como si estuviera frente a un portal invisible, esperando los impulsos que me harían moverme en los espacios, todavía desconocidos, de mi universo interior.

Desviando mi atención fuera de mí mismo, me di cuenta de que ahora la sala estaba llena con otros hombres, cada uno de ellos inmerso en su propio latihan. La mezcla de sonidos y movimientos producidos por todos estos hombres era densa y sorprendente. Cerrando mis ojos bloqueé mi visión al mundo exterior, pero no pude cerrar mis oídos al extrañamente armonioso, pero caótico, tumulto que me rodeaba. ¿Cómo podía estar de pie allí tan tranquilo, tan apacible, en un lugar que sonaba más como un manicomio que como un lugar de devoción? Como las cañas, que atraen al agua viva a través de sus raíces y se dejan mecer por la brisa, permití a mi Ser que se impregnara con la vibrante resonancia de la sala.

Noté en mí mismo una cierta separación entre mi cuerpo y lo que pasaba a mi alrededor. Mi conciencia se movía en un nivel diferente de existencia, más clara, más abarcadora y mucho más amplia.

Poco después captó mi atención una voz discordante que mis oídos seleccionaron entre el barullo general; parecía estar cada vez más cerca, hasta que estuvo tan cerca que entreabrí mis ojos. Allí, de pie frente a mí, a menos de medio metro de distancia, estaba un hombre bajito y barbudo, en el final de los treinta, con la frente arrugada, fruncida sobre sus ojos fuertemente cerrados. Los desagradables sonidos venían de una boca invisible, escondida en una tupida barba. Me moví ligeramente hacia atrás pensando: "¿Qué debo hacer? ¿Debo alejarme?"

Entonces, de repente, me di cuenta de que había pasado de mi ser interno al François externo. Allí me quedé, consciente de mí mismo y sin sentir el latihan. Esperé y después de un rato, como no pasaba nada, decidí abandonarme de nuevo. La respuesta a la anterior pregunta no vino a mi mente en palabras, sino a través de abandonar totalmente los desagradables sentimientos que mis pensamientos estaban entretejiendo alrededor de este hombre. Fue interesante darme cuenta de que tan pronto como me aparté de la fuente de mi perturbación (que estaba realmente en mí mismo), el barbudo y ruidoso hombre se fue y yo me reconecté con la más fina vibración del latihan.

Todo mi cuerpo, especialmente mis manos y brazos, parecía ser más grande, como si estuviera lleno de una vibración en expansión. Mis brazos se elevaron ingrávidos, como empujados por alguna fuerza mágica. Reconocí lo que había comenzado a experimentar en mi primer latihan. Consciente del movimiento de ascenso, dejé que continuara libremente. Me convertí en espectador de lo que sucedía dentro de mi cuerpo. El impulso no venía de mi voluntad, ya que esa parte de mi Ser parecía no estar activa, sino de algún otro lugar, no podría decir de dónde. Pero sentí que esos movimientos estaban en armonía con todo mi Ser. Las muñecas de las manos lo siguieron, ondulando lentamente, como una gran alga que sigue el oleaje del frío océano. Ahora todo mi cuerpo estaba siguiendo el ritmo, lento y armonioso. No solo veía mi cuerpo moverse relajado, también mi conciencia se había expandido. Al mismo tiempo, estaba plenamente consciente de los otros que estaban haciendo su entrenamiento espiritual a mí alrededor.

La distancia, el tiempo y la voluntad, se desvanecieron junto con el ego. Mi presencia parecía estar en una dimensión diferente, donde la conciencia ordinaria no estaba presente. Por eso me sorprendí cuando oí, viniendo de algún lugar del cuarto, la voz amable de Bob Wiffin diciendo, "Terminamos". De hecho, me di cuenta de que la cacofonía del latihan había terminado; entonces un profundo silencio llenó el gran espacio de la cabaña de madera.

Encontré una esquina donde pude sentarme; el sentimiento interior era tan agradable que no quise perturbarlo. Me mantuve allí un rato, sentado sobre la alfombra del piso, saboreando la paz de mi conciencia. Los hombres se levantaban y abandonaban el cuarto. Noté la suavidad con que regresaba a mi conciencia ordinaria; y cómo los pensamientos regresaban a mi mente. Vi a mi amigo Peter Gibbs salir de la habitación y le seguí. Antes de ponerse los zapatos en el vestíbulo, me miró con sus pálidos ojos azules que brillaban de alegría como para decirme: "¿Ahora entiendes por qué estamos tan entusiasmados con este increíble latihan?"

Cómo compartir la experiencia

Bapak recomendó hacer el entrenamiento espiritual dos o tres veces a la semana, pero no más; aparentemente, al inicio no era bueno practicarlo con demasiada frecuencia ya que tendería a desconectarnos del mundo material. Escogí hacerlo dos veces a la semana, ya que era caro para mí llegar a Coombe Springs desde Londres.

Me sentía eufórico por la experiencia. Este contacto era tan sencillo que no se necesitaban palabras para recibirlo, ni técnicas, ni reglas, ni deberes, ni hay que hacer ejercicios, ni aprender, ni hacía falta un maestro, ni un gurú. Todo lo que se necesitaba era abandonar nuestro ser ordinario totalmente y con plena sinceridad: eso era todo.

En las semanas siguientes, me uní regularmente a los otros hombres para hacer latihan en la cabaña de madera. Me di cuenta de que las experiencias nunca se repetían; es decir, cada vez era diferente, como si entrara en una conciencia en continua evolución. Los movimientos que emanaban de mi Ser, ahora estaban acompañados por sonidos espontáneos que emergían desde muy profundo. Algunos eran agradables y armoniosos, otros estridentes y discordantes. Tengo que decir, sin embargo, que no estaba en un latihan continuo toda la media hora. Me sorprendía a menudo escapando de regreso a mi mente; encontrándome de repente pensando mecánicamente sobre esto o aquello. Era algo molesto; ¿por qué no podía girar la llave para el lado espiritual durante toda la media hora?

Me di cuenta, algunos meses más tarde, que esto era parte del proceso de dejarse ir; por eso recibe el nombre de, "latihan kejiwaan", "entrenamiento espiritual". El entrenamiento va llevando la conciencia a un nivel diferente del ser, donde la mente ordinaria y los pensamientos no tienen acceso. Pero con independencia de la calidad de mi latihan, siempre sentía lo mismo cuando terminaba: un inmenso estado de paz en todo mi Ser.

Por supuesto que todo era excitante, era completamente nuevo para mí y no había en mi vida anterior nada comparable. Frecuentemente, a lo largo del día, me sentía ligero y feliz como si algo en mí se hubiera liberado, pero no podía decir qué era, ni comprender de dónde venía. Quería compartir este sentimiento de ligereza y felicidad con mis amigos y mi familia cercana, y hasta con la gente de la calle. A veces sentía el deseo de trepar al techo de la entrada de la estación del Metro en Earls Court y gritarle a la gente que pasara por debajo: "¡Eh, los de abajo! ¡La Buena nueva ha llegado! ¡Y es para todos ustedes, vengan!"

Pero sabía muy bien que, si lo hacía, creerían que estaba loco de atar. ¿Cómo podría compartir este entusiasmo con otros? ¿Cómo podría explicarlo claramente? ¿Qué palabras podría usar para compartir su sencillez, su accesibilidad? Todo era demasiado nuevo... No tenía, en esa época, ni vocabulario, ni seguridad, ni la comprensión para explicarlo.

Un domingo por la tarde, había regresado de Coombe Springs al apartamento de Nevern Square, sintiéndome ligero y feliz después de haber tenido un latihan particularmente estimulante. Mi hermana Sylvette y su esposo Toby estaban allí porque habíamos decidido cenar juntos. Durante la cena ella me preguntó: "¿Por qué estás tan animado y feliz últimamente? ¿Qué te pasa? No eres el mismo."

Me sentí acorralado, buscando las palabras correctas para explicar qué estaba sucediendo, ya que ciertamente algo estaba cambiando en mí. Ambos me miraban inquisitivamente, esperando mi respuesta.

"¡Bueno, es este increíble latihan! Es este, er... entrenamiento espiritual que he comenzado a hacer; ¡es simplemente asombroso!", trataba desesperadamente de compartir mi entusiasmo, pero las palabras llegaban con dificultad. "Los hombres y las mujeres lo hacen separadamente. Uno simplemente se queda de pie allí, tan relajado como pueda, y las cosas comienzan a pasar... hago movimientos o hasta a veces bailo, canto o hago divertidos sonidos. Todas estas cosas pasan espontáneamente; ninguna se hace intencionalmente. Dura cerca de 30 minutos, y después uno se siente muy claro y tranquilo por dentro."

Toby me miraba con duda y sospecha; con ojos llenos de preocupación, y me dijo en tono paternal: "¡A mí me suena muy peligroso! ¿Cómo sabes de dónde viene ese... latihan? ¡Todo el asunto suena raro, si yo fuera tú, me mantendría alejado!"

Pensé: "¡Oh no!, les estoy dando una mala impresión. ¿No es acaso suficiente prueba de que es bueno que me sienta feliz?" Sylvette me desesperó aún más, diciendo, "Sí, Toby tiene razón; es una locura. No tienes idea de dónde viene eso." De todos modos, últimamente te has estado comportando de una manera extraña. "¿Sera por esa chica con la que sales?"

Estaba agonizando por dentro, me sentía totalmente incomprendido; mi dolor era enorme. ¿Cómo había podido llegar a este punto? Los quería tanto a los dos y sabía que se preocupaban por mí. Sí, era verdad, estaba cambiando, pero cómo no cambiar al descubrir en mí mismo esa bendita y amplia inmensidad, esa aguda conciencia que no había conocido antes. Me recordaba cuando siendo niño veía cosas, las entendía, sentía situaciones, pero no podía expresarlas con palabras comprensibles.

Los adultos solían interpretar al revés lo que yo explicaba. Sentí, con tristeza, que no tenía sentido intentar compartir mis experiencias relacionadas con el latihan con Sylvette y Toby, ya que no estaban con la amplitud de mente y espíritu para escucharme objetivamente. Tienen que haber sentido mi sentimiento, ya que después de esa tarde no me preguntaron sobre el latihan y sus efectos durante muchos años. No obstante, pude entender su reacción. Yo era el hermano menor de Sylvette y estaba tratando de protegerme de algo desconocido. Realmente, en ese momento, no reconocía que yo era capaz de ser responsable de mí mismo.

Conforme pasaban los días, fui más consciente de que había otra presencia en medio de mis numerosos "yo"; mis sentimientos interiores se volvieron más sutiles, comparados con la conciencia ordinaria que residía en mi ego, mi "yo" ordinario. Esta presencia interior parecía estar ahí constantemente, como si estuviera observando en segundo plano, sin juzgar ni sopesar cosas como hacía mi "yo" ordinario normalmente, sólo observando con tranquilidad. La comparación más cercana que podía hacer de esta presencia era lo que los tibetanos llaman "el tercer ojo". Acababa de leer Siete Años en el Tíbet. Me gustaba esta analogía que describía una conciencia y visión que estaba detrás de la conciencia ordinaria y del acto de ver con nuestros ojos ordinarios.

Todos estos logros eran nuevos para mí; y no venían porque los había aprendido o había leído sobre ellos en libros, sino porque eran parte de mis experiencias más recientes, o de mi mundo interior descubierto recientemente.

Llegué a conocer a algunos de los indonesios que residían en Coombe Springs, especialmente a uno llamado Sjafrudin. Era alto y delgado, con grandes ojos pardos y una agradable sonrisa que dejaba ver una dentadura irregular; era muy asequible, y probablemente el más fácil de tratar para los europeos, pues hablaba algo de inglés. Charlaba y bromeaba frecuentemente con él después del latihan; no importaba sobre qué, nos servía para disfrutar de la compañía mutua. Con frecuencia se nos unían Peter, Robin o Tom. La atmósfera era ligera y agradable.

El encuentro con la bestia

Algo realmente sorprendente me pasó alrededor de dos meses después de haber comenzado mi nueva aventura espiritual: enfermé. Raramente había estado lo suficientemente enfermo como para estar en cama; a veces un resfriado o un dolor de garganta, que siempre me curaba yo mismo; nunca había llamado un médico. Pero, esta vez, un viernes a finales de noviembre, de repente, en medio de la noche, sentí un fuerte dolor en la zona del corazón.

El dolor fue tan agudo e intenso que me dificultaba respirar y me obligaba a encogerme y estirarme en todas direcciones, como si estuviera siendo manipulado por un malintencionado titiritero. En las primeras horas del sábado por la mañana deliraba, y mi mente incontrolable e hiperactiva estaba llena de negros pensamientos. Aun así, esa consciencia profunda y en calma, de la cual había sido consciente recientemente, estaba aún presente como una buena compañera, que me mantenía alerta diciéndome que todo estaría bien, que no había nada de qué preocuparse. Al menos, estos eran los mensajes que recibía de la parte más profunda de mi ser, pero, la mayor parte del tiempo, el dolor torturante me volvía a la sombría realidad de mi cuerpo físico, flotando en un espacio donde solo había oscuridad.

El sábado por la mañana, Jean llegó para pasar el fin de semana tal y como estaba previsto. Me vio en la puerta de la casa en tal estado de dolor e incapaz de permanecer recto que, de inmediato, me acomodó en mi cama desordenada. Sylvette y Toby se habían ido a París y se quedarían dos semanas; me aliviaba estar solo en el piso mientras pasaba por esta fase inesperada y dolorosa.

"¿Qué le está pasando a mi «Squeak»?" Preguntó Jean. Por alguna razón, que todavía ignoro, le encantaba llamarme «Squeak» (significa pequeño chillido agudo de un ratón). El intenso dolor confundía mis ideas, pero me esforcé en resumirle lo que estaba pasando.

"Tengo que llamar a un médico para que venga a verte. Pero no conozco ninguno cerca de aquí…" Miró preocupada y murmuró pensativamente: "Ah, ya sé, el Dr. Courtenais-Mayers; tiene buena reputación y está en el grupo de trabajo de Gurdjieff. Telefonearé a Coombe Springs para que me den su número de teléfono," y desapareció en el salón.

Regresó un poco después con una gran sonrisa en su adorable cara; su presencia en el piso me reconfortaba, el solo hecho de mirarla asistiéndome tan amablemente me relajaba. "¡Perfecto! He hablado con el Dr. Courtenais-Mayers y vendrá a verte esta tarde a las seis." El médico llegó puntualmente y Jean lo guió a mi habitación. Este hombre que aparentaba estar al final de los cuarenta, vestido elegantemente con chaqueta gris pálido Príncipe de Gales, camisa blanca y una corbata rojo burdeos, se sentó al lado de la cama. Al hacerme preguntas me di cuenta, por su acento, que era francés. Adelantó su brazo izquierdo dejando ver un par de llamativos gemelos de oro, y miró su reloj mientras sentía mi pulso con los dedos de su mano derecha. Sin una palabra, abrió su maletín de piel, extrajo un estetoscopio y escuchó atentamente mi corazón.

Con aire preocupado dijo: "Su corazón está en muy mal estado, tiene que descansar durante las próximas dos semanas. Voy a ponerle enseguida una inyección de alcanfor. Desde mañana tome estas píldoras dos veces al día, mañana y tarde; llámeme en diez días". Garabateó algo ilegible en un pedazo de papel y abandonó el piso tan rápidamente como había llegado.

Los dolores en mi pecho comenzaron a disminuir, pero todavía estaba demasiado débil para ponerme en pie. Jean cuidó de mí ese fin de semana y cocinó bastante sopa para que me durara una semana entera. Me dejó el domingo por la tarde para regresar a Coombe Springs.

En la cama, con los ojos cerrados, me dejé llevar hacia espacios extraños y nebulosos de formas abstractas y vívidos colores. Como si fuera un pájaro sin cuerpo, mi conciencia entraba y salía rápidamente a través de estas formas y colores, sintiendo sus diferentes superficies y contenidos. A veces eran sensaciones agradables de bienestar, alegría y amor; otras veces, los sentimientos eran oscuros y desagradables, produciéndome angustia; entonces, regresaban de nuevo a una gozosa libertad. A veces el vuelo planeaba, deslizándose lento, en otros momentos era rápido; pero mi pájaro nunca aterrizó. Esta condición me mantenía fuera del tiempo; la mayor parte del día la pasaba viajando en estos mundos extraños.

Creo que fue al inicio de la tarde del lunes, al quinto día de estar en cama, cuando levanté mi mano y noté algo raro. Mis dedos acariciaban ligeramente mi mejilla y descubrí con asombro que estaban pasando por una superficie rugosa y áspera, como si mi piel estuviera cubierta de bultos con forma de cráteres. Con ansiedad, toqué mis labios para encontrarlos mucho más grandes de lo normal y muy ásperos. Mis dientes parecían también más grandes y puntiagudos. No podía creer lo que estaba tocando. Necesitando pruebas de esta situación aterradora y fascinante, me levanté con dificultad, tambaleándome, fui al baño y encendí la lámpara tubular que había sobre el espejo; elevé con dificultad mi cuerpo apoyando mis manos sobre el lavabo y me atreví a mirar al espejo.

¡Era increíble! ¡La imagen reflejada era la de una bestia aterradora! Petrificado de horror, miré detrás de mí por si pudiera estar ahí, pero no había nadie. Miré al espejo de nuevo y allí estaba la bestia, mirándome; no podía creerlo, y tuve que pellizcarme la mejilla para estar seguro de no estar soñando. Mi rostro estaba rugoso, con bultos y cubierto de pelos erizados y espinosos. Los labios de un color rojo parduzco eran gruesos y agrietados y los caninos sobresalían ligeramente de mi labio inferior. Las cejas eran gruesas y pobladas; me arriesgué por fin a mirar a la bestia a los ojos que eran de un color naranja dorado; vi una mirada profundamente salvaje y furiosa. Era una fuerza animal desatada la que me miraba. Una oleada de escalofríos bajó por mi columna vertebral. Al continuar mirando más allá, en la oscuridad de sus pupilas, sentí una presencia que me pareció extrañamente familiar. Con dificultad, murmuré mi nombre a través de los labios entumecidos: "¿François?"

Experimenté su rigidez al mismo tiempo que una voz ronca y grave salió vibrando de mi pecho, haciendo eco en mi garganta. Esta vez enfadado, me golpeé enérgicamente la mejilla con la palma de la mano derecha y sentí la espinosa superficie al mismo tiempo que la palmada. "¿Qué es esta historia?", me aventuré a decir, vacilantemente, percibiendo que tenía dificultad para pronunciar las palabras con claridad.

Una ola de profunda rabia surgió de mi pecho: ¡Me sentí furioso y enfadado! Esta furia interior me dio una fuerza colosal que era puramente animal. Pero muy profundo, en algún lugar, cerca de la fuente de mi ser interno, había una tranquilidad objetiva que no estaba afectada en absoluto por este increíble suceso.

"¿Qué voy a hacer para salir a la calle? ¡No puedo ir al Metro así! ¡Aterrorizaría a la gente!", pensé, mientras observaba a la bestia ir al teléfono, levantarlo y marcar el número de la oficina en Coombe Springs.

Olga de Nottbeck, que era la secretaria en ese tiempo, levantó el teléfono y reconociendo la extraña urgencia en mi voz, dijo con su suave acento noruego: "Hola François, sí voy a buscar a Sjafrudin enseguida; espera un minuto."

La espera me pareció una eternidad, finalmente oí la suave y casi inaudible voz de mi amigo indonesio decir: "¡Hola! ¿Cuál es el problema, François?"

"Es más que un problema Sjafrudin, ¡me he convertido en una bestia, un monstruo! Tienes que venir en seguida para sacarme de esto ¿Quizás podamos hacer latihan juntos? No sé, ¿podría ayudar?" Grité en voz alta al teléfono sin ocultar mi furia.

La misma voz suave y monótona respondió amablemente: "Todo estará bien, no te preocupes, ve a la cocina y prepárate una taza de té." Eso fue demasiado para la furiosa bestia en que me había convertido, y exploté: "¿Una taza de té? ¡Debes estar bromeando! ¡No me puedes dejar así! ¡Te digo que me he convertido en un horrible monstruo! ¡No es una broma! ¡Tienes que venir! Peter Gibbs te traerá en su automóvil. ¡Seguro que estará de acuerdo!"

Tras una larga espera Sjafrudin rompió su silencio y su voz, suave y regular dijo: "Hay mucha niebla afuera, realmente es muy densa; no se puede ver nada..." ¡Eso fue demasiado! ¡No te importa un comino la niebla cuando un amigo está en un aprieto! ¡Eso es irresponsable!, pensé, echando humo. Desesperado colgué el teléfono con un golpe, sintiéndome ligeramente avergonzado por mi acto irrespetuoso. Mi respiración era rápida y jadeante; di la vuelta tres veces al cuarto dejando salir el vapor de mi furia; entonces regresé al espejo del lavabo y miré...

Reconocí vagamente mis rasgos deformados en la bestia, que parecía de alguna manera menos salvaje; y esbocé una tímida sonrisa al "monstruo". Los ojos parecían haberse transformado, eran más grises que el anterior dorado llameante. Fui a la cocina, no me sentí con ganas de tomar una taza de té, tal y como había sugerido mi amigo, pero cogí una hermosa naranja del cuenco de madera, la corté con rapidez por la mitad, y exprimí su jugo en un vaso. El aroma de la naranja se difundió por la cocina invadiéndola.

Inspiré profundamente el perfume; con el vaso en mis manos me dirigí a la ventana y observé el pequeño parque; había una delicada neblina que matizaba una débil y deprimente luz naranja que venía de algún lugar a través de los árboles sin hojas. Saboreé un sorbo de zumo y pensé: "Francamente... querido Sjafrudin, temeroso de la niebla... Supongo que lo que estaba gritando por teléfono te parecía una locura."

Me recosté un rato sobre el alto marco de la ventana, bebiendo a sorbos la bebida ricamente perfumada, mirando al cielo nocturno lleno de nubes bajas que reflejaban las luces de las farolas de la ciudad.

La fiera volvió a su guarida; la sensación salvaje y la furia se disiparon; me limpié la frente y las cejas con la palma de mi mano para descubrir que mi cara había cambiado de nuevo. Regresé de prisa al baño y vi que, aunque aún estaba hinchada y ligeramente deformada, el aspecto de bestia salvaje se había convertido en la suave fisonomía que yo estaba acostumbrado a ver cada mañana, cuando me afeitaba frente al espejo. Noté que no estaba tan cansado y no me sentía como para estar en cama. Regresé a la cocina a calentar la sopa que Jean con tanta gentileza había preparado. La poderosa experiencia de alguna manera había sacudido mi mente racional. Traté de entenderla, pero no sabía por dónde empezar. Todo lo que sabía era que no era un sueño sino algo real; lo que quiero decir es que yo estaba plenamente consciente mientras duró. La experiencia fue demasiado rara para compartirla con nadie excepto con Jean y Peter Gibbs; sentí que, si ellos no entendían su significado, al menos no lo criticarían como si fuera algo proveniente de mi imaginación.

Decidí no intentar comprender esta experiencia con mi mente y dejarla en suspenso, aceptarla como algo que realmente había pasado pero que no necesitaba analizar.

Me recuperé más rápido de lo que el Dr. Courtenais-Mayers había predicho; de hecho, al día siguiente me levanté sintiéndome claro, positivo, feliz y fuerte. Después de un desayuno abundante, decidí no seguir tomando las píldoras para el corazón, y me fui a la Escuela Central de

Artes y Oficios a continuar mis estudios.

La experiencia de la bestia salvaje apaciguó mí deseo de "anunciar" la llegada del latihan a todo el mundo, incluidos mis amigos cercanos. También decidí no compartir las experiencias que tuviera a través del entrenamiento espiritual, excepto con Jean, por supuesto.

Sin embargo, sí me disculpé con Sjafrudin por haberle colgado el teléfono tan bruscamente esa neblinosa tarde. Él se rio y dijo: "Sin problema, François, un día entenderás el significado de esta experiencia."

La expansión de mi conciencia

El latihan se convirtió más y más en parte de mí mismo; hacerlo no era ningún esfuerzo y se convirtió en algo natural que armonizaba mi vida poco a poco. Pero dejé de hablar sobre él fuera del grupo de gente que lo practicaba.

En cada sesión la práctica era diferente, tanto en los sonidos y en los movimientos que ocurrían dentro de mi ser ordinario como en los sentimientos más sutiles de mi Ser interior. Nadie me había dicho, antes de comenzar el latihan, que era posible percibir diferentes grados de conciencia dentro de mí mismo. Muchos años más tarde, tras muchas experiencias, descubrí que había diferentes niveles de conciencia dentro de mi Ser.

Coombe Springs se había convertido en un activo panal: venía gente de todo el mundo, se quedaban un tiempo y luego regresaban a sus hogares con el latihan. Pak Subuh, su esposa Ibu y algunos de sus familiares comenzaron a viajar alrededor del mundo, a los lugares que les invitaban. El Sr. Bennett, que viajaba frecuentemente con el grupo de indonesios, aprendió su idioma rápidamente y, en su primera gira mundial, se convirtió en el traductor principal de Bapak.

Cuando nos hablaba, Pak Subuh siempre se expresaba en indonesio mezclado con palabras en alto javanés (lengua javanesa en la que explicó la realidad espiritual). En muchas de las charlas que dio en su vida y en su revelador libro Susila Budhi Dharma, explicó, verdaderamente con gran claridad, las interacciones de las fuerzas de vida que residen en cada uno de nosotros y su influencia directa en nuestro comportamiento.

La manera simple en la que explicaba todo el potencial de desarrollo humano, desde lo físico a lo espiritual, encajó armoniosamente en mi mente racional. Rápidamente me acostumbré a esta nueva forma de lenguaje que se convirtió en parte de mí mismo. Como un bebé que comienza a descubrir el atractivo e intrigante mundo material que le rodea, después de iniciar el latihan, comencé a descubrir, a través de mi Ser interno, una creciente conciencia del mundo espiritual en su gigantesca diversidad. Los grupos que practicaban latihan comenzaron a aparecer aquí y allá, no sólo en Inglaterra y Europa, también en otros continentes. En sus giras Bapak siempre daba charlas, pero sólo a personas que habían experimentado el latihan. Sus explicaciones eran bienvenidas pues nos ayudaban a entender qué estaba pasando en el interior de cada uno de nosotros. Con frecuencia, usaba una analogía para describir una realidad espiritual: "Cuando pasen una nueva experiencia, por ejemplo, saborear el azúcar, entonces les diré que este sabor se llama dulce".

Cuando hablaba sobre las experiencias espirituales por las que estábamos pasando, con frecuencia usaba palabras en árabe para explicar los estados más refinados del ser dentro de nuestra vida interna. Esto se debía a la cultura indonesia musulmana en la que había sido educado, pero también a que estas palabras no existen en el habla cotidiana de la lengua indonesia. Era interesante para mí darme cuenta que tampoco nuestras lenguas comunes, basadas en el latín, tenían las palabras concretas para describir los estados de conciencia más sutiles. El Sr. Bennett, cuando traducía, tenía que usar las palabras árabes que Bapak usaba, ya que no podía encontrar equivalentes en nuestras lenguas europeas. Poco a poco, se desarrolló un tipo de lenguaje Subud. Sólo podíamos entender las palabras árabes una vez que habíamos vivido la experiencia de su contenido. Por ejemplo, durante largo tiempo, Bapak usó la palabra jiwa para expresar la palabra "alma", pero durante muchos años fue frecuentemente traducida como "sentimientos internos" o a veces "sentimientos más finos".

Cuando el Sr. Bennett oyó por primera vez la palabra jiwa, probablemente haya preguntado su significado, y Bapak se lo haya explicado usando varias palabras que el Sr. Bennett habría empleado como traducción de jiwa. Encontré más fácil usar la palabra jiwa hasta muchos años más tarde, cuando mi campo de experiencia espiritual se amplió y fui capaz de usar con libertad la palabra "alma". En este libro usaré un lenguaje sencillo y no los términos indonesios o árabes que Bapak habitualmente empleaba, excepto, perdónenme por esto, la palabra indonesia "latihan", que encuentro muy útil. La experiencia es tan nueva y única que no encuentro la palabra para reemplazarla apropiadamente. Por supuesto que si hablara con un indonesio no usaría esta palabra que, sencillamente, significa entrenamiento; le añadiría la palabra "kejiwaan", que significa espiritual.

Una tarde, que no pude ir a Coombe Springs, decidí hacer el latihan solo en casa. Para mi gran satisfacción, comprobé que a través de la habitual acción de "abandonarse", el latihan comenzó a salir desde dentro. Fue maravilloso ser consciente de que no necesitaba de nadie más en el cuarto para conectar mi Ser interno; simplemente mediante un abandono sincero de mi corazón y mente, el latihan comenzó a fluir.

Ahora sabía que podía continuar mi desarrollo espiritual aun cuando no pudiera unirme al grupo de hombres en Coombe Springs o en cualquier otro lugar; aunque es cierto que percibí que mi habilidad de abandonarme completamente era mucho más fácil cuando estaba rodeado de otros hombres; cuando estaba solo, mis pensamientos volvían incesantemente a interferir en mi calma interior. Quedó claro para mí que cuando usaba intencionalmente mis pensamientos, mi latihan se detenía de inmediato. Para encontrarlo de nuevo tenía, por así decirlo, que reiniciar el entrenamiento por completo, abandonando de nuevo mis pensamientos en un espacio de apacible tranquilad, de esta manera el flujo del latihan se reiniciaba de nuevo espontáneamente.

Toma de conciencia sobre mi origen

A veces me quedaba un largo fin de semana en la casa del secadero de lúpulo de Gibb, donde me encontraba con Jean, que venía de Kingston upon Thames en automóvil con Peter. En una de esas ocasiones, una brillante mañana de sábado, al principio de la primavera de 1958, hice autostop y me dejaron a la orilla de la carretera, cerca del cruce con Chillies Lane, no lejos de la aldea de Crowborough en Sussex Oriental. Me sentía ligero y feliz mientras caminaba hacia la casa de mi amigo cuando, espontáneamente, mi conciencia se agudizó viviendo una realidad interna.

Mi mente estaba totalmente tranquila en ese momento cuando mi pecho se llenó inesperadamente de una enorme cantidad de amor, tan grande que sentí su presencia más allá de mi cuerpo físico. Dirigiendo mi atención a mi Ser interior, vi en lo profundo una colosal explosión, como un gran ¡bang! silencioso. No había colores en ese punto, y después de la oscuridad profunda, difusas nubes iluminadas por la energía del bang, se desplegaron hasta el exterior. Había quietud en mi Ser interno, y los únicos sonidos que podía oír venían de mis pies golpeando la carretera y del puro silbido de un mirlo en el cercano bosque de castaños. A medida que la explosión de amor se expandía, me llegó una delicada y fina conciencia del nacimiento de un mundo nuevo, del que emergían sus propios y sutiles colores.

Inmerso en esta conciencia espiritual, observé la creación física de mi Ser. Los colores eran bellos, desde el profundo azul océano a los ligeros ocres rosados. Desde su centro negro en continua expansión de amor noté un punto brillante que pronto se convirtió en un embrión. Luego, en un movimiento de crecimiento galáctico, me reconocí a mí mismo como un feto en las aguas placentarias del universo. El sentimiento era sublime, y difícil de poner en palabras, que son muy rudas comparadas con la delicadeza de la experiencia.

La espiral flotante se desplegó armoniosamente (el Nuevo Mundo). El niño estaba siendo lentamente equipado con los elementos requeridos para enfrentarse a lo que su alma se había preparado para hacer en este planeta terrestre. Rebosante de júbilo por la experiencia, me llené súbitamente con la comprensión de que esto era similar al "Big Bang" que los científicos nos habían contado cuando describían el inicio del universo. Me di cuenta de que esta experiencia estaba conectada a la creación de mi propio Ser.

En la medida en que caminaba por la senda que llevaba a la casa de mis amigos, todo mi Ser estaba saboreando intensamente lo que acababa de vivir. "Sí, cada uno de nosotros es un mundo por derecho propio, con sus propias leyes de causa y efecto orbitando alrededor del espacio vacío de su Big Bang original", reflexioné con claridad, mientras llegaba a la casa de mi amigo.

No compartí esta experiencia con Jean ni con Peter en ese tiempo; era demasiado frágil, demasiado joven para salir de la efímera cápsula de mi nueva conciencia.

Coincidencia y realidad

Bapak había comenzado a dar charlas con más frecuencia; era algo nuevo y enriquecedor para nosotros, cogimos pronto el gusto, tratando de no perder ninguna de ser posible. Un sábado por la tarde, al llegar a Coombe Springs para el latihan (Peter Gibbs conduciendo y otros dos amigos), nos dijeron que Bapak se había ido a Manchester a dar una charla a los miembros en el norte. Aunque era muy tarde para empezar un trayecto tan largo, saltamos de nuevo al automóvil sin vacilación y condujimos a gran velocidad hasta la autopista M1.

Al entrar a la ciudad, nos preguntamos si alguno sabía dónde estaba Bapak dando la charla. Viendo que todos estábamos en blanco, nos dimos cuenta de que no teníamos idea de dónde se iba a realizar la charla. Paramos el automóvil al lado de la carretera y hubo una explosión de risas debido a lo cómico de la situación: habíamos conducido todo el trayecto sin saber a dónde íbamos. Yo estaba sentado delante, con los ojos húmedos de tanto reír, cuando vimos a una mujer de mediana edad caminando hacia nosotros. Bajé la ventanilla y me dirigí a ella: "Perdone señora, sabrá usted por casualidad ¿dónde va a haber una charla en pocos minutos que da un hombre llamado Bapak?

De inmediato respondió con asombro: "¡Oh, es increíble! Ustedes son miembros Subud. ¿No es verdad?" Con amplias sonrisas lo reconocimos asintiendo con la cabeza. "Bueno, yo misma llego tarde; ¿podrían acercarme? Les mostraré el camino. No está muy lejos de aquí."

Entramos al salón justo cuando Bapak estaba comenzando su charla. No sé si Manchester tenía un millón de ciudadanos en ese tiempo, ¡y la persona a quien preguntamos la dirección era miembro Subud! ¿Simplemente suerte? ¿Una coincidencia fortuita? ¿O lo que podríamos llamar la guía de nuestro Ser interno?

Vivir mi carácter independiente

Durante los años 50 y primera parte de los 60, el servicio militar en Francia era obligatorio. Al principio de la primavera de 1954, tenía que ir al campamento militar para asistir a una evaluación de mis habilidades como soldado. El campamento estaba cerca de Tarascón, en Provenza. Muchos muchachos de la región sureste fueron colocados juntos en barracones. Durante tres días nos hicieron todo tipo de pruebas psicológicas, intelectuales y físicas. De ese contingente seleccionaron a unos diez de nosotros para permanecer otros dos días para aplicar más pruebas a fin de evaluar nuestra inteligencia. Con el resultado de estos experimentos, los oficiales del campamento militar decidieron hacer de mí un oficial; estaría en el Cuerpo de los Servicios Móviles de Radar del Ejército.

Gracias a mis estudios de arte en París y más tarde en Londres, me permitieron prolongar mis años de estudios y diferir mi obligatorio compromiso con el ejército. Finalmente, el 18 de marzo de 1958, fui llamado por las autoridades militares francesas al campamento militar de Carpiagne, en lo alto de las montañas, detrás de Marsella. Esperé que ese día nunca llegara, pero llegó, y le dije a Jean que estaba obligado a ir. También le dije que no pretendía quedarme por mucho tiempo, sino hacer todo lo que pudiera para salir pronto, ya que no tenía intención de luchar en la guerra de África del Norte, que hacía estragos en ese momento.

Al salir de Coombe Springs, con mi mente invadida con intrusos pensamientos militares, pasé delante de la oficina de Olga de Notbeck y la oí llamarme: "Oh, hola François, a propósito, el Sr. Bennett quiere verte; ¿podrías subir a su oficina ahora?"

Estaba sorprendido, pero subí de dos en dos las escaleras que llevaban a su oficina. "Buenos días Sr. Bennett; ¿quería verme?" dije vacilantemente, asomando mi cabeza por la puerta abierta de la pequeña oficina, que parecía estar llena con su imponente presencia. "Sí, entra, toma asiento." ofreció, señalando vagamente el desgastado sillón de piel frente a su escritorio.

Me senté y, mientras esperaba, miré alrededor de la pequeña habitación vacía, buscando algo interesante; finalmente mis ojos se fijaron en la gran estatura del Sr. Bennett. Sus grandes mechones de cabello gris estaban echados negligentemente hacia atrás, su frente regular expresaba inteligencia y una fuerte voluntad. Su nariz elegante terminaba encima de un bigote corto. De repente dejó de escribir, levantó la vista y me miró, como ausente, con sus eléctricos ojos azules. Me sentí cohibido, vi que había cerrado sus ojos y parecía profundamente concentrado. Esperé...

"¿Sabías que Bapak recomienda que debemos seguir la ley de nuestros respectivos países?" dijo con voz suave, abriendo sus párpados lentamente y mirándome con intensidad. "Er, sí, lo sabía", respondí, preguntándome a dónde quería llegar. "Me gustaría aconsejarte que hagas tu servicio militar francés y luego, cuando todo haya terminado, podrás casarte con Jean." Lo dijo en un tono autoritario que me molestó. ¿De qué manera pudo saber que yo iba a tratar de escapar del ejército? No tenía intención de luchar en una guerra en Argelia para matar árabes; porque, en primer lugar, me había convertido en pacifista y, en segundo lugar, no tenía deseos de separarme de Jean durante los dos años siguientes. ¿Y cómo podía tener el descaro de aconsejarme cuando no le había pedido consejo?

Me sentí enfadado con la intrusión del Sr. Bennett en mi vida privada; después de todo yo no era su alumno y no necesitaba que me dijeran qué hacer. "Gracias por su consejo, Sr. Bennett," dije con determinación, "pero he decidido tratar de evitar el servicio militar y regresar con Jean tan pronto sea posible." Me levanté del asiento, y añadí con audacia al llegar a la puerta: "Es amable por su parte estar preocupado de nuestro futuro, pero en realidad sólo puedo hacer lo que siento que es correcto para nosotros. Gracias y adiós." Al bajar la escalera, pasé por la puerta abierta de la oficina de Olga. "¿Cómo te ha ido?" Preguntó ella, obviamente interesada en oír el resultado de mi breve entrevista con su jefe. Me detuve, descansé mi hombro sobre el lustroso y blanco marco de la puerta y contesté: "Cualesquiera que sean las leyes de mi país, no quiero unirme a matar gente que está peleando para liberar a su propio país." Y sin esperar su reacción, me fui por el pasillo y salí del edificio.

Me di cuenta del interés de Olga en saber sobre el futuro de su "Gin&Tonic", como ella nos llamaba, había sido probablemente la persona que había contado mi intención de abandonar el ejército al Sr. Bennett. Preocupada por mi llamamiento militar, Jean tiene que haber compartido sus temores con Olga, que le tenía mucho afecto, y Olga siempre estaba dispuesta a escuchar a los que lo necesitaban.

Lo arreglé todo para estar en Vallauris el 1 de marzo de1958, a fin de tener tiempo para prepararme antes de ir al campamento militar de Carpiagne. Jean vino a la Estación Victoria a despedirme. Estaba llorando cuando la abracé, de pie sobre la plataforma al lado del tren. "Saldré de esto, no te preocupes y te telefonearé tan pronto salga", dije con mucha convicción, pero comprendí, viendo su mirada perdida, que creía que no volvería a verme jamás.

Separarnos fue difícil, pero el silbato del tren ya había sonado. Suavemente terminé nuestro abrazo, soltándome para ir al vagón. "¿Acaso podía creerme?" me pregunté al mirar a través de la ventana su cara enmarcada por su lacio pelo negro azabache. Sus adorables labios, que tanto amaba, reflejaban su profunda tristeza. Jean hizo un gran esfuerzo para darme una última sonrisa; pero su gesto de adiós con la mano mostraba su sentimiento de que nunca más me volvería a ver. De hecho, su hermano mayor al que tanto había admirado y querido, había partido del mismo modo, en un tren que lo había llevado a unirse a las fuerzas británicas que luchaban contra Rommel y su ejército, en el desierto de Libia. Nunca regresó; murió al explotar su tanque sobre una mina y ella no lo volvió a ver.

Encuentro con los militares

Tan pronto el tren salió de la estación, comencé a trabajar en un plan para escapar del servicio militar. Primero, nadie, absolutamente nadie, debía saber de mi intención, excepto mi madre, por supuesto, ya que estaría con ella las dos primeras semanas.

Decidí usar los beneficios físicos que la naturaleza me había dado para facilitar mi baja. Mi amigo Parisino, Pierre Münz, me había dicho cuando salió del ejército, en el que sirvió como enfermero, que había un número mágico que determinaba si uno era apto o no para el ejército. Me dijo que tomando mi estatura, mi peso, la circunferencia de mi pecho mientras inspiraba y expiraba, y usando un cierto orden de suma y sustracción, si quedaba por debajo del número mágico 45, no sería apto para vestir el uniforme.

Mi estatura era de 1,87 m, mi peso de alrededor de 65 kg, mi pecho era estrecho y para lograr estar por debajo del número mágico tenía que perder de 10 a 11 kg. Cuando inspirara y expirara, debía tratar de lograr que las diferentes medidas de la expansión de mi pecho no fueran mayores de 1cm. Además, incrementaría mis posibilidades si pudiera ser unos pocos centímetros más alto, ¡medir 1,92 ó 1,93!

Decidí dejar de comer totalmente antes de ir al campamento militar de Carpiagne. Cuando se lo dije a mi madre se agitó mucho, pero, después de tratar sin éxito que cambiara de idea, lo aceptó totalmente, ocultando su angustia de forma cuidadosa. Tomaría solo agua, café negro y té sin leche ni azúcar y, por supuesto, continuaría fumando cigarrillos Gauloises.

Nunca antes había hecho un ayuno tan drástico. Los primeros tres o cuatro días fueron duros, pero noté que me estaba despegando de la comida gradualmente. Vi también que tenía mucho mejor acceso a mi interno, a mis sentimientos más sutiles, donde podía encontrar paz y tranquilidad. Mi latihan, que continuaba practicando dos veces a la semana, se volvió más y más etéreo, menos y menos terrenal. Con el paso de los días noté que cada vez era más difícil pensar claramente sobre los asuntos diarios; mi mente tendía a flotar en otros lugares y tenía que hacer un esfuerzo especial para poner en orden las cosas que necesitaba hacer, como por ejemplo organizar mi viaje al campamento militar.

Di largos paseos alrededor del barrio de Devens: El inicio de la primavera en la Costa Azul vibraba ya con el sonido de los insectos, el sol era caliente, pero el aire fresco, debido a la nieve que cubría los majestuosos Alpes detrás de Niza. Llenaba mis pulmones con el aire cristalino, quería absorber toda la belleza que me rodeaba antes de ir al temido campamento del ejército.

Llegó el gran día; cogí un tren temprano en Cannes para estar en Marsella a las once de la mañana. Una camioneta 2CV del ejército nos esperaba, a mí y a otros seis muchachos, para llevarnos al campamento militar de Carpiagne.

La meseta de Carpiagne se encuentra a 600 m por encima del nivel del mar; es un lugar donde el mistral sopla violentamente, donde no hay árboles que ofrezcan abrigo y donde, hasta el horizonte, uno solo ve rocas blanqueadas por el sol y piedras dispersas sobre un terreno áspero, algo de hierba baja y unas pocas flores de tallo corto.

Nos dejaron en el exterior de un enorme almacén donde un centenar de hombres jóvenes hacían cola frente a un largo mostrador de madera clara; en él estaba depositado el equipo militar que correspondía a cada uno, incluyendo un saco de color kaki. Nos pidieron que nos quitáramos la ropa civil ahí mismo y nos pusiéramos el uniforme militar. Todo era pesado: el casco, la pistola, las botas y todas las otras cosas con las que se viste un soldado. Tuve muchas dificultades para encontrar mi yo ordinario, pues estaba sintiendo agudamente los efectos de dos semanas de ayuno. Con trabajo pude vestirme el uniforme, puse mis pertenencias en el saco kaki y actué como si no pudiera levantarlo. Un tipo pequeño y fibroso, con cara noble, vio mi lucha y se ofreció para ayudarme: "Mi nombre es Alain. Déjame ayudarte, coloca tu saco aquí, en mi hombro izquierdo, y te lo llevaré."

Cargó nuestros dos sacos sobre sus flacas y curvadas piernas, forzadas a dar cortos y rápidos pasos bajo el peso acumulado. Al caminar me recordaba a un campesino asiático trotando en los campos bajo el peso de sus fardos.

El camino rocoso, de un kilómetro de distancia, nos llevó al campamento principal donde había muchos barracones; tras una corta espera, nos condujeron a una larga nave que iba a ser nuestro dormitorio. Cubierto de sudor y respirando rápido, Alain descargó los sacos y dijo: "¡Bueno, aquí estamos!" Y yo le agradecí profundamente lo que había hecho. Cada soldado descargó su saco sobre la cama de metal que había escogido; al estar algo lento, tuve que coger la única que quedaba, que estaba justo al lado de los malolientes y sucios baños.

No fui al edificio del comedor a la hora de la comida de la tarde, me dediqué a andar alrededor del campamento, temblando de frío. Ahora que el sol se había ido, la temperatura había descendido por debajo de cero. Decidí volver al dormitorio, me acurruqué en la cama e intenté calentarme un poco, después me dormí.

Parecía ser media noche cuando oí el sonido de una corneta. La puerta de nuestro barracón se abrió violentamente de golpe y las luces se encendieron. Me asomé por encima de mi sábana para ver el porqué del ruidoso alboroto. Un sargento de aspecto rudo estaba de pie, con las piernas separadas y las manos detrás de su espalda, gritando tan alto como podía: "¡Los quiero a todos levantados y fuera del barracón en cinco minutos!" Miró alrededor fieramente y viendo que algunos de nosotros no nos movíamos, nos señaló agitando el dedo y chilló: "¡Moved vuestros culos gordos!" Miré mi reloj: eran las 4:30 de la madrugada. Estar listo en cinco minutos no era nada fácil, ya que había menos grifos que muchachos en el cuarto y sólo un baño. Decidí ser el último. Al salir del barracón mi respiración se detuvo por el frío viento mistral. Lentamente fui hacia la fila de los que "iban a convertirse en soldados", que estaban de pie frente al sargento antipático de antes. Entendimos, a través de sus gritos espasmódicos, que íbamos a hacer una marcha de cinco horas a través de las montañas. Fui hasta él para decirle que yo no era capaz de hacer una caminata como esa, que estaba enfermo y que quería ver a un médico. Gritó colérico, señalando un pequeño edificio no lejos de los barracones: "El Coronel Médico Aubri estará allí a las nueve; espera hasta que venga. ¡Y no andes dando vueltas, te lo advierto!"

Temblando como una hoja, arponeado por el frío viento mistral que soplaba sin respiro, esperé hasta las nueve, finalmente llegó el Coronel Médico Aubri. Su consulta la tenía en una pequeña cabaña bien aislada. La sencilla habitación estaba escasamente amueblada: un desgastado escritorio de madera, una silla metálica giratoria con un maltrecho cojín, un armario clasificador grande y un radiador hirviendo. El sofocante calor confortó de inmediato mi tembloroso cuerpo; me sentía absolutamente claro y tranquilo por dentro. El médico del ejército no me ofreció la única silla que se encontraba frente a su escritorio; me hizo esperar de pie mientras él, distraídamente, registraba en una pila de carpetas. "Este tiene que ser su ritual matutino, mantener el control de los informes de salud de todos sus hombres", pensé.

"¿Cuál es su nombre, soldado? Y dígame por qué está usted aquí", dijo brusca y secamente, mirándome distante con sus ojos gris pálido.

"Lassalle, François, pero tiene que haber algún error en sus notas; no soy tan fuerte, ni estoy lo suficientemente en forma para estar en el ejército", respondí, tímidamente.

Él replicó de inmediato, obviamente irritado por lo que yo acababa de decir: "En primer lugar, joven, cuando se dirija a un oficial tiene que decir 'mi coronel'. ¡En segundo lugar, tiene que entender que no cometemos errores en el ejército!", ladró secamente.

Se volvió hacia el mueble donde guardaba los expedientes y tras una breve búsqueda, sacó uno. Después de hojearlo durante un rato, alzó sus cejas y dijo: "Veo en su excelente historial que tiene una salud perfecta y que es inteligente; de hecho, dados sus buenos resultados, vamos a hacer de usted un oficial."

Divertido por la situación en la que yo mismo me había metido, decidí actuar de manera ingenua; "Yo quiero a mi mamá, vea coronel," lloriqueé con voz lastimera. Con exasperación, sacó un pedazo de papel y garabateó algo en él.

"Así que quieres a tu mamita, ¿no?... Lleva esto a la enfermería; te harán todo un examen físico." Dijo eso casi con delicadeza, pero súbitamente su voz se hizo dura de nuevo: "Dobla a la derecha al salir de aquí, cuatro barracones hacia abajo, verás el hospital; es un edificio de piedra."

Sin mirarme, me dio el papel que llevaba su firma minúscula y apretada y salí de su oficina sintiéndome aliviado. Pensé que probablemente había estado en la guerra de Argelia y había sido testigo de cosas horribles. Concluí que tenía que ser un tipo agradable fuera del ejército.

En la enfermería me pusieron en un cuarto pequeño, con una ventana que daba al norte. El único mueble era una cama de metal sobre la cual había una manta color kaki bien doblada y una almohada a rayas, sin funda, sobre un sucio colchón también a rayas. Tiré mi petate en ella.

Más tarde, un muchacho muy bajito, con una bata blanca encima, demasiado grande para él, entró y me pidió seguirlo. Me ordenó quitarme toda la ropa, excepto mis pantalones, y ponerme de pie en la báscula. Anotó mi peso en un formulario médico que tenía en su mano. Me dijo que me mantuviera absolutamente recto, con mi espalda contra el poste graduado para medir mi estatura. Como era demasiado bajito para leer la medida sobre mi cabeza, se vio obligado a encaramarse en un pequeño taburete. Al hacerlo, me dio la oportunidad de, rápidamente, alzarme sobre las puntas de mis pies para aumentar mi estatura.

"¡Qué alto eres!" exclamó al anunciar los 1,92 que acababa de leer. Entonces llegaron las medidas de pecho. "Inspira profundamente, bueno... Ahora expira totalmente... ¿No puedes hacerlo mejor?" preguntó, sorprendido, y añadió leyendo su cinta de medir. "¡Solo un centímetro! Es una diferencia muy pequeña."

Yo estaba satisfecho y pensé que, de ahora en adelante, en cada examen, tendría que elevarme cinco centímetros para repetir esta extraña hazaña. Poco tiempo después, esperaba para que me examinara el médico del hospital militar y aproveché el tiempo para respirar muy rápido a fin de lograr acelerar mi ritmo cardíaco. Lo hice durante quince minutos, de manera que al levantarme cuando oí mi nombre, me sentí muy mareado y entré inclinado a su consulta. Olía a desinfectante, todo el equipo parecía estar hecho de metal viejo y desconchado, repintado de blanco. Tras un rápido examen me preguntó: "¿Tienes algún problema de corazón?"

"Mi médico homeópata dice que tengo un corazón extrañamente alargado; no tengo mucha resistencia, ¿sabe?", respondí apresuradamente. El médico hizo su evaluación y me mandó de regreso a mi barracón desagradable y frío. ¿Cuál sería el futuro de mi estancia en este campamento? No tenía ni la menor idea.

Me quité los zapatos, pero me mantuve totalmente vestido, cubierto con la manta, sobre la crujiente y oxidada cama de metal. Extremadamente cansado, pronto me sentí en el momento celestial del adormecimiento que me alejaba de mis realidades terrenales.

Me despertaron gritos y risas y, abriendo los ojos, miré en dirección a la ventana donde vi varias caras distorsionadas, haciendo muecas, aplastadas contra el vidrio, tratando de llamar mi atención. Cuando vieron que los había visto, comenzaron a apuntar con sus dedos en mi dirección burlonamente, para atraer a otros colegas a sumarse a la broma. Me di cuenta que estaban haciendo cola para el chequeo médico y que la extensa cola, desafortunadamente, estaba a lo largo de mi ventana. Me sentí como debe sentirse un animal en la jaula del zoológico, cuando su mera presencia entretiene al gentío. No era una experiencia agradable, pero mi estado interno estaba tan tranquilo y calmado que no me perturbó. Realmente me sentí muy apenado por ellos ya que los estaban preparando para convertirse en carne de cañón en la guerra de Argelia. Aunque estaban bromeando, burlándose de mí, sentí amor hacia ellos, como si fueran niños pequeños, completamente ignorantes de las atrocidades que les esperaban.

Oí como la campana, en el corredor, anunciaba la cena en la cantina, pero me acurruqué más todavía bajo la delgada manta kaki y esperé... poco después la puerta se entreabrió y entró el muchacho que me había medido y pesado: "¡Vamos, es hora de cenar, te la perderás!", dijo como invitándome.

"No, solo puedo comer la comida que me hace mi madre; tengo un hígado muy frágil; ¿podrías darme un vaso de agua, por favor?"

Regresó a los pocos minutos con el vaso de agua y un yogur, diciendo: "Tómate este yogur, no te hará ningún daño." Lo rechacé, y él abandonó el cuarto, con expresión preocupada.

Permanecí en esa cama estrecha, tambaleante e incómoda, todo el día, salvo para ir al baño. El único libro que tenía conmigo era una biblia de bolsillo forrada en piel, que le había regalado a mi madre su madrina cuando nació en el 1903. Nunca había leído el famoso libro sagrado, y pensé que ésta era una buena oportunidad para descubrir, al fin, su misterioso contenido.

Los efectos del ayuno eran ahora muy fuertes. La falta de alimento me debilitó, y noté cómo mi mente, mis sentimientos y mi ego se habían vuelto prácticamente inexistentes. No sentía ninguna fuerza en el 'Yo' singular. Era como si estuviera en una conciencia muy amplia, mientras mi ser ordinario dormitaba: Me parecía estar residiendo en una conciencia apacible. Leer la biblia en ese estado de conciencia me hizo darme cuenta de cómo mi ego tendía a filtrar subjetivamente la información que recibía.

No había hecho latihan desde la llegada a la enfermería de Carpiagne y sentí una necesidad urgente de liberar las tensiones acumuladas. Pensé que, si hacía latihan en el pasillo principal de este pequeño hospital militar, liberaría las tensiones dolorosas de mi Ser y también quizás el personal y los médicos pensarían que había perdido totalmente la cabeza. A sus ojos no sólo estaría débil y frágil sino también mentalmente desequilibrado. Esto seguramente añadiría otro elemento negativo a mi expediente militar.

Me levanté de mi cama, me quedé de pie tranquilamente y dejé llegar el latihan. Comencé a balancearme suavemente, sintiéndome extremadamente feliz. Los sonidos llegaron desde lo más profundo de mi pecho y los dejé escapar al espacio que me rodeaba. Entonces caminé lentamente hacia la puerta, la abrí y, aun cantando, giré a la derecha, por el largo pasillo, al final del cual había una ventana francesa que dejaba ver el paisaje claro, soleado, pedregoso y árido. El sentimiento interno de alegría era inmenso y permití que mi cuerpo girara como un derviche giróvago; aún cantando me movía haciendo círculos, corredor abajo. Después de unos minutos, oí una puerta que se abría y vi, intermitentemente, a medida que giraba, a un joven enfermero que gritaba pidiendo ayuda. Un instante después otro enfermero vino de refuerzo por una puerta diferente. Saltaron sobre mí como si estuvieran capturando a un ladrón, tumbándome en el suelo y manteniéndome con firmeza.

Mi canto se mezclaba ahora con la diversión en esta escena insólita. Estaba totalmente consciente de lo que estaba pasando y decidí continuar con ello. Me golpearon violentamente en la cara con una toalla húmeda, azotando un lado y luego el otro. Fue doloroso y desagradable y les pedí que pararan. El médico, que había llegado, se inclinó sobre mí escuchando mi corazón que latía con rapidez; y cuando introdujo, por la fuerza, unas píldoras dentro de mi boca, sentí el olor desagradable a nicotina de sus dedos largos y toscos. No escupí las píldoras de inmediato, las metí entre las encías y la mejilla. Me cogieron por las piernas y los brazos, como se saca a los muertos de un campo de combate, y me tiraron sobre mi cama torcida.

Cuando salieron del cuarto, oí al doctor decirles a los jóvenes enfermeros: "Denle dos de estas cada mañana". Cuando el silencio volvió, escupí en mi pañuelo las dos pequeñas píldoras blancas, que todavía no se habían deshecho. Este latihan había sido 'especial', la primera parte había sido extremadamente liberadora y había reforzado los lazos de conciencia con mi alma. Por supuesto que la segunda parte no había sido muy agradable, aunque tenía algo muy divertido, y pensar en esto último me hizo reír entre dientes en la cama.

Estuve dos semanas en el campamento militar de Carpiagne, y al final de esa estancia me pidieron que estuviera listo el lunes por la mañana de la semana siguiente, para llevarme al cuartel general de Marsella, ante el Consejo de Reclutamiento compuesto por médicos-generales y médicos-coroneles. Ya hacía un mes desde que había comenzado mi ayuno completo de alimentos, y cuando me miré en el espejo noté cómo mis mejillas se habían derretido en mis mandíbulas, dejando mis pómulos a flor de piel y dando la impresión de que mis ojos estaban profundamente hundidos en mi cabeza. De pie me sentía muy débil, aunque el lugar donde residía dentro de mí mismo estaba muy limpio y claro; me sentía bien.

Tan pronto llegamos al inmenso edificio militar, cerca del centro de la gran ciudad, me pidieron unirme a un grupo de jóvenes reclutas que esperaban en un patio cercado. Entonces nos dirigieron a una habitación sin ventanas. Enseguida vino un sargento, que nos ordenó quitarnos la ropa, excepto los calzoncillos, y hacer cola contra la pared del cuarto adyacente.

De nuevo nos pesaron y midieron, esta vez frente a los oficiales de mirada severa, quienes, sentados a un lado de la larga mesa, bolígrafos en mano, estaban listos para anotar en sus libretas. Uno de ellos, al verme entrar, soltó una broma de cuando había sido testigo de la liberación de los judíos del campo de Buchenwald, a lo que siguió una explosión de risas de los oficiales uniformados.

Mientras me median, me levanté con cuidado sobre la punta de los pies, esperando llegar a la estatura correcta. Para mi gran alivio el truco pasó inadvertido, y me pidieron que me vistiera y que fuera a la oficina a recoger mi libro militar.

Tan pronto como me devolvieron el pequeño libro color marrón miré en él y encontré, con gran desilusión, que a lo largo de la página frontal estaban impresas dos grandes letras rojas: R/T. Significaba "Baja provisional". ¡Fue doloroso saber que, aunque ahora había sido liberado del deber, tendría que pasar por el mismo circo al año siguiente!

Sin embargo, una vez que me sentí libre, quise correr en todas las direcciones, aunque mi cuerpo no estaba apto para una carrera. Comencé a caminar para buscar un lugar donde comer, mientras las dos letras rojas se mantuvieron centelleando en mi mente como una lámpara de señales.

La reconexión con las fuerzas de vida

Encontré un café tranquilo donde me senté en una mesa redonda de bakelita color borgoña. Ahora, al menos por un año, el tiempo volvía a ser mío de nuevo; podía moverme, pensar, estar en mi propio espacio-tiempo, y seguir mis propias decisiones. Ahí estaba, mirando distraídamente pasar a la muchedumbre, sintiéndome extrañamente libre. Sentí como si estuviera sentado sobre una roca mirando al mar, un mar de sentimientos, en el que estaba a punto de sumergirme

Fue un momento importante ya que, después de estar treinta días sin alimento de ningún tipo en mi estómago, estaba ahora a punto de volver a los placeres de la vida física, comer incluido. Sabía que todas mis pasiones vendrían ávidamente, inundando el inmenso espacio en el que había estado en el último mes.

De repente me arrancaron de mi ensueño. "¿Y qué puedo traerle señor?" Un joven dependiente se paró a mi lado. No pude evitar mirarle a los ojos para ver si podía descubrir si ya había servido en el ejército, o no. "Sí, tiene que haber sufrido recientemente, ya que sus ojos azules parecen duros y ausentes como si realmente no quisieran ver", pensé.

Había olvidado que uno se sienta en un café para consumir y no estaba preparado para una respuesta inmediata. Mi espíritu necesitó tiempo para asociarse con el alimento, incluso simplemente para saber qué alimento desearía. Respondí con esfuerzo, pidiendo un sándwich de queso gruyere y una cerveza rubia ligera.

El crujiente sándwich llegó, con queso amarillo y hojas de lechuga desbordando por sus lados. Olí el fuerte y apetitoso olor del pan francés fresco. Lo sostuve con ambas manos para no perder nada de su contenido y abrí mucho la boca, mientras cerraba los ojos. En ese instante, la presencia de Jean llenó mis sentimientos internos: la vi mirándome, sonriendo tímidamente; un delicioso sentimiento de amor por ella invadió mi corazón. ¿Pero qué estaba mal? ¿Por qué su sonrisa no era libre? ¿Acaso había atado su corazón en otro lugar? Decidí dejar de jugar ese doloroso juego de suponer y mordí el sándwich con pasión, creando una miríada de doradas migajas que se esparcieron sobre la mesa redonda.

Ahora toda mi conciencia estaba en el interior de mi boca. ¡Qué extraña sensación era tener la boca llena de comida, masticar arriba y abajo, arriba y abajo, mezclando, reactivando todas mis glándulas salivales! El primer bocado fue un verdadero acto de voluntad, fue como si hubiera olvidado cómo enviar la comida por mi garganta hacia abajo. Los músculos de mi mandíbula y la parte superior de mis dientes se esforzaban y me pregunté si podría terminar el sándwich. Sin embargo, me llamó la atención la rapidez con la que el proceso de acción y reacción devolvió mi conciencia a mi Ser terrenal. Mi conciencia regresaba mientras el sándwich disminuía, como una presa que hubiera cedido, inundando el valle llanura abajo. Tardé media hora en terminar el sándwich y la cerveza, de repente, me sentí cansado por el ejercicio de comer.

"Después de todo, hace tiempo que no utilizo los músculos de la mandíbula; es normal que me duelan", pensé, mientras me alejaba del café hacia la estación central de Marsella. Anhelaba estar con mi madre de nuevo, oler su dulce perfume, oír su voz suave y comer sus deliciosas comidas; una gran sonrisa se extendió por mi cara con anticipación.

Debían ser las cuatro de la tarde cuando mi tren llegó a Cannes, y la primera cosa que hice fue buscar una cabina de teléfono. No podía esperar más tiempo para contarle a Jean la buena noticia sobre mi liberación. "¿Hola? ¿Estás ahí? ¿Jean? ¡Sí, soy François! ¡Acabo de escapar del ejército! ¡Puedes bajar a Francia ahora!", dije con una voz desbordante de alegría, feliz de estar en contacto con ella de nuevo.

"¿Qué? ¿Cómo lo lograste?", fue todo lo que contestó.

"Ya sabes…ayuné…no comía, así que me he quedado demasiado débil para estar en el ejército; por favor, ¡ven rápido!, ¡baja ahora!" Le recordé con firmeza lo que le había dicho cuando nos separamos, un mes antes, en el andén de la Estación Victoria.

"Pero no puedo, ¡tengo que ir a Oslo mañana!", contestó, y su voz sonaba inquieta.

"¿Oslo? ¿Para qué diablos y con quién?", grité por el teléfono, alterado por lo que estaba oyendo.

Su voz era ahora frágil, casi llorosa. "Con Canute." Me respondió. Canute era un noruego estudiante de psicología que había estudiado en Londres. La había ayudado a salir de una gran depresión, justo antes de unirse al grupo de trabajo de Gurdjieff. Fue antes de que yo entrara en su vida. Lo había visto una vez brevemente en Coombe Springs, y este escandinavo intelectual, pelirrojo y cubierto de pecas no me había impresionado mucho.

"¿Canute? ¡Pero eso es una locura! ¡No lo puedo creer!", exclamé perplejo.

"Lo siento, pero es verdad, ya he comprado el billete...", confirmó con voz triste.

Ignorando cualquier sentimiento que ella pudiera tener por Canute, me oí decir con autoritaria convicción: "¡Ven mañana, o iré yo mismo a buscarte!" Probablemente conmovida por mi sinceridad y mi determinación de estar con ella, se recompuso y dijo, con una voz que era de nuevo, dulce y calmada: "Está bien, voy a arreglar lo de los billetes y bajaré a Cannes mañana por la tarde."

Sorprendido por su capacidad para cambiar de idea tan rápidamente en un asunto de tal importancia, me sentí secretamente encantado con su decisión y dije: "¡Magnífico! Estaré en la estación de Cannes el jueves por la mañana. ¿Tendrás suficiente dinero para comprar el billete?"

"Sí, no te preocupes, creo que tengo justo lo suficiente en mi monedero. Siento la confusión; de hecho, no pensaba que iba a volver a verte tan pronto. Tengo que irme ahora; te veré el jueves por la mañana."

Oí un rastro de felicidad en su voz y me sentí cómodo y seguro por su decisión de estar conmigo; después de todo, probablemente pensó que no me volvería a ver jamás, ya que la guerra en África estaba haciendo estragos, y Francia estaba enviando más y más tropas a combatir contra el movimiento por la independencia de Argelia. Mi madre también se sorprendió mucho, cuando me vio bajando los escalones que llevaban a la terraza donde estaba sentada haciendo pantallas de rafia, rodeada de sus gatos. "¡No! ¡No puedo creerlo! ¡Ya estás aquí, es maravilloso!", exclamó con lágrimas en los ojos levantándose para abrazarme. "Querido, se te ve tan, tan delgado; ven a comer algo enseguida", añadió después de nuestro largo abrazo.

Le conté todos los detalles de mis dos semanas en el campamento militar de Carpiagne, sin olvidar ninguno de los detalles incongruentes y divertidos. Estaba encantada de oír que Jean estaría con nosotros el jueves por la mañana; pues adoraba a Jean y se sentía contenta con la idea de verla de nuevo.

En esa mañana memorable y maravillosa, Jean estaba en la estación de trenes de Cannes, sosteniendo un bolso y una pequeña maleta; que eran todas sus pertenencias. De pie en el andén, solos en el mundo, nos abrazamos con alegría, y pude sentir una oleada de luz y calor que irradiaba felicidad por nuestro reencuentro. Miré sus ojos y vi cuán difícil había sido para ella nuestro mes de separación

CAPITULO 1

Cambio de vida en Francia

Y así es cómo comenzó nuestra vida juntos, desde ese jueves de abril de 1958, nunca más nos separaríamos de nuevo...

No sabíamos qué nos depararía la vida, pero estábamos tan felices juntos que el presente inmediato era todo lo que contaba. Aunque la casa de mi madre era minúscula, era lo suficientemente grande para los tres; ella estaba tan encantada de estar con nosotros como nosotros lo estábamos con ella.

Para Jean y para mí, el latihan se había convertido en parte de nuestras vidas y sentimos la necesidad de organizarnos para poderlo practicar de forma regular. No había espacio en esta minúscula casa para moverse libremente, por lo que decidimos hacer latihan en el claro de un gran bosque de pinos que cubría las lomas detrás de la aldea de Vallauris. Encontramos un lugar bello y cubierto de hierba donde, mientras uno de nosotros estaba haciendo la práctica espiritual, el otro cuidaba por si se acercaba alguien. El silbato de la familia se usaba como advertencia en caso de que se viera un intruso.

Tengo que decirle al lector que no ha experimentado este tipo de entrenamiento espiritual que, aunque practicamos este ejercicio de abandono total durante media hora, dos veces a la semana, la conciencia de su presencia dentro de uno no nos abandona, sino que está continua, delicada y tranquilamente presente, como la llama de una vela. Aunque en ese tiempo no era realmente consciente, este despertar de nuestras almas aportó una nueva perspectiva a la forma en que nuestras vidas se desarrollarían juntas.

París Match, un semanario francés muy conocido, había escrito un largo artículo, con muchas fotos, sobre el "Mago" Pak Subuh que había curado milagrosamente a la actriz Eva Bartok y a su bebé recién nacido. Este artículo originó muchas preguntas en la oficina Subud de Coombe

Saint Paul de Vence, 1959

Springs. Pierre Elliott, que en ese momento trabajaba activamente para la incipiente organización Subud, nos había enviado una lista de 30 personas, todas en nuestra región de la Costa Azul en Francia, que estaban interesadas en conocer más sobre Pak Subuh y sobre el latihan. El nombre de Charles Parsons estaba subrayado en rojo, con una nota diciendo que él podía ser el que nos ayudara a reunir a todas esas personas en su casa, para contestar sus preguntas.

Contactamos con el Sr. Parsons y su esposa Psyche; y acordamos visitarlos. Tenían una casa grande en el extremo de una pintoresca aldea medieval llamada St-Paul-de-Vence, situada sobre una colina que dominaba el azul ultramarino de la Baie des Anges. La vista, de ciento ochenta grados desde Niza al Cap d'Antibes era como para cortarte la respiración. Los Parsons vivían en esta impresionante mansión que Charles, lo supimos después, había heredado de su padre.

Levantando y dejando caer tres veces el elegante y pesado aldabón de hierro fundido sobre las colosales puertas de nogal, anunciamos nuestra presencia... El Sr. Parsons abrió la puerta. "¡Entren!", dijo con voz ronca, mirándonos por encima de sus desgastados anteojos.

Hacía fresco dentro del recibidor, cuyas paredes estaban cubiertas con atractivas pinturas impresionistas y, antes de que pudiera decir algo sobre ellas, nuestro anfitrión dijo con indiferencia: "Oh, a propósito, estas fueron pintadas por mi padre." Se le notaba un fuerte acento californiano y continuó: "Suban, iremos a mi oficina a mecanografiar la carta para los franceses."

Tardamos varias horas en mecanografiar las 32 cartas, haciendo copias de papel carbón, poniendo las direcciones en los sobres, etc. El Sr. Parsons era escritor profesional, especialista en fenómenos paranormales y parecía estar familiarizado con esta máquina de escribir, temperamental y arcaica, en la que la cinta roja surgía, sola, espontáneamente, y con insistencia, en lugar de la negra. La carta invitaba, a las personas interesadas, a venir a la finca en St-Paul-de-Vence el domingo de la primera semana de mayo de1958, a las tres de la tarde.

Ese domingo llegó muy rápido. Me sentí sin preparación y me pregunté nerviosamente qué le diría a esta buena gente que venía de todas partes de la Costa Azul. Haciendo una retrospectiva, me di cuenta de que sabía muy poco sobre Pak Subuh o el latihan, que había practicado durante solo siete meses. Jean, que había vivido en Coombe Springs, trabajado con John Bennett y comenzado el latihan tres meses antes que yo, no hablaba una sola palabra de francés y no podía ser de ayuda; eso sí, podía aportar su belleza y su apoyo interior.

Nos vestimos con nuestras mejores galas y salimos en la Lambretta, durante hora y media de viaje, hasta la casa de los Parsons. "¡Rápido! ¡Todos están aquí esperándolos! ¡Síganme!", dijo Charles, en voz baja, al cerrar la pesada puerta detrás de nosotros y nos guió hasta un sótano donde, al final, encontramos una puerta de arco que daba acceso a un soleado jardín amurallado, plantado con naranjos y limoneros, algunos aún en flor.

Allí se encontraban las 32 personas que habían respondido a nuestra carta. Nos quedamos junto a la puerta, mirándolos y sonriendo con timidez; obviamente habían estado conversando entre ellos y, al aparecer nosotros, flotó un inquisitivo silencio en la atmósfera de fragantes aromas. Pude ver que había decepción en sus caras cuando Charles Parsons nos presentó. Obviamente esperaban ver a un hombre viejo con aspecto de sabio, quizás con una espesa barba y pelo largo. En su lugar estaban de pie ante ellos un joven de 19 años y su novia, despeinados por el viaje en el scooter. Charles Parsons, que parecía algo avergonzado por la situación, dijo apresuradamente en su pobre francés: "Vengan, vamos a la sala donde el Sr. Lasalle dará su charla."

La sala se había dispuesto como para una conferencia tradicional, con filas de sillas frente a una mesa con dos sillas detrás. Me sentí muy incómodo con esta disposición y pedí a los visitantes que me ayudaran a mover las sillas formando un gran círculo. Mientras lo estábamos haciendo, mi mente estuvo molestándome con preguntas: "¿Qué les vas a decir? ¿Cómo vas a empezar? Son mucho mayores que tú y, probablemente, mucho mejor preparados que tú en asuntos espirituales: ¿Cómo vas a hacerlo?"

Jean se sentó a mi izquierda, Charles Parsons y Psyche a mi derecha, y los otros completaron el círculo. Sabía muy bien que si usaba mi mente para dar una charla sobre Subud me enredaría. Así que, como si comenzara mi latihan, cerré los ojos... y cuando encontré la quietud profunda, pregunté en el interior de mí mismo: "¿Qué debo decir?... Después de un breve tiempo una respuesta surgió desde lo más profundo de mi ser: "Habla sólo de tu propia experiencia del latihan kejiwaan de

Subud." Noté cierta incomodidad proveniente de algunos de los presentes; ¿había sido un silencio demasiado largo? Abrí mis ojos lentamente y sonreí ampliamente, mirándolos sin enfocarme en alguien en particular. Y, como si se hubiera abierto un grifo en mí, las palabras comenzaron a salir libremente de mi boca. Sentí como si estuviera escuchando las historias que estaba contando. Realmente muchas cosas habían cambiado desde que comencé el latihan, y era de eso de lo que estaba hablándoles.

Dos horas habían pasado cuando, de repente, el rápido fluir de las palabras llegó a su fin, como si se hubiera cerrado el grifo mágico. No venía nada más y sentí que no tenía nada más que compartir.

Después de un breve silencio dije, sonriendo: "¿Tienen alguna pregunta?" Una mujer de unos 50 años preguntó: "¿Cómo Subud, o este latihan sobre el que nos ha estado hablando, aborda el cuerpo astral y el viaje en el astral?" Aunque mi ego estuvo muy tentado de dar una explicación sobre el cuerpo astral a partir de lo poco que había leído sobre ello, regresé a mi calma interior y respondí lo que vino: "Hasta ahora, en mi breve entrenamiento del latihan, no he experimentado nada que tenga que ver con el cuerpo astral o los viajes astrales. Si hablo sobre eso, lo haría refiriéndome a los libros que he leído. Pienso que no he venido aquí a hacer eso, sino a compartir con ustedes la realidad de mis experiencias desde que practico el entrenamiento espiritual de Subud."

No hubo más preguntas, por lo que les pedimos que levantaran sus manos si estaban interesados en comenzar la práctica del latihan. Todos levantaron la mano, menos la mujer que hizo la pregunta y su esposo. Les dijimos a los otros que les haríamos saber, por escrito o por teléfono, cuándo podrían reunirse con Pierre Elliott, quien les daría el contacto con el latihan.

Charles y Psyche Parsons estuvieron encantados con la reunión y sugirieron invitar a Pierre y a su esposa Vivian a St-Paul-de-Vence. Estaban muy felices de comenzar el latihan tan pronto como fuera posible, y Charles ofreció gentilmente a Pierre y a Vivian el uso de su propiedad.

Pierre y Vivian llegaron en el verano de 1958; y la mayoría de los que estuvieron en la reunión, comenzaron el entrenamiento espiritual. Alquilamos un gran salón en Niza donde nos reuníamos dos veces por semana: ¡El primer grupo Subud en Francia se había formado! Pierre y Vivian fueron después a París a comenzar otro grupo, dejándonos a Jean y a mí para que cuidáramos de los nuevos miembros en Niza.

Es interesante señalar que, desde el nacimiento del grupo de Niza, un espacio nuevo apareció dentro de nuestros sentimientos interiores, donde Jean y yo fuimos conscientes de la presencia del grupo dentro de nosotros. Fuimos testigos de su primer latihan y esto creó, sin lugar a dudas, un fuerte lazo entre cada uno de nosotros; Creímos que teníamos que cuidar de la regularidad y el desarrollo armonioso del latihan y con gusto nos desviábamos de nuestro camino para ocuparnos de los nuevos interesados. Dos veces a la semana nos subíamos felices en nuestra Lambretta, y recorríamos los 90 minutos de trayecto desde Vallauris a Niza.

En algún momento del otoño, llegó un telegrama de Pierre para decir que Bapak nos había designado sus "asistentes", lo que significaba que ahora podíamos pasar este contacto espiritual a quienes lo desearan. El término "asistente", se usaba para dar a entender que asistíamos a Bapak en la difusión del latihan, ya que la tarea para llevar a cabo lo que él describió como su misión mundial hubiera sido demasiado para un solo hombre. También podía explicarse como que este nuevo papel era el de asistir a las personas durante sus primeros pasos, atestiguando su sinceridad al conectarse con lo que sentíamos era la Gran Fuerza de Vida.

Así que nos convertimos en unas personas muy ocupadas porque recibíamos preguntas sobre Subud desde muchos sitios, desde Menton a Marsella, a lo largo de la costa y hasta de la lejana Carcassonne, cerca de los Pirineos. Buena parte de nuestro tiempo lo dedicábamos a ocuparnos de quienes querían recibir el contacto. Para nosotros no era realmente un esfuerzo, solo seguíamos naturalmente lo que se nos pedía. Sentíamos que estábamos haciendo lo correcto al hacer que el latihan fuera accesible a la gente que se interesaba en él.

Por supuesto que teníamos que ganar algo de dinero para sobrevivir, así que comenzamos un pequeño negocio de batiks de seda, diseñando y haciendo camisas de seda y pañuelos, que vendíamos en tiendas de moda a lo largo de la Costa Azul. Aunque seguíamos nuestro entrenamiento espiritual regularmente, dos o tres veces a la semana con el grupo en Niza, la conciencia del latihan en nuestro interior era casi permanente. Estados inhabituales de conciencia se despertaban espontáneamente, como, por ejemplo, cuando una vez muy temprano, con las primeras luces del alba, al unir nuestro femenino y masculino en una fina vibración, nuestra conciencia evolucionó hacia un estado de paz, un profundo estado de paz. Jean, abriendo mucho sus ojos, exclamó; "¡Estás rodeado de brillantes luces! ¡Es asombroso!"

Este inesperado anuncio me sacó de mi estado angélico, regresando a una realidad más física, y ella dijo, casi con tristeza: "Se han ido ahora; ya no las puedo ver."

En otra ocasión, cuando unimos nuestros cuerpos, me sentí incómodo, como si alguien nos estuviera observando. El sentimiento se volvió tan real y fuerte que abrí mis ojos y miré a mi alrededor: vi que seis o siete hombres, no bien intencionados estaban de pie rodeando a mi amada Jean, nos miraban extrañamente. Supe enseguida que eran sus antiguos amantes, cada uno lleno con sus propias y ardientes fantasías hacia ella; me estaban mirando con una expresión desagradable de envidia. Fue una experiencia detestable; yo no supe cómo controlar la visión y tuvo el efecto de enfriar mis ardientes impulsos.

"¿Qué está pasando?", preguntó Jean, preocupada por el súbito cambio en mi estado físico y emocional. No sabía qué contestarle, ya que podía molestarla si le decía lo que había visto. Así que esperé un poco, entonces lo expliqué suavemente: "Sentí otras presencias en el cuarto, como si nos estuvieran observando. Abrí mis ojos y vi a tus antiguos amantes todos de pie alrededor de nuestra cama. Tenían desagradables sonrisas de envidia en sus caras."

"Realmente no estoy sorprendida sabes... Oh, lo lamento", murmuró con tristeza, como si fuera culpa suya. Esta poderosa experiencia tuvo el efecto de cortar completamente mi deseo sexual por Jean. La amaba profundamente, disfrutaba cada momento de su presencia, pero la atracción sexual se había desvanecido. Esta situación era extraña para mí ya que mi tendencia era más bien la contraria. De repente me encontré liberado de dedicar una gran parte de mi ocupado tiempo al sexo, y me divertía pensar: "Sería fácil convertirme en cura sintiéndome así. ¡No ser sexualmente atraído por las mujeres tiene algunos aspectos positivos!"

Le pedí a Jean que no se preocupara por esta falta de deseo sexual, explicándole que no tenía nada que ver con ella, sino que era algo que estaba pasando en mí. Le aseguré que mis sentimientos sexuales se volverían a despertar una vez que dejara pasar esta situación. Sentí que no debíamos preocuparnos demasiado por ello, sino confiar en que era algo temporal y darle el espacio en el cual evolucionar.

La comprensión de esta experiencia me llegó unos años más tarde:

tres meses sin actividad sexual nos mostró que nuestro amor permaneció intacto. Me di cuenta de que el proceso había transformado mi resentimiento hacia muchas partes de la vida pasada de Jean. Encontré comprensión y aceptación de quien era, con todas sus experiencias pasadas que habían contribuido a hacer de ella la persona que era ahora, y a quien yo amaba tanto.

Experiencia de levitación

Alrededor de la Navidad de 1958, estaba haciendo latihan en un local alquilado llamado Salle Marie-Christine, en Niza, con otros cinco o seis hombres. La sala era muy grande, con un piso de madera desgastado y sucio. En un extremo había una plataforma, de cerca de un metro de altura, sobre la cual había un gran abeto de Navidad alto y enteramente decorado. A su lado, pero esta vez sobre el parqué, había un piano de pared negro. En cierto momento, durante mi latihan, estaba de pie, con mi espalda hacia el piano, balanceándome suavemente, los ojos cerrados y cantando, perdido en una sumisión total, cuando noté que me sentía ingrávido. Mi canto se detuvo, tenía los brazos alejados de los lados de mi cuerpo. Sentí mi cuerpo levantarse, mis pies se separaban del piso de madera: estaban elevándose. Era una sensación extraña. Entonces me encontré yendo hacia atrás, por encima del piano y me recuerdo pensando, "¡Oh, voy directo hacia el árbol de Navidad!" En ese momento, me puse tenso, el latihan se detuvo, y sentí el efecto de la gravedad, estrellándome en las titilantes ramas del árbol y aterrizando finalmente sobre la plataforma.

Me quedé debajo del árbol por un tiempo, atontado por lo que acaba de pasar, sintiendo mi cuerpo muy pesado ahora, como si fuera a hundirse a través de la plataforma de madera. Me dije; "¡Ha sido una levitación, he sentido la ingravidez, estaba bien sin peso, y ahora he vuelto al presente como de plomo!"

Antes de esa experiencia había dudado mucho y hasta había sido muy crítico, con la gente que escribía o hablaba sobre levitación. Ahora, esta experiencia me había ayudado a entender que la gravedad es relativa al lugar donde se encuentra la conciencia; en otras esferas de existencia las leyes son diferentes y adaptadas a esa esfera. ¿Es esto lo que algunos llaman el cuerpo espiritual, el cuerpo que puede llevarte sin sonido ni peso a una esfera donde la materia es solo una parte ínfima del espacio?

Después de este latihan, mientras nos poníamos los zapatos, uno de los hombres levantó su cabeza y dijo jocosamente, "¡Oye! ¿Qué estabas haciendo debajo del árbol de Navidad?" Los otros se rieron pensando en François de espalda, con los pies en al aire, acostado allá arriba, debajo del árbol. Como la experiencia estaba demasiado fresca en mis sentimientos para compartir lo que realmente había pasado, simplemente respondí con una gran sonrisa.

Abandonando el miedo

Una joven mujer vietnamita llamada Marie, que vivía en Cannes, había estado haciendo latihan con Jean durante unos meses cuando preguntó si su novio, André, podría comenzar también el entrenamiento. Normalmente nos reuníamos antes algunas veces con la gente interesada para informarles sobre Subud y el latihan.

Durante nuestras conversaciones, André me dijo que había sido comando en la primera línea del frente del ejército francés en la guerra de Indochina, que había leído muchos libros y que había estado en diferentes movimientos espirituales. También se había relacionado con un grupo de gente de Gurdjieff en algún lugar de la costa. André era del tipo de gente que lo sabe todo; cuando hablé de mi corta experiencia en Subud, enseguida encontró alguna analogía que había acabado de leer en un libro. Era un presentimiento, pero por alguna razón, no estaba contento con que él comenzara el latihan; lo sentía inestable, nerviosos e inquieto. No estaba seguro de poder cuidarlo si tenía un problema. Le hice esperar, pero en esa época, no tenía suficiente claridad interior para definir con palabras mi sentimiento instintivo.

Finalmente, como siguió insistiendo, estuve de acuerdo y comenzó el latihan. Un día, recibimos un telegrama pidiéndonos telefonear a Marie urgentemente. "Vengan rápido a mi apartamento; André me ha pegado y se está comportando de modo agresivo. ¡Necesito su ayuda! Pero rápido", lloró Marie por el teléfono.

Alrededor de las ocho de la noche viajamos a Cannes en la Lambretta, estacionamos el scooter en la calle y subimos los escalones de hormigón hasta el piso de la primera planta. Entramos a la pequeña cocina y, de inmediato, sentimos una atmósfera extremadamente tensa. Marie temblaba de arriba abajo, tenía un pómulo magullado y era obvio que había estado llorando durante bastante tiempo; nos ofreció amablemente una taza de té de jazmín. Me senté al final de la mesa, de espaldas al horno, Jean a mi izquierda, Marie al frente. André estaba despeinado, con su corbata azul deshecha, y caminaba rápidamente por todo el cuarto, con los puños fuertemente apretados. Hablaba incoherentemente y maldecía en voz alta, culpando a Marie de su desdicha y miseria: ella tenía toda la culpa de que no pudiera organizar su vida.

Hablaba y hablaba y caminaba en círculos. Después de escucharlo un tiempo le hablé con dulzura, usando lo que pensé era sentido común y simple psicología; intenté llevarlo a un estado mental más razonable. Al principio pareció funcionar; daba la apariencia de entender lo que le estaba diciendo, le decía que tenía dentro de él todos los recursos que necesitaba para desenvolverse en su vida; que podía escoger qué camino tomar; pero para eso, tenía que aquietarse por dentro y escuchar su más profundo ser interno para que lo guiara.

La furia de André pareció contenerse por un tiempo, aunque sus ojos aún tenían una mirada de loco; sugerían que estaba a punto de estallar otra vez. Comenzó de nuevo a caminar a nuestro alrededor, tenso y silencioso. Lo sentí de pie detrás de mí, y un silencio glacial descendió cuando vi, por el rabillo del ojo, la hoja brillante de un gran cuchillo de cocina. Desconcertado, sentí su afilada punta en contacto con la tierna piel de mi cuello.

"¡Así que!" exclamó, "entiendo al fin que eres el agente secreto del Sr. J G Bennett; estás trabajado parar él, ¿no es verdad?", gritó en mi oído, presionando la punta del cuchillo un poco más en mi carne.

Durante las siguientes horas la cocina se convirtió en un infierno, una completa tortura; la tensión alcanzó el máximo. Un lenguaje ofensivo, acusaciones inimaginables sobre mi participación con el Servicio Secreto Británico; mezcladas con acusaciones de cooperación con el Sr. Bennett, que tenía el poder de controlar el mundo esotérico entre otras cosas… y junto a ello podía sentir la presión de la hoja, alejándose o intensificándose cada vez que la mano izquierda de André hacía un gesto.

Es fácil imaginar lo que pasaba por mi mente y mis sentimientos durante esas difíciles horas. Me di cuenta de que había actuado demasiado como un padre, tratando de tranquilizar a André y de darle consejos, lo que había contribuido, posiblemente, a llevarle a este estado de violencia incontrolable. Recuerdo haber pensado que debe haber odiado a su padre que, probablemente, fue muy violento con él cuando era niño.

Sin lugar a dudas mis palabras paternalistas habían logrado realmente lo opuesto a lo que intentaba.

André no quería seguir escuchando y ahora estaba diciéndome lo feliz que le hacía descubrir que yo era un agente secreto de su peor enemigo, el Sr. Bennett, y que no tenía otra opción que matarme. Jean cruzó sus dedos que estaban descansando sobre la mesa, e inclinó la cabeza a un lado; miraba fijamente a su dedo gordo que golpeaba lentamente sobre el otro. Marie miraba hacia abajo, incapaz de decir una palabra; su cara estaba tan blanca como la mesa de formica de la cocina.

"¡Qué situación tan extraña esta!", pensé, 'vinimos a ayudarlos y ahora nos encontramos al borde de un drama, bajo la horrible amenaza de un cuchillo de cocina." Sabía que la situación había ido demasiado lejos para poderla apaciguar con sabias palabras. André estaba en el timón y había tomado el mando; había capturado al espía y se sentía con todo el poder, controlando la situación.

Me di cuenta de que lo único que me quedaba por hacer era abandonar mis emociones junto con mi ego, y volverme completamente hacia mi alma para permitirle guiarme. Al hacerlo, las palabras burbujearon desde dentro de mí, confirmando mis pensamientos: "Aparta tu corazón y mente y quédate cerca de mí."

Entonces me relajé completamente, abandonando tanto mis deseos de arreglar la situación como mi miedo. Tenía la sensación de planear volando hacia mi interior, como una pluma llegando lentamente al fondo de un pozo, hasta que encontré la perfecta quietud, donde no existía el más ni el menos, solo presencia...

Toda la situación cambió milagrosamente. Ahora me sentía rodeado de amor y luz, acunado por una conciencia angélica.

La voz de André se hizo más distante, sonaba menos amenazadora, y la presión de la punta del cuchillo disminuyó hasta que desapareció por completo. Mis ojos estaban cerrados cuando oí una explosión de lágrimas, y André se derrumbó pesadamente sobre la silla a mi derecha, con la frente entre sus brazos, sobre la mesa de formica. El cuchillo de cocina yacía ahora, inerte, cerca de él.

Miré mi reloj. Eran las cuatro y media de la madrugada. Me levanté lentamente y Jean y Marie me siguieron: todos estábamos exhaustos. Fui hasta André, que aún estaba sollozando como un niño y froté cariñosamente sus hombros con mi mano izquierda. Di a Marie un beso de despedida y con los ojos llenos de lágrimas, dijo suavemente: "Gracias a los dos por venir." Jean le dio un largo y cariñoso abrazo y luego abandonamos el pequeño piso.

El aire fresco de la mañana, con las luces del amanecer, que alejaban el oscuro cielo nocturno, contribuyeron en gran medida a apaciguar nuestras emociones y nuestros cansados cuerpos. Jean, en la Lambretta, colocó su cabeza de lado contra mi espalda, y mientras serpenteábamos por la carretera llena de curvas en el regreso hacia Vallauris, me abrazaba fuertemente.

El extraño suceso me inquietó durante algún tiempo; ¿por qué tuvimos que pasar todo eso cuando nuestra intención había sido la de ayudar a Marie? Ahora, en retrospectiva, veo que esta experiencia me llevó a los límites de mi miedo, donde aprendí que la única solución era cambiar mi estado interno a un nivel superior donde residen el amor y la confianza. Sin embargo, me quedaban algunas preguntas. ¿Debía ir a cuidar de André y alentarlo a continuar con el latihan? No podía encontrar una respuesta y decidí escribir a Pak Subuh, que estaba en Indonesia, buscando su consejo.

Bapak contestó: "Este hombre, André, es un alcohólico. Ni el latihan ni tú pueden hacer nada por él hasta que él mismo decida dejar de beber." El mensaje era absolutamente claro.

De todo esto lo más interesante fue que, después del suceso en el piso, André nunca regresó al latihan y nunca más molestó a Marie, que nos contó que había ido a una casa de cuidados de salud mental en Niza. Dos años más tarde, me encontré con él en las calles de la ciudad y, mientras tomábamos una taza de café, me dijo que todavía sentía el latihan y que éste lo había ayudado, pero nunca regresó a hacer el entrenamiento con el grupo.

Nuestra boda y el primer Congreso Mundial Subud

Jean y yo estábamos viviendo juntos en el barrio de Devens en la pequeña casa de mi madre. Nuestro negocio de bufandas de seda iba bien; me organizaba para encontrar suficiente tiempo para pintar y las actividades Subud nos mantenían muy ocupados. La idea del matrimonio no se nos había ocurrido, sentíamos que no era necesario ya que, según lo veíamos, nos habíamos casado ante Dios por la sinceridad de nuestra unión. Queríamos una familia grande con muchos hijos, pero por alguna razón aún no habían llegado.

La madre de Jean, Winifred Orton, escribía con frecuencia a su hija, casi siempre para contarle sobre las últimas plantas que había incluido en su bonito jardín, o sobre una nueva flor que había aparecido. Pero en su reciente carta nos sugería, con insistencia, que Jean y yo debíamos casarnos oficialmente en una iglesia en Inglaterra.

Winifred y Poppa, como la familia los llamaba, sugirieron que la boda podía celebrarse en la parte exterior de su casa, en el próximo agosto de 1959; lo pagarían y organizarían todo. Era comprensible que Jean quisiera complacer a sus padres y, aunque a nosotros no nos atraía especialmente un matrimonio religioso, decidimos aceptar su oferta.

Honor, mi madre, estaba encantada con nuestra decisión; fijamos la fecha de la boda para el primero de agosto; la recepción se haría en la casa de los Orton, cerca del encantador pueblo de Cowden, en el condado de Kent. La fecha decidida cayó diez días antes del primer Congreso Mundial Subud, que tendría lugar en Coombe Springs; y decidimos ir allí después de nuestra corta luna de miel.

Nuestra boda en Cowden, 1 de agosto de 1959

La ceremonia tuvo lugar en una pequeña, pero elegante, iglesia anglicana de piedra del siglo XVII, en la que se apiñaron el centenar largo de invitados. La recepción se celebró en los jardines de la casa, bajo una gran carpa blanca montada para la ocasión. Aparte de nuestras familias, la mayoría de los invitados eran amigos nuestros de Coombe Springs, incluidos el Sr. Bennett y su esposa Elizabeth.

El Sr. y la Sra. Orton, atentos a los detalles, habían alquilado un Rolls-Royce para que nos fuéramos en él a nuestra luna de miel. Yo lo había rechazado educadamente, diciendo que no era en absoluto nuestro estilo y que preferíamos irnos en el scooter que nuestro amigo, Robin Mitchell, nos había prestado. No obstante, el Rolls-Royce, con chofer con gorra y todo, estaba esperándonos. Pero preferimos subirnos a la Lambretta de Robin, vestidos con nuestros trajes de boda, e irnos tal cual, saludando a todos con nuestras manos, en medio de las risas y diversión general.

Nuestra luna de miel fue bien, a pesar del frio y la lluvia. El estar oficialmente casados nos dio a los dos una sensación positiva. No porque estuviéramos ahora más cerca el uno del otro, o que nuestra vida sexual se hubiera intensificado, no. Pero había una diferencia: teníamos el reconocimiento y la aceptación de toda la gente que amábamos y sentíamos cerca, y este matrimonio era una especie de sello de reconocimiento de nuestro amor mutuo para el mundo exterior.

Para poner al lector en la situación política de la época: durante el final de los años 50 y principio de los 60, hubo un desconcertante sentimiento de inseguridad en el mundo, debido fundamentalmente a la Guerra Fría. La amenaza de las armas nucleares planeaba sobre nuestras cabezas, junto con la destructiva guerra de Vietnam y la lucha franco-argelina en el norte de África. La sociedad occidental libre pensadora estaba ansiando re-despertarse a una nueva realidad espiritual. Hasta entonces, la mayoría de los caminos espirituales se basaban en las religiones antiguas. Ahora, con la llegada del latihan, podíamos alejarnos de nuestras tradiciones y creencias fijadas de antemano y comenzar nosotros mismos algo totalmente nuevo.

Era un pensamiento estimulante tener la posibilidad de conectarnos a nuestras almas directamente, sin intermediación de religiones, sacerdotes o gurús. ¡Qué refrescante era abandonar toda la política y los viejos caminos espirituales y volvernos hacia algo completamente diferente, comenzar a descubrir el sendero que estaba ya latente dentro de nosotros mismos, donde nuestro programa, individual y original, estaba esperando deseoso de entrar en acción!

Jean y yo llegamos a Coombe Springs el lunes diez de agosto, al día siguiente iba a comenzar el primer Congreso Mundial Subud, en el maravilloso edificio de nueve lados llamado Djamichunatra, que había sido construido a finales de 1957. El tiempo cambió a un perfecto verano de cielo azul. Había llevado algunos de mis cuadros y organicé una pequeña exhibición; todos parecían felices corriendo de un lado para otro, dando los últimos toques finales antes de la apertura del Congreso.

En menos de dos años el latihan se había difundido desde Indonesia a Occidente. En ese tiempo mucha gente había recibido lo que entonces se llamaba "contacto", a veces de forma caótica. Por ejemplo, en Sídney algo más de doscientos hombres comenzaron su primer latihan todos a la vez en una gran sala de conciertos. Reporteros y fotógrafos, que se habían mezclado para pasar desapercibidos, utilizaron sus cámaras y publicaron al día siguiente sus fotos y artículos en periódicos locales; dando una impresión errónea de lo que era Subud.

En este primer Congreso, Bapak estableció unas pocas guías para ayudarnos a hacer la difusión de Subud más armoniosa. Se estableció una organización mundial Subud, con una estructura simple, que podía utilizarse en cualquier parte del mundo libre.

Este primer Congreso Mundial fue una experiencia inolvidable. Nunca había asistido a un encuentro con tantas personas sonrientes de diferentes lugares del mundo. Eran de distintos grupos étnicos, idiomas, culturas y religiones. El tener la constante presencia de Pak Subuh entre nosotros y hacer muchos latihanes juntos creó un poderoso sentimiento de unidad; estábamos viviendo la unidad de un sentimiento de humanidad.

Estar juntos en el latihan, donde desaparecían todas las barreras del ego y se dejaba al divino orquestador guiar los sonidos, movimientos y sentimientos en cada uno de nosotros individualmente, fue reconfortante; conformó un todo caótico y armonioso que tuvo un efecto estimulante.

El Djamichunatra, con su figura de nueve lados elevándose hacia las alturas, creó un espacio maravilloso para hacer el latihan. Fue en ese edificio donde por primera vez tuve la experiencia de mi alma expandiéndose por el universo. Aunque era consciente de mi cuerpo moviéndose y cantando sobre el suelo del edificio, mi conciencia se expandió, más allá de Coombe Springs, llevándome sobre Kingston, Inglaterra y Europa. Mirando hacia mi barriga vi a la tierra y fue como si hubiera crecido tanto que nuestro planeta se hubiera convertido en una parte de mí. Volví mi atención hacia el universo y me sentí de inmediato atraído por él; pero entonces tuve el sentimiento de que no era capaz de ir más allá en ese viaje, no tuve suficiente confianza. "Pudiera no regresar," pensé... me asusté. En cuanto el miedo se apoderó de mí, aterricé en el suelo del salón de latihan. Esta breve experiencia me confirmó que había una ventana en mí mismo a través de la cual podría pasar; pero para eso, sabía que mis miedos no podrían acompañarme.

La palabra "entrenamiento", me parece que explica bien lo que es el latihan: cada vez que practico el entrenamiento, abandono mi yo ordinario, con su ego, miedos, necesidades, deseos, gustos y aversiones. Por supuesto no soy capaz de hacerlo completamente y todo el tiempo; por lo tanto, practicando el latihan regularmente, me entreno poco a poco, para ser más permanente y sincero en mi entrega.

Durante todo el Congreso, Jean y yo asistimos a todas las reuniones, a las charlas y a la mayoría de los latihanes que se hicieron. Nos sentábamos en el suelo y escuchábamos las explicaciones de Bapak sobre el latihan; todo fue maravillosamente enriquecedor. No nos importaba estar apretados e incómodos en el Djamichunatra, ya que la poderosa presencia de Bapak creaba un gran sentimiento de amor y unidad entre nosotros. El amor que brotaba de él al hablarnos, hizo que cada uno de nosotros se sintiera amado y lo amara como respuesta. Yo nunca había experimentado un amor y un respeto así hacia un hombre.

A veces, cuando hablaba, yo sentía que sus palabras se dirigían a mí, entonces me miraba y sonreía mientras explicaba cosas, amablemente, usando un lenguaje que yo entendía, y respondiendo a las preguntas que salían de mi mente. Otros también tuvieron una experiencia similar de sentir que Bapak estaba respondiendo a sus propias preguntas.

La resonancia de esta suave y poderosa voz vibraba a través de mi Ser. Aunque él estuviera hablando en alto javanés mezclado con indonesio, casi siempre entendía lo que estaba diciendo mucho antes de que llegara la traducción del Sr. Bennett. Encontré muy fácil acostumbrarme a las palabras que usaba para describir las fuerzas de vida que habitan en nosotros y en el mundo que nos rodea. La fuerza de vida material, la vegetal, la fuerza de vida animal, la fuerza de vida humana y las otras fuerzas que, en ese tiempo, no tenía en mi campo de experiencia, eran una buena forma de explicar la interacción de fuerzas sobre esta tierra y también en nosotros mismos.

Siempre había muchos admiradores entusiastas alrededor de Bapak y su grupo, y creí que no debía estar demasiado cerca de él; quería respetar su espacio con discreción. Por lo que controlé el sentimiento que surgía dentro de mí de querer estar cerca y poder hablarle de forma ordinaria. Unas pocas veces tuve la oportunidad de decir algo, pero siempre sentía que su conciencia me envolvía tanto que él sabía exactamente lo que estaba pasando dentro de mí, y el deseo de hablar se desvanecía, el simple hecho de estar en su presencia me llenaba.

Capítulo 2

Encuentros con un hombre excepcional, 1959-1988

Primera visita de Bapak a Francia

Aunque "Fuente de Vida" fue escrito en orden cronológico, en este capítulo decidí contar agrupadas las experiencias que tuve en presencia de Bapak, o cuando la presencia de Bapak se convirtió en parte de mis experiencias Subud, desde 1959 a 1988. En este libro, el lector encontrará que se menciona a Bapak con frecuencia. Los indonesios suelen llamar a un hombre maduro y respetado bapak ("abuelo"), de ahí la palabra que utilizamos para referirnos a él. Él no actuaba con nosotros como un maestro, un gurú, o un cura, en absoluto: no nos dio ejercicios formales ni mantras para repetir, ni oraciones que aprender. Fue como un abuelo, que siempre estaba dispuesto para explicar y compartir con nosotros su amplia experiencia espiritual del latihan. Su constante amor y cuidado por nosotros nos hizo amarle como respuesta.

Al final del Primer Congreso Mundial en 1959, se acordó que Bapak y su comitiva irían a St-Paul-de-Vence para disfrutar de unas vacaciones cortas y relajantes en el hogar de los Parsons. Cuando llegaron a Niza en un vuelo desde Ginebra el 21 de diciembre de1959, fueron conducidos directamente a la casa.

Jean y yo nos quedamos allí con ellos durante las dos semanas, para atender sus necesidades, Nuestra función era hacer las compras necesarias para la cocina, organizar las reuniones y latihanes, y organizar la agenda para las numerosas personas que querían ver y reunirse con Bapak. Jean pasó mucho tiempo con las señoras indonesias ayudando con la comida y cocinando. Yo, por las mañanas temprano, salía de compras y a mi regreso atendía a los visitantes, asegurando que no invadieran el espacio de Bapak.

Un miembro Subud, el Dr. Ropars, que había recibido recientemente el contacto, tenía un Citroën DS 21 negro muy nuevo, se ofreció amablemente a conducir para Bapak y su comitiva, y se convirtió en su chofer durante esas dos semanas, llevándolos a Niza para las charlas y el latihan, y también a visitar Marsella donde ya había comenzado un pequeño grupo.

Aunque el tiempo era soleado y con un cielo azul, hacía frío para los indonesios, y una de mis tareas era asegurarme de que los apartamentos tuvieran buena calefacción. Por lo que muchas veces al día, bajaba las frías escaleras de piedra hasta el sótano de la vieja propiedad, para conseguir el carbón que se necesitaba para llenar la gran caldera. Las viejas y gruesas paredes del sótano tenían agujeros rectangulares, perforados a intervalos regulares, para aportar algo de luz y aireación a las diferentes estancias abovedadas.

Yo tarareaba alegre, sosteniendo el cubo cerca del suelo y arrastrándolo para llenarlo con carbón cuando, sorprendido, sentí que los pelos de mi cabeza se erizaban; fue como si hubiera entrado en contacto con una telaraña. En la semioscuridad, levanté mi mano y también sentí los pelos de mi antebrazo erizarse, al mover lentamente mi mano a través del aire, comprobé que no había telaraña alguna. Sentí una presencia, aunque era obvio que estaba solo, ya que no veía a nadie a mi alrededor.

Cuando regresé al Gran Salón con el cubo lleno de carbón, encontré al Dr. Zakir, que en ese tiempo era el secretario personal y traductor de Bapak. Y sabiendo que los indonesios se sienten cómodos con el mundo invisible, le pedí que bajara al sótano conmigo, diciéndole que había experimentado algo que no podía explicar, y que quizá él pudiera ayudarme a entender. Lo dije esperando que, como javanés, pudiera tomar este extraño suceso seriamente. Estuvo de acuerdo, y ambos bajamos al lugar donde estaba la pila de carbón.

"Fue por aquí", dije, mostrándole vagamente con el dorso de mi mano el espacio donde había sentido la extraña sensación.

Él se rio y dijo: "No, no puedo sentir nada aquí; pero ya sabes, los espíritus se mueven."

Así que anduvimos serpenteando, cada uno en su propia dirección, en los oscuros espacios del abovedado sótano en busca de la presencia invisible. "¿Dr. Zakir? Aquí está, lo encontré, ¡venga!" exclamé tranquilamente al sentir la extraña presencia en mi piel, que de inmediato se me puso como carne de gallina.

"Sí, también la siento; quiere que la notemos; probablemente ha venido a ver a Bapak", añadió rompiendo a reír.

Cuando era un niño muy pequeño, me había conectado varias veces con un mundo invisible, pero esta era la primera vez que, como adulto, había sido testigo de algo tan real, algo que mi mente no podía entender, que no tenía ni pies ni cabeza. Siendo muy racional, esta experiencia no se ajustaba a mis esquemas de comprensión. Decidí apartarla de mis pensamientos, no ignorarla, pero dejarla tal cual, sencillamente otra experiencia irracional, pero sin embargo real.

Por las tardes, la gente venía a ver a Bapak o al Sr. Bennett. Uno de mis otros papeles en la casa de los Parsons era recibir a los visitantes, y anunciar su presencia, siempre que hubieran coordinado previamente una cita.

Una mañana, oí un discreto golpe de picaporte sobre la gran puerta de nogal. Al abrirla, un hombre muy viejo, con su espalda ligeramente encorvada, de larga y blanca barba, con unos ojos azules y penetrantes que me miraban fijamente, dijo en un mal inglés mientras caminaba adentrándose en la casa: "He venido a conocer a Pak Subuh y al Sr. Bennett".

Antes de que pudiera preguntarle quién era y si había reservado una cita, ya estaba en el Gran Salón sentado sobre el largo banco, con ambas manos descansando sobre el bastón, que mantuvo en posición vertical entre sus rodillas. Me senté a su lado y comencé a explicarle, con juvenil ignorancia y entusiasmo, cómo Subud había llegado a Occidente. Sentí necesario explicarle lo que sabía sobre Gurdjieff, sobre el Sr. Bennett, y la llegada de Bapak. Mientras hablaba, nuestros ojos se cruzaron y vi en un instante que le había hecho gracia mi ingenuidad.

De repente me sentí avergonzado, dándome cuenta de que este viejo, que todavía no había dicho una sola palabra, probablemente sabía mucho más sobre Gurdjieff, el Sr. Bennett y Bapak que yo. "Lo lamento señor. ¡Me estoy dando cuenta de que debería ser yo quien le escuchara y no a la inversa! ¿Conocía usted a Yann Ivanovitch Gurdjieff?"

"¿Ese pillo? ¡Era un verdadero ladrón!", contestó, y comenzó a contarme esta historia fascinante:

Su nombre era Sr. Zoun; y no estaba seguro de su fecha de nacimiento, ya que un grupo de monjes Sufi lo había encontrado inconsciente y completamente desnudo, en un bosque en Turkmenistán oriental. Lo llevaron al monasterio donde lo cuidaron y educaron. En 1924, en Italia, actuó como Leonardo da Vinci en una película sobre el gran artista. Ciertamente, si tuviera que describir su fisionomía, diría simplemente, miren el autorretrato que hizo Leonardo, imaginen los ojos ligeramente azules, y ahí tienen al hombre.

Me contó cómo Gurdjieff había llegado un día al monasterio, en él fue acogido, nutrido y albergado, y se quedó más de seis meses estudiando los antiguos documentos secretos de su librería. Después, una noche, se fue sin avisar, como si fuera un ladrón. También me contó que él, el Sr. Zoun, no tenía pasaporte ni prueba de su identidad y por eso, viajaba la mayoría de las veces a pie. Cuando llegaba a una frontera, caminaba hacia atrás, como si viniera del país al que quería entrar y cuando los oficiales de la aduana lo veían, pensando que estaba entrando en su país, llevaban apresuradamente al indeseable personaje sin papeles a la frontera, y lo echaban para el otro lado, así pasaba de una nación a otra.

A continuación, me dijo que quería conocer a Pak Subuh. Como era la hora de hacer un latihan general, le expliqué brevemente como nos preparábamos para el entrenamiento espiritual, quitándonos los zapatos, los relojes, las monedas de los bolsillos, y lo que pudiera molestar; nos quedábamos de pie en total entrega, y seguíamos cualquier cosa que viniera desde adentro. Teniendo en cuenta su avanzada edad y obvia sabiduría sentí que era correcto dejarle entrar en la sala de latihan

Durante el latihan, di una rápida ojeada para ver cómo le iba; ahí estaba, con su sombrero puesto, su bastón colgando del brazo, su bolso sujeto con una correa alrededor del hombro y sus sandalias aún puestas; allí de pie con apariencia de estar relajado y feliz. Bapak estaba en la sala y recuerdo haber pensado: "¿Qué mejor ocasión que el latihan para encontrarse con Bapak?" Cuando termino el latihan presenté el Sr. Zoun al Sr. Bennett, y ambos desaparecieron juntos en los pisos superiores de la gran casa.

Dos años más tarde, me encontré de nuevo al Sr. Zoun inesperadamente en París, en un piso de amigos donde Jean y yo nos alojábamos. Había ido a París a estudiar un libro esotérico antiguo y raro en la Biblioteca Nacional; ahora estaba esperando tener suficiente dinero para ir a Reykjavik, en Islandia. Nuestro amigo Richard, que nos albergaba, me dijo: "El Sr. Zoun aparece en diferentes partes del mundo. Invierte la mayor parte de su tiempo estudiando libros raros. No es un gurú, no tiene discípulos, pero muchos lo consideran un hombre muy sabio que probablemente esté en la tierra para una tarea espiritual muy específica".

Una tarde, al entrar a la sala de Richard, el Sr. Zoun se encontraba sentado al lado del fuego de la chimenea en una butaca, con su misma bolsa desgastada recostada contra el asiento. Me senté en la butaca frente a él y miré las llamas como ausente. Movido por la curiosidad le dije: "Sr. Zoun, estaría muy interesado en saber más acerca de la realidad de los platillos volantes. ¿De dónde vienen? ¿Quién los habita?"

Me miró, divertido, y cogiendo su bolso, comenzó a rebuscar murmurando, "Platillos volantes...déjame ver... ¡Claro que sí! Tengo exactamente lo que necesitas". Se inclinó hacia mí para entregarme un pedazo de papel cuidadosamente doblado. Lo abrí con avidez: ¡era una tira cómica en blanco y negro, mostrando a pequeños marcianos saliendo de un platillo volante! Me oí tragándome la saliva, avergonzado, agradeciéndole internamente la lección que me acababa de dar al mostrarme la inutilidad de mi pregunta. Uno debe encontrar las respuestas internamente y no en los acontecimientos externos. Me miró muy divertido, con sus pequeños ojos azules centelleando. Yo, me incliné con la tira cómica doblada y se la devolví con una tímida sonrisa.

"Gracias Sr. Zoun."

Me estaba preguntando qué pensaría sobre Bapak y justo antes de preguntarle, contestó: "Sí, Muhammad Pak Subuh ha encontrado el centro."

Poco después de este encuentro, el Sr. Zoun se fue a Reykjavic con un billete sin regreso. Y nunca más he vuelto a ver al viejo sabio.

Volviendo a St-Paul-de-Vence ... Un día, fui a encender el fuego en la gran chimenea de piedra del salón. Entre sin llamar y vi a Bapak sentado en un sillón cerca de la ventana. "¡Oh! ¡Hola Bapak!", pero no pude decir más que eso; mi corazón latía demasiado rápido y mi garganta se paralizó. Recuerdo haber pensado: "¿Por qué tengo que estar así? ¿Por qué no puedo ser como soy normalmente y disfrutar de su presencia?"

Unos minutos más tarde, entraron tres señoras; una señora india que estaba enferma y seguía al grupo de Bapak alrededor del mundo, una inglesa amiga suya y Rohanawati, que era la hija de Ibu, la esposa de Bapak.

Estaban riendo y rodearon a Bapak para preguntarle sobre la quiromancia. La señora india preguntó con su acento encantador y rotundo: "Bapak, ¿hay algo de verdad en la quiromancia? ¿Se aplica también a los pies?"

"¡Claro que sí!" respondió Bapak. "Aquí, miren las palmas de las manos de Bapak..."

Abrió su mano izquierda y con su dedo índice derecho señaló las diferentes montañas y ríos. Yo no pude dejar de observar, me acerqué y me puse detrás de Rohanawati mirando por encima de su hombro, que desprendía un delicado aroma a esencia de sándalo. La palma de Bapak era grande, cuadrada y generosa, con muy pocas líneas, pero bien definidas; sus dedos eran largos, bien separados y ligeramente curvados hacia atrás, mostrando gran flexibilidad.

"Esta es la línea de la cabeza y esta la del corazón… y justo en el medio aquí está el sol, que señala que he venido desde más allá a través del sol", dijo Bapak con una voz suave y divertida. Yo estaba perplejo al ver el perfecto y pequeño círculo con sus rayos rodeándolo. Entonces abrió su mano derecha, la extendió hacia afuera y dijo: "Miren, ¿ven? Esto significa que cuando me vaya, regresaré a través del sol igual que cuando vine". Su voz era clara, sin titubeos. Para mí, no había duda de que estaba hablando desde su experiencia directa. Ciertamente, el centro de su mano derecha estaba, también, marcado por otro sol radiante.

Bapak no había olvidado la pregunta de la señora india, quitándose sus mocasines, procedió a quitarse los calcetines. Con gran facilidad y flexibilidad, mostró la planta de su pie izquierdo y, haciéndolo descansar sobre su rodilla derecha, explicó: "Es igual que en las líneas de las palmas de las manos… ¡Aquí! Ésta es la línea de la vida y cruzando por aquí está la del corazón…Allá está la línea de la cabeza; los rasgos del carácter, todos está allí". En ese momento, me sentí algo culpable, ya que se suponía que estaba encendiendo fuego en la chimenea de la sala. Los dejé discretamente y regresé a la chimenea, donde prendí fuego a las astillas de madera.

Durante la estancia de Bapak en la Costa Azul, el latihan se había difundido y ya teníamos cerca de 120 miembros. Había dado dos charlas en Niza y en una de ellas había predicho que el grupo de esa ciudad no duraría mucho, ya que los miembros eran demasiado discutidores. Había explicado que en algunas ciudades se le hace difícil a Subud crecer y expandirse. Se mencionaron Paris, Manila y otras pocas ciudades. Recuerdo haberme preguntado por qué habría dicho eso, ya que en ese tiempo el grupo me parecía una realidad…no podía imaginar que desapareciera.

Jean y yo llevábamos casados algo más de cuatro meses y nos preguntábamos por qué aún no había concebido. Ambos queríamos tener una familia numerosa. Aunque Jean pensaba que no sería una buena madre, yo sabía que era por falta de autoconfianza. De alguna manera estaba seguro internamente de que la confusión de sus sentimientos se desvanecería en cuanto tuviera a nuestro bebé en sus brazos, y estaría completamente feliz.

Un sábado por la tarde, en enero de 1960, en algún lugar en los apartamentos, Jean estaba en la estancia con Bapak y le preguntó por qué no había concebido aún. Bapak contestó con una amplia sonrisa: "No te preocupes, concebirás tan pronto como Bapak y su grupo se vayan de St-Paul-de-Vence..."

Mi nuevo nombre

Llegó el momento de la partida de Bapak y su grupo y muchos de nosotros los acompañamos al aeropuerto de Niza. Para Jean y para mí, su visita había sido una poderosa experiencia y sentimos tristeza por su partida; sin embargo, ambos mirábamos felices el futuro que nos aguardaba. Cuando llegamos al aeropuerto nos anunciaron que el avión tenía dos horas de retraso. Las autoridades ofrecieron amablemente un salón VIP a Bapak y su grupo; sus grandes ventanas de cristal tenían vista directa a la pista.

Desde muy joven me sentí a disgusto con el nombre de François, y cuando vi a Bapak de pie, mirando la lluvia caer suavemente sobre el mar ahora gris oscuro, no pude resistirme, fui hacia él y le dije: "Bapak, no me siento cómodo con mi nombre actual François. Si es posible, ¿podría darme un nombre más apropiado a mi verdadera naturaleza?" Obviamente mi petición lo hizo volver de un lugar remoto, porque tardó algún tiempo en girar su cabeza y mirarme detrás de sus gruesas lentes.

"L."

Murmuró la letra claramente al volver su cabeza hacia la lluvia, que ahora caía con más fuerza contra el cristal. Yo estaba de pie a dos metros de él, mi cuerpo temblaba ligeramente y mi corazón latía con fuerza. En ese momento pensé, "¿Por qué le he pedido un nombre nuevo? ¡Ahora probablemente escogerá Louis! ¿O Lucifer, por qué no? ¡Oh Dios mío! ¿Cómo puedo controlar esto?"

Me sentí confundido, atrapado en la telaraña de mis sentimientos y pensamientos. Bapak giró su cabeza hacia mí nuevamente, y dijo con una inesperada y perfecta pronunciación francesa: "Léonard".

Toda mi confusión se evaporó instantáneamente; sentí como si mis viejas ropas, llenas de complicaciones y endurecidas por el sufrimiento de mis 21 años de existencia, hubieran caído a mis pies. Un abrigo nuevo y colorido estaba ahora sobre mis hombros; lo sentía fresco y cómodo. Estaba en paz conmigo mismo e inmensamente feliz.

"Léonard, ¿podrías indicarme dónde está el baño de los hombres?" Preguntó Bapak. Fue la primera persona en usar mi nuevo nombre y, al oírlo, me sentí uno conmigo mismo.

"Si, Bapak, sígueme por favor, yo también necesito ir". Contesté, encantado porque mis emociones se habían tranquilizado totalmente. Mientras bajábamos hacia el sótano por los amplios escalones pregunté de nuevo: "¿Mis iniciales han sido FX, X por Xavier; debo usar FXL como iniciales o simplemente LL?"

"Solo LL," contestó.

"¿Qué cambios producirá en mí el nombre nuevo comparando con François, el antiguo?" Le pregunté mientras subíamos las escaleras. Bapak explicó en un inglés simplificado: "¡François, muy pesado, sí! Pesado para ti, llevar todo el pasado de Francia. Léonard te aportará…", estaba buscando la palabra correcta… "¡Sí! Te aportará espíritu combativo, como el de un león".

Presenté mi nuevo nombre con prudencia a mi familia y amigos. Pero cada vez que conocía a alguien nuevo que preguntaba mi nombre, le daba a escoger: François o Léonard, e invariablemente escogían Léonard.

¿Por qué me pusiste François Xavier?", pregunté a mi madre poco después de recibir mi nuevo nombre. Contestó con un deje de disculpa en la voz: "Porque cuando naciste, me recordaste mucho a mi hermano Frances, a quien quería mucho, que murió a los 10 años de una meningitis; y Xavier fue el nombre que Marcel Lassalle escogió para ti". Curiosamente, poco tiempo después, mi madre escribió a Bapak y le dio el nombre de Olivia, que le iba mucho mejor que Honor, su nombre anterior.

A través de esta experiencia supe con seguridad que Bapak conocía el significado oculto de los nombres; cada nombre refleja una vibración individual en forma de sonido, y cuando se le da a la persona apropiada, vibra correctamente en armonía con todo su ser. La mayoría de los padres, al parecer, dan nombres a sus hijos relacionados con un miembro de la familia o con una persona a la que aman o admiran; en otras palabras, es una decisión subjetiva. Con Bapak era diferente, era consciente de la naturaleza interna de la persona, y oía la vibración del sonido correspondiente que armonizaba con su ser interno y externo; entonces lo expresaba en forma de una letra y luego de un nombre.

Un mes después de la salida de Bapak, Jean y yo dejamos la casa de mi madre, felices de mudarnos a una casita de piedra situada entre un naranjal, que alquilamos a una anciana llamada Señorita Blanc. Y para nuestra gran alegría, se cumplió la predicción de Bapak: Jean estaba embarazada.

Conciencia sobre los ángeles

Subud se había convertido en una organización mundial y Bapak, junto con miembros de su familia, visitaba regularmente los países dando charlas para explicar el latihan que practicábamos. Tenía una predilección especial por Inglaterra, ya que era donde Subud había comenzado a echar raíces en Occidente, y desde allí pudo difundirse a gran parte del mundo. Ahora estábamos bien organizados y podíamos atender fácilmente las necesidades de los indonesios cuando visitaban los diferentes países, encontrar un lugar donde albergarlos, preferiblemente en casa de un miembro, alquilar grandes salones para que Bapak pudiera dar sus charlas, o centros de conferencia para los congresos internacionales que tenían lugar cada cuatro años.

En un congreso nacional del Reino Unido, celebrado en el Centro de Conferencias de Swanwick en la región central de Inglaterra, me dieron la responsabilidad de ser el chofer de Bapak. Su familia estaba alojada en la casa de un miembro en Leicester, y me pidieron que lo llevara por la M1 al centro de conferencias, mientras que su familia y los otros indonesios nos seguían en un automóvil diferente. Yo había alquilado un Rover negro muy cómodo, con asientos de piel e interior de nogal. Bapak se sentó en el asiento trasero, detrás de mí, y sobre las nueve de la mañana partimos rumbo norte, en un viaje de una hora aproximadamente. Estaba emocionado con la idea de encontrarme a solas con Bapak. "Qué ocasión la de tener a un hombre tan sabio en el automóvil", pensé mientras conducía, "podré hacerle todo tipo de preguntas…"

Debo explicar que este capítulo cubre el periodo desde 1959 hasta 1988, y en ese tiempo de los años sesenta y principio de los 70, Jean se llamaba Mélinda y vivíamos con nuestros cinco hijos en Frant Road, Tunbridge Wells, y ya tenía un negocio propio: una tienda de antigüedades.

CAPITULO 2

El día era espléndido, el alto cielo de un azul cristalino, el tráfico no era muy denso, y pronto alcanzamos una buena velocidad en la autopista. "Bien, de las cosas importantes, ¿cuál es la que le voy a preguntar?" ¿Estoy haciendo lo correcto continuando con la venta de antigüedades? ¿O quizás, realmente, debería comenzar de nuevo a pintar? ¿O debo cambiar toda mi vida?" Estas preguntas se agolpaban en mi mente. No podía hacerlas todas, así que: ¿cuál debería escoger? Miré por el espejo trasero y vi que Bapak estaba en otra parte; sus ojos estaban medio abiertos detrás de sus gruesas lentes, pero su presencia estaba muy lejana, probablemente viajando en su extenso mundo interior. Parecía sereno, eterno.

"Léonard, ¿cómo es posible que seas tan insensible y egoísta para pensar en hacerle preguntas personales?", me reproché. ¿Qué derecho tienes a perturbarlo con tus problemas cuando probablemente esté haciendo cosas mucho más importantes en otra esfera?" Decidí apartar todas mis preguntas, no pensar más y acercarme a mi alma. Comencé a tararear en voz baja desde mi interior, y me sentí tremendamente sereno y tranquilo, simplemente disfrutando de estar conduciendo para Bapak.

Después de cierto tiempo, tuve la extraña sensación de que algún tipo de presencia divina nos seguía. Intrigado, miré al cielo azul y me quedé asombrado al verlo lleno de miles de ángeles de colores muy vivos, todos muy cerca unos de otros. Parecían flotar sobre el automóvil, como si estuvieran viajando con nosotros. Dudando de lo que estaba experimentando, y para probar que no era un sueño, decidí conducir por el carril del centro de la autopista; y ellos de inmediato nos siguieron. Volví de nuevo al lado izquierdo de la carretera y ellos regresaron también, como si estuvieran unidos a nosotros. Su presencia me llenó de la más delicada y refinada de las sensaciones. Entendí que acababa de ser consciente de otra dimensión de Bapak y me sentí lleno de gratitud por haber podido vivir este momento enriquecedor. Más tarde pensé: "Gracias a Dios que no le hice mis preguntas personales. ¡De lo contrario, esta experiencia enriquecedora no hubiera sido posible!"

Me gustaría explicar aquí, que de lo que fui testigo no fue en absoluto como un sueño: la realidad inmaterial de los ángeles era tan enteramente auténtica como la realidad material de conducir el Rover. Comprendí que estar cerca de mi alma era la llave para viajar a diferentes niveles de conciencia; en este caso, era un nivel angélico. No era como ver una imagen de los ángeles en el cielo, no, era más bien como si todo mi ser hubiera sido elevado a la dimensión angélica. La vista de todas estas puras criaturas aladas simbolizaba que era parte de esa dimensión. De hecho, mientras duró la experiencia, residían en mis sentimientos internos una tremenda paz y una aguda conciencia.

Encuentro con los profetas

Un tiempo después Bapak dio una charla en el salón de conferencias de la Universidad de Leicester. Yo conducía y lo había llevado a la entrada, donde los organizadores lo recibieron y acompañaron al interior del edificio. Bapak era siempre perfectamente puntual, lo que me dejaba, a mí, el chofer, muy poco tiempo para encontrar un lugar donde estacionar el automóvil y encontrar un asiento antes de que comenzara su charla. Sin embargo, No pude encontrar un lugar para estacionar, ya que todos los espacios disponibles estaban ocupados. Como me encontraba en un estado de nerviosismo, decidí olvidarme de todo por completo y me conecté con mi alma.

Miré con ojos diferentes. Mantuve el volante con más ligereza y me dejé guiar hasta la parte de atrás del edificio donde había un gran espacio esperándome. A continuación, encontré una pequeña puerta metálica de color marrón que abrí, y entré en un pasillo estrecho y mal iluminado, que me condujo a la parte trasera del escenario. Bajé unos escalones y vi que quedaba un asiento vacío en la primera fila. El salón estaba lleno y, como si hubiera estado esperando que yo estuviera sentado cómodamente, Bapak comenzó su charla. "Qué extraño," pensé, "estar sentado en primera fila, justo enfrente de Bapak." Habitualmente me hubiera sentado en algún lugar atrás, dejando la primera fila a otros, era demasiado tímido para sentarme delante.

Había estado escuchando su voz musical durante algunos minutos, cuando fui testigo de algo que una mente ordinaria encontraría difícil de aceptar. ¡Allí, en el asiento donde Bapak estaba sentado, había otro hombre! Era joven, probablemente unos veinte años, extremadamente atractivo y radiante de salud. Su pelo era bastante largo, negro, y con abundantes rizos. Su cuerpo, era elegante, esbelto y musculoso. Aunque reconocí la voz de Bapak, sonaba más joven y monótona; los movimientos de su boca y cuerpo fluían armoniosamente con el torrente de palabras.

Bueno, no soy el tipo de hombre que sueña despierto o que tiene visiones normalmente. Creo que he mencionado antes que soy una persona racional; solo creo en lo que siento, toco y veo. Por lo que me pregunté: "¿Cómo manejo esto?", me pellizqué en el antebrazo con mis uñas hasta sentir dolor. No, no estaba soñando. Ahora el joven estaba riendo, mostrando dos filas de dientes perfectamente blancos. De repente recordé que, en el bolsillo de mi chaqueta, tenía mis lentes nuevas para ver de lejos. Las saqué, las puse sobre mi nariz y observé con curiosi-

Bapak en Leicester

dad: Pude ver al joven aún con mayor claridad. "Qué extraño", pensé, y me pregunté: "y, entonces, ¿quién es ese joven?"

La respuesta llegó desde lo profundo de mi consciencia: "Adán."

"Adán, ¿por qué no? Quizás la próxima vez vea a Eva", me dije sarcásticamente. Era difícil para mí aceptar esta realidad, pero ¿qué más podía hacer que seguir sentado y ver cómo se desarrollaba todo?

Lo que siguió me sorprendió aún más. Adán sufrió una metamorfosis; de hecho, ya no era el mismo hombre el que estaba sentado en el sillón y hablando. Quien hablaba era más alto, tenía el pelo largo y gris, cayendo descuidadamente sobre sus anchos hombros; unas cejas gruesas y pobladas cubrían parcialmente sus ojos benévolos pero penetrantes, de color marrón oscuro; dos protuberantes pómulos enmarcaban su cara con rasgos enérgicos; la nariz aguileña tenía las fosas nasales bien definidas; su boca estaba oculta por una larga barba rizada de color gris oscuro. Sus movimientos bruscos, después se convirtieron en amplios y generosos. Me di cuenta del grosor de sus huesos, sobre todo en sus largas manos y sus antebrazos. Todo su cuerpo expresaba autoridad y poder. Lo encontré muy impresionante.

"¿Y éste será Abraham?" Me dije con cínica diversión. Entonces oí la voz que vino nuevamente desde lo más profundo de mí mismo: "Sí, tienes razón. Este es Abraham." La imagen se hizo borrosa. Me di cuenta de que no podía contener mis emociones con esta rara situación y tenía los ojos llenos de lágrimas. Pero no queriendo perderme nada de este increíble evento, me quité las lentes, sequé los ojos con un pañuelo y regresé al espectáculo preguntándome cómo evolucionaría.

Después de haber escuchado y observado a Abraham durante un rato, noté que Bapak se había transformado nuevamente en otro personaje. En esta ocasión era sin duda más viejo, más bajito, más regordete, más sofisticado y refinado; tenía una media luna de pelo blanco alrededor de la parte trasera de su cabeza, y una barba ordenada y bien cuidada encuadrando su cara redonda y amable. Sus ojos parecían ser de un verde-azul grisáceo y escaneaban a la audiencia continuamente, mientras hablaba lentamente con una voz cálida y clara. Estaba de pie, moviéndose en el escenario, recalcando un punto con los movimientos de su cuerpo, e hizo reír a la audiencia. "Supongo que", reflexioné, "¡éste tiene que ser el Profeta Moisés en persona!"

"Sí, es él", confirmó mi voz interior.

Esta realidad inesperada era fascinante. La charla de Bapak no solo era cautivadora e instructiva, sino que me dio otra visión de quién era realmente Bapak, con la perspectiva de los Profetas desde la cuna de nuestra historia religiosa. El asombro y la admiración cubrieron nuevamente mis ojos de lágrimas cuando vi, allí en el escenario frente a mí, a otro ser a quien reconocí de inmediato.

Este hombre era muy diferente de los otros, ya que la feminidad y la paz emanaban de él. Los tres personajes previos eran indudablemente muy masculinos, en sus gestos, en los movimientos de su cuerpo y en la fuerza masculina que emanaba de ellos. Supe que este hombre era el Profeta Jesús. Observé su cuerpo delgado y su espalda recta moverse sobre el escenario; había en él una elegancia tranquila, que destacaba su amable feminidad. Sentí que representaba las naturalezas femenina y masculina armoniosamente equilibradas.

Era alguien de presencia inusual, con su larga nariz aguileña, sus grandes ojos y sus cejas bien formadas que le conferirían elegancia. Advertí que parecía no tener ningún ego en él, una atmósfera de amor invadió el salón, y mis sentimientos internos. Me sentí amado por él e instantáneamente lo amé por respuesta. Ríos de lágrimas inundaron una vez más mis ojos y pensé: "¿Por qué soy tan emotivo; por qué no puedo permanecer sereno?" sequé mis ojos con mi pañuelo, ya húmedo, y soné mi nariz discretamente.

Después de su demostración, el Profeta Jesús regresó a su sillón y se sentó en el majestuosamente, sin tocar el respaldo del asiento con su espalda. Cada antebrazo estaba descansando sobre los apoyos del sillón, sus finas y largas manos hacia abajo, completamente relajadas. Todo en él parecía conectado; de vez en cuando una de las atractivas manos dejaba el reposo del sillón y se movía libre y expresivamente. Fue como si la asistencia de todo el salón de conferencias estuviera acunada por su amor y delicadeza.

Cambié de posición y me senté en una postura más abierta, con las piernas separadas y mis manos descansando sobre ellas. Cuando volví a levantar la cabeza para mirar el escenario, había cambiado de nuevo totalmente; la persona joven que estaba viendo ahora era de mediana estatura, y llevaba una taqiyah (sombrero negro y triangular de fieltro usado por algunos musulmanes) sobre su corto, y bien cortado, pelo negro. Su cara redonda estaba centrada por un delgado bigote; sus ojos, redondos, muy grandes y negros y sus bien definidas cejas le daban una apariencia de estar constantemente sorprendido. Movía sus brazos y manos rápidamente, para afirmar lo que estaba comunicando. Hablaba rápido, pero con gran claridad, y se expresaba con mucho humor.

"Éste tiene que ser el Profeta Mahoma", deduje. "Bapak debe tener en él a los cinco Profetas; por eso sabe tanto sobre cada uno de ellos. Realmente él debe ser los cinco, todos en un Ser...eso explica por qué puede actuar como si fuera uno de los cinco Profetas en persona", concluí finalmente.

Bapak nos explicó con frecuencia que cada palabra sabia o de verdad que decía o consejo que daba sobre un buen comportamiento, ya había sido dicho o escrito en los libros sagrados por los Profetas. Lo que la gente necesitaba ahora era un contacto directo con el poder de Dios (o para el lector que encuentre difícil aceptar la palabra "Dios", la Fuente o el Origen), para que cada individuo pueda ser guiado directamente desde dentro, y comenzar a experimentar dentro de él mismo lo que los Profetas dijeron en el pasado lejano. El Profeta Mahoma estaba explicando ahora que, aunque Jesús había mostrado cómo encontrar el camino a la armonía a través del amor, la humanidad había retrocedido de nuevo, y no había sido capaz de poner en práctica sus sabias palabras. Mientras Mahoma estaba hablando, Bapak, riendo generosamente, me miró, obviamente muy divertido por mi perplejidad. Estaba fumando un cigarrillo indonesio llamado kretek, hecho de una mezcla de tabaco y clavos de olor, enrollados manualmente en forma cónica. El papel contenía gran cantidad de salitre, que de vez en cuando, cuando esa sustancia se condensaba mucho, se inflamaba, creando una minúscula explosión.

Llegamos al final de la charla de Bapak, pero antes de levantarse de su sillón me sostuvo la mirada, sonriéndome amablemente, como diciendo: "Ahora sabes un poco más sobre quién es Bapak."

Me resultó difícil volver a la realidad más inmediata, pero mis piernas me levantaron con suavidad y me llevaron de nuevo, a través del estrecho y oscuro pasillo, más allá de la pequeña puerta metálica color marrón, hasta el automóvil. Al sentarme en el lugar del conductor del Rover, respiré profundamente varias veces para recuperar la plenitud de conciencia necesaria para ser de nuevo chofer. Cuando recuperé mi yo ordinario, conduje el vehículo alrededor del edificio, hasta la parte delantera de la sala de conferencias, de donde Bapak y su comitiva estaban saliendo. En ese tiempo la única persona con quien me sentí capaz de compartir esta experiencia fue con mi esposa Mélinda. Era demasiado increíble, demasiado colosal, para hablar sobre ella; me hubiera sentido avergonzado de decir que había visto y oído a los Profetas. Ni siquiera en el 1983, cuando Bapak me pidió compartir mis experiencias Subud con mis hermanos y hermanas, encontré fácil hacerlo, solo cuatro años después, en 1987, en una ceremonia por los 100 días de la muerte de Bapak, tuve la suficiente confianza para poder contar esta experiencia ante una gran audiencia Subud.

Bapak, Jesús y Mahoma

A fines de agosto de 1969, estábamos visitando Alexandra Palace en la parte norte de Londres. Era un maravilloso día soleado y habíamos llevado a nuestros seis hijos a ver a Bapak. El más pequeño de ellos, Dahlan, solo tenía dos semanas; lo recuerdo porque Bapak había invitado a las familias a llevar a sus hijos para poder conocerlos.

Presentamos a cada uno de nuestros hijos mayores: Lucianne, Miriam, Richard, Marianna y Hermas. Cuando Mélinda le mostró el número seis, Bapak rió y, mirando sorprendido, dijo: "¿Otro?" "¡Ah, sí, Dahlan!" Recordó haberle dado recientemente el nombre de una lista que le habíamos enviado.

Alexandra Palace era como un invernadero encalado, con un armazón de hierro que terminaba en una cúpula resplandeciente, pintado parcialmente de blanco para disminuir el impacto del calor solar. El palacio polvoriento parecía enorme para nuestro pequeño encuentro de menos de 100 adultos; varias filas de asientos incómodos estaban alineadas frente al escenario de madera gris donde Bapak dio su charla.

Inesperadamente, como Bapak hacía a menudo, después de unas pocas palabras de bienvenida, pidió que se quitaran varias filas de sillas frente al escenario para crear un espacio y pidió a las mujeres que pasaran delante e hicieran latihan. La mayoría de los hombres presentes estaban sorprendidos, porque normalmente el latihan se hacía por separado. Dubitativas, las mujeres se levantaron y se quedaron de pie delante de Bapak. Bapak pidió a los hombres que simplemente se sentaran en silencio. Entonces se dirigió a las mujeres: "¡Relájense, cierren sus ojos... Comiencen!"

Todas las mujeres comenzaron el latihan. Me sentí muy emocionado viendo a estas mujeres de todas las edades moverse con tanta gracia y oyendo sus voces femeninas entrelazadas. Todos los hombres parecían estar tan cautivados como yo. Busqué a Mélinda... Allí estaba, a la izquierda del escenario, su bella voz llegó a mis oídos, y un sentimiento de amor profundo brotó en mí como una ola de amor que fluyó hacia ella.

Percibí cómo durante sus latihanes algunas de las mujeres, que conocía como reservadas y de cuerpos rígidos y poco elegantes, se convertían en flexibles y sus voces y movimientos se liberaban a medida que su latihan se desarrollaba. Es difícil describir con justicia la atmósfera creada por estas mujeres que habían abandonado por completo su ego y su personalidad, y estaban siendo movidas por la fuerza de vida de su origen. Aunque la danza, los movimientos, los sonidos y las canciones, eran diferentes en cada una de ellas, juntas hacían un conjunto armonioso que me llevó a un estado de conciencia más sutil.

Después de veinte minutos, Bapak se inclinó sobre el micrófono y dijo, "Terminado por ahora, terminado."

Lentamente, las mujeres salieron de su latihan, pero permanecieron allí calmadas y receptivas frente a Bapak, que dio aclaraciones sobre el latihan y habló a continuación sobre lo que él llamó "hacer tests". Durante esa sesión de test, Bapak hizo preguntas simples una detrás de otra, y cada uno de nosotros recibía, a través del latihan, alguna respuesta, expresada por sonido o movimiento. Previamente, estas sesiones de test se habían realizado en forma más privada, con muy pocos miembros. Ahora, mirando atrás, entiendo que las sesiones de test con Bapak estaban realmente ayudándonos a comprobar cómo se había desarrollado el latihan en cada uno de nosotros. Bapak podía también comprobar por él mismo donde estábamos en relación a nuestro crecimiento interno. Así que la palabra "test" era muy apropiada, ya que podíamos testar nuestra sinceridad en nuestro abandono, y ver si estábamos recibiendo o no respuestas a las preguntas que Bapak nos estaba planteando.

Nos explicó que debíamos escuchar las preguntas, pero sin registrarlas en nuestras mentes, y especialmente sin pensar en ellas; en otras palabras, oír las preguntas desde el interno, no con nuestros corazones y mentes. Nuestros sentimientos más sutiles responderían entonces con libertad a lo que se había preguntado. Para los lectores que no han experimentado el latihan o las sesiones de tests, pudiera ser difícil imaginar lo que estaba pasando. Las preguntas a las que respondíamos parecerían, al corazón y la mente pensante, más bien simples, por ejemplo: "¿Cómo camina un mexicano? ¿Un inglés? ¿Un francés? ¿Un americano?"

Si pensáramos, por ejemplo: "¿Cómo camina un mexicano?", a continuación imitaríamos el caminar de un mexicano. Pero, Bapak nos pidió que no siguiéramos a nuestros pensamientos, sino que recibiéramos la respuesta desde el interno. Cuando viene desde muy profundo, todo nuestro ser se convierte en un mexicano, con todo lo que eso implica.

Después de las mujeres, tocó el turno a los hombres para hacer latihan y testar; las mujeres se convirtieron en testigos de nuestro recibir.

Ya algo tarde, una vez que todos comenzaron a marcharse, Bapak pidió a algunos de los hombres asistentes o ayudantes (personas con experiencia en el latihan y que le asistían para responder a las preguntas de las personas que querían hacer latihan), quedarse con él.

Cuando el salón se vació, doce de nosotros nos quedamos solos con Bapak. Nos invitó a subir al escenario con él y nos organizó en un gran círculo. Entonces habló sobre los últimos dos Profetas: Jesús y Mahoma. Al hablar, me di cuenta de que quería que fuéramos testigos de las diferencias entre los dos Profetas. No trataré de recordar palabra por palabra lo que dijo, sino que en su lugar compartiré con ustedes el poderoso efecto que esta sesión tuvo sobre todo mi ser.

Tenía los ojos cerrados porque me parecía que la voz de Bapak, clara y bella, fluía así en mi ser de forma más penetrante; había estado hablando sobre Jesús y Mahoma cuando de repente dijo, "Miren a Bapak ahora. Bapak les mostrará cómo Jesús logró que sus seguidores sintieran y estuvieran conscientes del poder de Dios."

Lentamente abrí mis ojos para ver la más extraña de las cosas.

Les he hablado antes sobre mi reticencia a creer en lo que no podía ver directamente, pero he aquí un relato real de lo que vi con mis propios ojos, oí y sentí en mi ser, al final de esa tarde de agosto de 1969.

Lo que vi y oí no era el Bapak que tan bien conocía. No, era una persona físicamente diferente. Ligeramente más alto, más esbelto, de hecho, similar al Jesús que había visto en la Universidad de Leicester. Sus movimientos eran lentos y elegantes; su voz era clara y de un tono más alto. Comenzó a caminar con nobleza a nuestro alrededor y se detuvo al lado de cada uno de nosotros, manteniendo sus manos muy cerca de nuestro pecho, pero sin tocarnos físicamente,

Yo era el quinto o sexto en el círculo y, al acercarse a mí Jesús, mi corazón comenzó a latir más y más fuerte. Sentí como si fuera a explotar, y estaba molesto conmigo mismo por no poder permanecer tranquilo. Jesús había llegado a mi amigo Laurent a mi izquierda, y por el rabillo del ojo pude ver que también estaba muy emocionado y algo nervioso.

Mi cuerpo entero temblaba ahora; había llegado mi turno y rápidamente cerré los ojos para tratar de encontrar alguna tranquilidad interior. Jesús estaba ahora de pie delante de mí. Lentamente alzó su mano derecha hasta la región de mi corazón y dijo con voz reconfortante y tranquilizadora: "Sí, sí...Hay mucho fuego en el pecho, quema, ¿no es verdad?"

Asentí tímidamente con la cabeza, sin poder tragarme la saliva.

"Las pasiones son calientes, los sentimientos pacíficos son frescos, ¿puedes sentir ahora la frescura?"

Comencé a sentir una energía amorosa y calmante que fluía de su mano. El cambio en mi estado interior fue inmediato e impresionante. De repente, como si hubiera pasado un milagro, me estaba sintiendo completo, relajado y satisfecho, lleno de amor por el hombre que podía, de forma aparentemente tan sencilla, alterar mi estado interior. Todo mi cuerpo y mi ser estaban totalmente conscientes y despiertos. Abrí los ojos y le vi mirándome, con una sonrisa amable, que devolví tímidamente con agradecimiento. Fui consciente de todo el amor que emanaba de él, mientras se desplazaba lentamente, separándose de mí, hacia mi amigo Lambert Gibbs a mi derecha.

Me invadió un enorme sentimiento de afecto y respeto por este hombre extraordinario. Ahora estaba en condiciones de seguir las atenciones que prodigaba a cada uno de mis otros seis hermanos que esperaban su turno. Después de prestar atención a cada uno de nosotros, Bapak dijo unas palabras para describirnos cómo trabajaba Jesús: "Yah, yah, ahora han experimentado cómo Jesús, con sus manos, pasaba el "contacto" a sus discípulos."

"Y ahora, Mahoma", dijo Bapak riendo al metamorfosearse en el Profeta cuyas acciones llevaron el islam a una gran parte del mundo.

De inmediato reconocí al hombre que había visto en el estrado de la sala de conferencias de la universidad de Leicester. Se movía con energía y hablaba con rapidez, haciendo gestos con sus manos que nos hicieron reír. Estaba claro que las palabras que Bapak estaba expresando eran un recibir directo y no venían de sus pensamientos. Al mismo tiempo, y a medida que nos hablaba, sentíamos el efecto calmante y refrescante de sus palabras. Salían en forma de poemas y tenían un efecto purificador en mi ser. Las palabras que pronunciaba, eran como recipientes conteniendo viandas maravillosas y flores fragantes, y fui consciente de que, a medida que escuchaba, me habían transportado a un nivel diferente de conciencia, donde me sentí uno con mi alma y el creador.

Acabábamos de presenciar las diferentes formas de ser de los dos últimos Profetas. Jesús, con sus palabras tranquilizadoras llenas de valiosos consejos; era la proximidad de su sagrada presencia la que curaba y cambiaba a las personas, despertando sus conciencias a una nueva forma de vivir. Con Mahoma, era más a través de su prosa que quienes la escuchaban se hacían conscientes del poder de Dios.

Por supuesto, ésta es solo mi experiencia, de ninguna manera quiero afirmar que Jesús y Mahoma eran como los acabo de describir. Soy perfectamente consciente de que ésta es mi propia y relativa verdad y realidad.

Durante estos momentos privilegiados, toda mi atención fue atraída, no por las características de sus apariencias físicas, sino más bien por la realidad espiritual de su presencia y el efecto que tuvo sobre todo mi ser. De ambos irradiaba tal amor y compasión por sus semejantes; que envolvía y penetraba todas las partes de mi conciencia, y aliviaba y apaciguaba mi ser en profundidad.

Cuando Bapak terminó sus demostraciones y explicaciones, nos pidió que no compartiéramos este momento vivido con él, hasta después de su muerte. Mientras nos alejábamos del Alexandra Palace, Lambert y yo, no hablamos como normalmente hacemos cuando viajamos juntos en un vehículo. Nos mantuvimos callados, los dos teníamos necesidad de saborear en silencio la increíble experiencia.

El melocotón

Una vez en Leicester, alrededor de las ocho y media de la noche, las mujeres que cocinaban para Bapak y su grupo me pidieron que saliera a comprar un melocotón blanco que Bapak había pedido.

¡En los sesenta y a esa hora de la noche, se pensaría que era imposible encontrar una fruta como esa, especialmente porque todavía no era temporada! Todas las tiendas estaban cerradas y salí preguntándome qué dirección tomar, ya que no conocía bien la ciudad. Decidí conducir en los alrededores y ver si podía encontrar una tienda que estuviera abierta. Como mi mente, demasiado ansiosa, no podía guiarme, decidí "sentir" mi camino en calma; y mientras conducía por las calles, pensé: "Qué extraño que Bapak haya pedido un melocotón a esta hora de la noche". De repente, a mi derecha, cruzando el camino, vi una pequeña tienda cuyo dueño estaba cerrando el negocio. Rápidamente estacioné el vehículo y crucé la calle.

"Perdone, señor, es una suerte encontrarle abierto a estas horas, sé que la posibilidad es de uno en un millón: ¿Por casualidad tendría un melocotón blanco?," pregunté indeciso

El hombre de cabello negro sonrió, mostrándome sus largos dientes amarillos. Vi que uno de ellos era de oro. "Tiene que ser griego", pensé.

"¡Sí! Creo que puedo ayudarle. Entre", dijo mientras cerraba la última persiana.

Entramos dentro de la diminuta tienda, y para mi sorpresa allí, en una cesta de mimbre, había un solitario, pero magnífico, melocotón. Fue envuelto con cuidado y colocado en una bolsa de papel.

Unos minutos más tarde el melocotón fue entregado a las mujeres en la cocina, que expresaron su satisfacción y alegría al ver tan magnífica fruta.

No era raro oír tales historias inusuales que daban mucho color y sabor a la vida de los que trabajaban alrededor de Bapak. Aunque no es mi intención contar demasiadas anécdotas sobre la vida en presencia de Bapak, sí contaré una o dos más, que experimenté directamente y que contribuyeron a hacerme consciente de que Bapak vivía y se movía en una esfera diferente a la de la mayoría de nosotros, es decir el corazón, la mente, el estómago o el sexo.

La tienda de calzado

"¿Léonard, te importaría llevar a Bapak a una tienda de calzado?" La solicitud vino de una de las personas que cuidaban de Bapak y su grupo en la casa de un miembro Subud, cerca de Leicester. El dueño de la casa había sugerido que tomara la autopista a Coventry donde había un gigantesco centro comercial. Estacionar el vehículo debía ser fácil y allí encontraríamos muchas tiendas de calzado. Mas Usman, que era el traductor indonesio del grupo en ese momento, vino conmigo.

El inmenso centro comercial tenía tres niveles y el enlace de la autopista nos llevó directamente al piso superior donde, de inmediato, encontramos un lugar para estacionar. Quería ir delante para encontrar las tiendas de calzado y llevar allí al pequeño grupo, para que no tuvieran que caminar demasiado. Así que sugerí mi plan a Mas Usman.

"¡No!", respondió categóricamente. "Uno no camina delante de Bapak. Solo le seguimos". Sorprendido por una reacción tan abrupta, concluí que ésta tenía que ser una costumbre indonesia, una señal de respeto a una persona mayor.

Habíamos llegado a la hora del almuerzo, muchos empleados estaban buscando un lugar para comer, y el tercer nivel estaba densamente abarrotado de gente caminando en todas direcciones. Así que abandoné mis pensamientos y seguí con calma, mirando con interés las manos de Bapak, que tenía entrelazadas en su espalda. Estaban bien cuidadas, eran poderosas, aunque delicadas; hubiera dicho que eran manos de artista. La izquierda estaba sosteniendo la muñeca derecha y recordé la ocasión en St-Paul-de-Vence cuando nos mostró el sol que radiaba desde el centro de su palma. No fue necesario proteger a Bapak de la multitud, pues se apartaba a su paso por sí misma, dejando siempre unos metros de espacio libre por delante de él; fue fascinante ver cómo la gente nunca se acercaba a él y cómo pasaba completamente desapercibido.

Bapak se dirigió hacia la parte izquierda del centro donde parecía haber menos actividad. Entramos a un pasillo cubierto que daba a una terraza, donde había una escalera que bajaba al segundo nivel, que estaba casi vacío. Seguimos a Bapak por esta terraza inferior hasta que llegó a un escaparate. Se detuvo de repente, sonriendo, señalando con su dedo a un bonito par de mocasines de piel fina, color verde Nilo, que se exponía en una esquina del escaparate.

Se le veía divertido, dijo sencillamente: "Aquí están los zapatos de Bapak."

No había otros clientes en la gran tienda, y Bapak caminó directo hacia un sillón y se sentó. Llevé a la empleada al escaparate para mostrarle los mocasines color verde que queríamos. Le dije la talla y desapareció detrás de una cortina en un pasillo del almacén. Después de algún tiempo, la joven regresó disculpándose apenada: "Lo siento mucho, señor, pero el del escaparate es el último par y no es de su talla."

Mas Usman tradujo la noticia a Bapak que miró sorprendido y dijo: "Pero si están aquí. Pídale que busque de nuevo."

La dependienta, incómoda, se acercó a la encargada, que estaba sentada en un taburete alto detrás de la caja registradora, para pedirle ayuda. A continuación, algo molestas, entraron en el laberinto de estantes y cajas. Podíamos oír los rumores de cajas de cartón, y el sonido crujiente del papel de los envoltorios entre tenues gruñidos y suspiros. Finalmente, la joven dependienta reapareció diciendo, "Se lo dije señor, esos zapatos no están en existencia. ¡Lo lamento!"

Bapak parecía totalmente indiferente ante la situación y pacientemente continuó esperando. De repente, oímos una voz victoriosa proveniente de lo profundo del almacén: "¡Aquí están! ¡Los encontré!"

Absolutamente perpleja, la encargada volvió a la tienda y fue directa a Bapak llevando la caja de los zapatos verdes de la talla correcta. Se arrodilló apresuradamente a los pies de Bapak, que tenía la mirada perdida a lo lejos por encima de su cabeza. En un santiamén, con sus manos expertas, le quitó los zapatos viejos y los reemplazó por los nuevos, que le ajustaron perfectamente.

Bapak se levantó, lanzó una gran sonrisa a las empleadas de la tienda y comenzó a caminar hacia la puerta. Pagamos rápidamente los zapatos y a continuación seguimos a Bapak hasta el vehículo.

Conduciendo a ciegas bajo la lluvia

Los organizadores de Subud Gran Bretaña me habían solicitado encontrar un vehículo grande, que no fuera caro, para llevar a Bapak al aeropuerto. Las tres nietas de Bapak, Ismana, Asikin y yo nos apretamos en el Austin Maxi (un mini extra grande) y seguimos al vehículo que iba a la cabeza, que llevaba a Bapak y a Ibu por la autopista. El tiempo estaba inestable, y mirando al sur podía verse una acumulación de nubes oscuras, amenazantes. El vehículo al que seguíamos era un viejo Rolls-Royce en el que las luces traseras e indicadores medían menos de cinco centímetros de ancho. A Bapak le gustaba que su coche fuera rápido y mi amigo Lambert Coles, que conducía, iba a más de 140 km/h.

Diez minutos más tarde, ya en la autopista, nos encontramos en medio de una fuerte lluvia y resultaba muy difícil seguir al rápido Rolls-Royce. Mis pasajeros indonesios estaban haciendo bromas y riéndose y había una atmosfera ligera y feliz en el vehículo, mientras yo estaba totalmente concentrado en la carretera.

De repente, y para mi horror, el limpiaparabrisas de mi derecha se soltó y desapareció en la nada. "¡Al menos me queda el de la izquierda!" me dije confiadamente. ¡Pero, unos minutos más tarde, sin aviso previo, el de la izquierda también desapareció!

"Ho là là!" pensé en francés, "¿qué podemos hacer? Tengo que parar."

Mis amigos indonesios ya no reían ni hacían bromas. Ahora estaban completamente atentos a la situación. "Siempre tienes que seguir a Bapak, Léonard," dijo Ismana, con tranquilidad. Iba sentada a mi izquierda y me miraba con sus bellos y grandes ojos castaños.

Yo estaba muy tenso, agarrado firmemente al volante, la nariz casi tocando el interior del parabrisas que se había nublado, tratando desesperadamente de seguir los brillantes y casi invisibles puntos rojos del vehículo de Lambert. La carretera estaba inundada, y el aguacero se había intensificado, creando sonidos como el de una marcha fúnebre de tambores sobre el cuerpo del Austin. "¡Lo siento, pero esto es una locura, tengo que parar, es demasiado peligroso!" Dije desesperadamente.

Con determinación, y mirándome con tranquila intensidad, Ismana contestó, "Relájate, no te preocupes Léonard, solo sigue a Bapak, y ahora canta con nosotros". Y a continuación comenzó a cantar con una voz clara, libre de miedo por completo. Las tres nietas y Asikin le hicieron coro.

No pude unirme al coro con mis amigos, pero si pude relajar la presión sobre el volante y recostarme en mi asiento, desconectándome del miedo. Entonces me conecté al lugar donde había estado antes, cuando conducía a Bapak, permitiendo que la vibración angélica se hiciera cargo de mi ansiedad. El momento más delicado llegó cuando mi amigo Lambert, que no estaba consciente de la batalla de ángeles contra demonios que estaba desarrollándose en mí, de repente adelantó a un camión, despidiendo olas de agua sucia que borraron completamente los dos puntos rojos brillantes de sus luces traseras.

La extraordinaria situación de conducir sin ver continuó durante 45 minutos cuando, inesperadamente, vi casi imperceptiblemente el indicador naranja del Rolls-Royce titilando a la izquierda mientras de repente reducía la velocidad

¿Por qué desaceleras ahora? Preguntó Ismana.

"Porque Lambert Cole ha salido de la autopista, Ismana". Dije con una ligera irritación perdiendo mi estado angelical y concentrando ahora mi voluntad para mantenernos correctamente en la carretera. Al mismo tiempo, internamente, envié una petición al universo invisible: "Por favor Dios mío, haz que este vehículo se rompa".

El Rolls-Royce se perdió de vista, el carril de salida nos condujo a una rotonda sobre un puente justo cuando nuestro motor se detuvo. Se hizo un silencio sepulcral. Con la velocidad remanente del vehículo pude pasar la curva de la rotonda y terminar en una orilla cubierta de hierba al lado de la carretera.

"¿Por qué has detenido el vehículo, Léonard?", preguntó uno de los indonesios. "¡Yo no lo detuve! ¡Lo hizo Dios!", respondí alegremente con una gran sonrisa, sintiéndome muy aliviado de haber salido de la situación de estrés.

La lluvia se había detenido como por arte de magia y un rayo de sol caliente nos saludó. Giré mi cara hacia él, sonriendo, con ambos antebrazos sobre el volante. En un santiamén, mis cinco pasajeros estaban fuera del vehículo; se quedaron de pie al lado de la carretera mientras yo tomaba nota, en el dorso de mi caja de cigarrillos, del número y dirección de la carretera donde estábamos.

Menos de un minuto después, una destartalada y vieja auto-caravana Volkswagen, oxidada y abollada, salió de no se sabe dónde y el conductor, que resultó ser un miembro Subud, preguntó sonriendo: "¿Tienen problemas?"

"¿Podría llevarnos al aeropuerto de Heathrow? Por favor, es urgente", respondió Asikin.

El conductor aceptó amablemente a llevarlos al aeropuerto y se fueron, en una nube de humo negro. Todos estaban felices diciendo adiós a través de la ventana y riendo alegremente, mientras el Volkswagen se alejaba. Como por encanto, una cabina telefónica estaba allí, al lado del vehículo. Llamé a la compañía de alquiler y les dije lo que había pasado y dónde se encontraba el Austin Maxi. Regresé al lugar donde había salido la vieja auto-caravana, cantando por dentro, sintiéndome tan libre y agradecido, como aliviado de que nada dramático hubiera pasado.

Una gran camioneta Volvo redujo su velocidad y reconocí a la conductora, que había estado en una de las charlas de Bapak en Londres. "Léonard: ¿Qué diablos haces aquí? ¿Puedo hacer algo por ti?, preguntó amablemente.

Le conté mi sorprendente aventura y me llevó directamente al aeropuerto de Heathrow. El gran espacio del aeropuerto parecía vacío, y mientras buscaba al grupo de Subud, vi a Bapak sentado solo en un banco. Cuando llegué hasta él, me miró con expresión de sorpresa y preguntó: "¿Dónde están Ismana, Asikin y mis nietas que estaban contigo en el Austin?"

No sé, Bapak, se fueron en otro vehículo porque el mío se averió."

Traté de explicarle, sintiéndome responsable de que no estuvieran conmigo. Le dije que un miembro Subud los estaba trayendo en su auto-caravana Volkswagen. El inglés de Bapak no era muy bueno y vi que no había entendido del todo mi explicación. "¿Cómo estás aquí antes que los otros?"

"No sé por qué, Bapak. Cuando mi vehículo se rompió se fueron en otro y no había espacio para mí en él. ¿Quizás el conductor se perdió?" Respondí extendiendo mis manos hacia afuera y encogiendo mis hombros ligeramente.

¡Me sentí aliviado cuando, veinte minutos más tarde, mis cinco pasajeros llegaron, explicándole a Bapak, en indonesio, con muchas risas y gestos, que el amable conductor de la auto-caravana Volkswagen no conocía el camino al aeropuerto!

Bapak cambia inesperadamente su plan

Hablar sobre el aeropuerto me recuerda otra ocasión al final de los 50.

Bapak y un grupo de unas quince personas tenían billetes para un vuelo a España. Estaban esperando en el salón principal del aeropuerto que anunciaran la puerta de salida cuando, sin razón aparente alguna, Bapak habló con la persona responsable de los pasaportes y billetes y dijo: "Bapak y su grupo no tomarán este vuelo. ¿Podría arreglar el cambio de billetes para el próximo vuelo a España?"

Con alguna dificultad y algo de gasto extra se cambiaron los billetes; al día siguiente, los titulares de los periódicos informaban que el avión que debía tomar el grupo se había estrellado sobre los Pirineos. Ninguna de las personas que viajaban en él sobrevivió al accidente.

Consciencia de la realidad espiritual del mundo material

Ahora contaré el suceso que me ayudó a ser consciente de la poderosa influencia del mundo material sobre nuestra delicada, frágil y fácilmente influenciable naturaleza. La palabra "material" es algo muy concreto; en otras palabras, cuando piensas sobre lo material tiene que ver con la creación de la mente y al mismo tiempo con la materia. Experimenté una situación que me hizo entender que el mundo material tiene su propia entidad espiritual, su lugar en su nivel correspondiente, en el mundo espiritual.

La primera vez que tuve esta comprensión fue en un salón VIP en el aeropuerto de Heathrow, en algún periodo de los 60. Bapak y su grupo habían visitado Inglaterra y había llegado el momento de continuar su gira mundial. El vuelo a América se había retrasado dos horas y el salón VIP que nos habían dado era algo pequeño para nuestro grupo. Era frecuente que los miembros Subud vinieran a despedirse de Bapak, o a darle la bienvenida a su llegada. En esta oportunidad debía haber treinta y cinco miembros, excluyendo a los que viajaban.

Está en mi naturaleza ser discreto y quedarme atrás, permitiendo que otros estén físicamente cerca de Bapak. Él y su familia estaban sentados en los pocos sillones de cuero que daban a las ventanas de la amplia bahía, mientras los miembros Subud estaban sentados sobre la alfombra del piso a su alrededor; los que no tenían suficiente espacio para sentarse estaban de pie, descansando sus espaldas contra las paredes. Yo estaba de pie al lado de la única puerta del salón, sintiendo que debía estar allí para que nadie, excepto los miembros Subud, pudieran entrar.

Bapak nos había estado hablando y quería demostrar que lo que uno está diciendo también puede recibirse a través de melodía, y procedió a cantar en javanés. Tenía una voz suave y cautivante, y lo que estaba diciendo era poético y bello. De vez en cuando hacía una pausa para dar tiempo a traducir al inglés. Todos los allí presentes parecían transportados a una esfera espiritual y armoniosa de naturaleza angélica.

Me sorprendí cuando, de repente, vi con mis ojos interiores a un montón de los que describiría como: seres pequeños y grotescos, peludos, espinosos, con largos dientes, orejas puntiagudas, y garras en lugar de uñas. Estaban correteando, queriendo entrar e interferir en la sublime unidad que se estaba experimentando en el salón.

La empuñadura de la puerta que tocaba mi cadera, se movió despacio y la puerta se abrió ligeramente. No había mucho espacio para moverse, pero me las arreglé para desplazarme hacia la rendija y escuchar con un oído.

"¡Les han dado el salón VIP equivocado, tienen que salir todos de ahí! ¡Es urgente!", oí decir, a una agobiada voz femenina, a través de la diminuta rendija de la puerta. "Lo siento, pero ahora no es posible", respondí susurrando y empujé la puerta hasta que se cerró.

Bapak aún estaba cantando; el incidente parecía haber pasado desapercibido. Cerré los ojos y regresé a mi tranquilo estado interior para seguir disfrutando del canto.

De nuevo, percibí un grupo numeroso de pequeños seres diabólicos irritados, y en esta ocasión bloqueé la manecilla de la puerta con ambas manos. Me encontré ordenándoles que se fueran, como animado por una especie de autoridad divina. Y fue efectivo. Oí el débil sonido de los pasos desapareciendo en la distancia por el pasillo.

Aliviado, me relajé con la melodiosa voz de Bapak. De nuevo, los pequeños gremlins materiales regresaron a mi visión interior, venían de nuevo a crear perturbaciones. Después de unos minutos, alguien llamó a la puerta. En mi quietud interior, vi a los pequeños seres, irritados y amenazantes, corriendo en todas direcciones, queriendo crear confusión. Igual que antes volví al estado de conciencia dentro de mí, donde residía una autoridad apacible pero poderosa. Y desde allí, ordené a cada uno de ellos irse y dejarnos solos. Tardé cierto tiempo, porque eran muchos, pero finalmente dejaron de tocar. Esta historia, lo admito, debe parecer extraña al lector. Solo puedo explicar que, en ese momento, era mi manera de percibir internamente la manifestación de una perturbación material creada por el irritado personal del aeropuerto, y me mostró que la fuerza material tenía también su realidad espiritual.

Bapak había llegado al final de su recibir; parecía como si todos los presentes estuvieran flotando en nubes celestiales y quisieran prolongarlo tanto como fuera posible. Miró su reloj, se puso de pie y dijo: "Ya es tiempo de ir para el avión, gracias y au revoir". Todos se levantaron y se apartaron, dejando espacio para que Bapak abandonara el salón VIP. Rápidamente abrí la puerta, y al pasar, me miró discretamente a los ojos, gratificándome con una sonrisa, que me hizo sentir que había sido consciente de mi combate con los pequeños seres diabólicos materiales.

Al seguir al grupo por el pasillo del aeropuerto, reflexioné sobre lo que acababa de pasar. ¿Acaso esa experiencia sorprendente fue el resultado de mi imaginación? Verdaderamente no, fue tan real e inesperada; también los molestos y agresivos gremlins parecían aparecer en mi pantalla interior, cada vez, momentos antes de que realmente se materializaran mediante voz y sonido en la puerta. No busqué sacar una conclusión, y dejé la experiencia tal como fue. Pero, después de la salida de nuestros huéspedes, me acerqué al mostrador de información y pregunté por qué nos habían molestado mientras estábamos en el salón VIP. Vino un oficial de Heathrow a contestar que había sido un error, que el salón VIP, que dicho de paso era el más lujoso del aeropuerto, había sido reservado para el Rey de Arabia Saudita y su séquito. Las autoridades del aeropuerto se habían visto obligadas a acomodar a Su Majestad en otro, un salón VIP ordinario.

El payaso de Dios

A principio de octubre de 1983, en una visita a Inglaterra, Bapak iba a dar una charla a los ayudantes y comité Subud en el Hotel Tara de Londres. Deseosos de asistir, Mélinda y yo, encontramos una niñera para que cuidara de nuestros hijos durante el día.

En esa época, yo formaba parte del equipo de ayudantes nacionales del Reino Unido, y habíamos preparado una pequeña lista de preguntas que teníamos la intención de hacerle a Bapak. La persona que debía ser nuestro portavoz no pudo asistir ese día, y me pidieron que lo sustituyera durante la mañana. Conocía todas las preguntas porque las habíamos preparado juntos, pero aun así me sentí poco dispuesto y algo incómodo con la idea de subir al escenario en presencia de Bapak y de una gran audiencia.

Había tres preguntas principales que debía hacer a Bapak; eran algo como:

• Hacer test sobre miembros que no estuvieran físicamente presentes durante la sesión: ¿Puede Bapak desarrollar esto?

• ¿Cómo podemos mejorar nuestro "recibir" y a nosotros mismos?

• ¿Puede Bapak dar explicaciones detalladas sobre el asunto del "test abierto" (sin preguntas establecidas, recibiendo la pregunta en vez de prepararla con nuestra mente)?

Tal como era su costumbre, Bapak abrió la reunión dando la bienvenida a todos y anunció su deseo de hablar esa mañana solo a los miembros del comité y a los ayudantes; añadiendo que atendería a los miembros debidamente en otra reunión. Me hicieron señas para que subiera al escenario para presentar las preguntas de los ayudantes nacionales. Había estado haciendo latihan durante más de veinticinco años, y ya no me ponía nervioso cuando estaba en presencia de Bapak. De hecho, me sentí profundamente feliz de que me hubieran dado esta oportunidad de sustituir a mi amigo.

Bapak respondió a la pregunta sobre el test. Viendo siempre la situación en conjunto, explicando que el test te capacita para ser consciente de cómo se siente otra persona. Pero pudiera tener un efecto negativo sobre la persona en cuestión, si sabía que se habían hecho los tests sin que ella estuviera presente; la persona podría sentirse criticada y aislada, y eso no traería buenos resultados. Explicó que, si hacemos preguntas a Bapak, no estamos realmente experimentando la respuesta, solo oyendo la suya y por lo tanto no ponemos en práctica la realidad que hay detrás de la pregunta. Continuó describiendo las fuerzas de vida (material, vegetal, animal y humana) enfatizando que la fuerza de vida material es la que tiene mayor influencia en la vida del hombre. Nos dio el ejemplo de Adán que, en el Paraíso, solo tenía que desear tener lo que necesitaba, pero cuando Dios le ordenó ir a vivir en la Tierra le preguntó:

"Pero, ¿cómo me alimentaré allí abajo?"

"Tendrás que usar tu mente para transformar los minerales y las plantas que he puesto allí para ti, y alimentarte mediante tu propio trabajo y esfuerzo."

Bapak señaló cómo el hombre, mediante el uso de su mente, había podido hacer un vehículo de un trozo de mineral de hierro. ¡Y había sido capaz de mejorarlo hasta acabar en un Rolls-Royce! "Hablar sobre lo espiritual sin tener detrás la experiencia es aire caliente; no significa nada."

Decidió que para que pudiéramos entender más claramente la influencia de las fuerzas materiales haríamos algunos tests. Pidió que dos hombres subieran al escenario y se mantuvieran muy relajados frente a él. Subí con un amigo llamado Mansur. Nos pusimos allí de pie y nos mantuvimos callados, esperando.

Primero, Bapak dijo a Mansur: "Recibe cómo es el carácter de Léonard."

Mansur expresó a través de su recibir, los ojos cerrados, movimientos y sonidos que tenían que ver con mi carácter.

Bapak le preguntó qué significaba lo que había recibido y Mansur explicó que sentía un artista a quien le gusta crear cosas, alguien que tiene buenos sentimientos hacia los otros y ama unir a las personas. Bapak siguió: "De acuerdo con tu corazón y mente, ¿eso se corresponde con el Léonard que conoces?" Y añadió: "Sí, el trabajo de Léonard ya muestra las cualidades que has recibido."

Nos pidió relajarnos de nuevo: "La fuerza de vida material, ¿dónde se encuentra en vuestro ser?" Durante algún tiempo, Bapak nos dejó seguir nuestro propio recibir individual. Mis manos se levantaron lentamente y envolvieron mi cabeza, y sentí dentro de mi mente una gran claridad. Durante el recibir recordé una experiencia que había tenido en Indonesia, unos diez años antes (ver la historia en el Capítulo 5), en la que llamas azules limpiaban el interior de mi cráneo.

Bapak me preguntó cómo me había sentido, y contesté que había sentido las fuerzas materiales fuertemente en mi cabeza. "¡Sí! Eso no es algo malo. Significa que estás lleno de ideas relacionadas con este mundo. Léonard tiene ideas claras y buenas en relación a los negocios, ¿es correcto?"

"Sí, Bapak, así es", respondí.

Se dirigió a Mansur y dijo: "Pero Mansur es diferente, las fuerzas materiales residen en tu corazón, de modo que las ideas aún están en tus sentimientos y no pueden tener éxito. ¿Es verdad?"

"¡Sí!" Confirmó Mansur.

Bapak subrayó la importancia de hacer esos tests y continuó, volviéndose hacia mí: "Ahora Léonard, recibe tu naturaleza."

Dejándome llevar, relajado, me convertí en mi propia naturaleza. Sintiéndome perfectamente centrado y bien en mi piel, cerca de la ligereza y la risa, probablemente estaba sonriendo. Me movía con ligereza, sintiendo que tenía pinceles en las manos, y hablaba con clientes. Habiendo observado mis movimientos y expresiones durante el test, Bapak describió mi naturaleza: "En la forma en que trabajas eres como un payaso. Cuando actúas de esa forma tienes éxito. Pero si te pones serio, no funciona."

Se volvió al auditorio y dijo: "Este tipo de cosas las pueden averiguar por ustedes mismos, cómo funcionan realmente, y cuáles son sus secretos ocultos."

Se volvió hacia mí de nuevo: "Léonard, recibe a través de tu movimiento, si tu trabajo está en concordancia con la voluntad de Dios." Me sentí cerca de mi origen; viviendo plenamente quién era yo. "¡Eso es bueno! Por eso tu esposa se ha recuperado de una enfermedad muy mala llamada leucemia. Tú eres su medicina."

Y continuó: "Eres un payaso de Dios. Bapak ora para que tu esposa se cure completamente. ¡Tú eres su curandero".

Todos en el auditorio rompieron a reír.

"Así que, por muy ordinario que te sientas, sigues siendo un buen curandero... ¡Eres un payaso inteligente!" Y entonces concluyó diciendo: "Es suficiente por ahora. Ésta es una demostración de realidad. ¿Por qué has traído todas esas preguntas? ¿Quién te escogió para eso?"

"Los otros ayudantes nacionales me lo pidieron ya que Muchtar, nuestro representante, no podía estar con nosotros esta mañana", expliqué.

Entonces Bapak recordó: "Vi a Léonard en Coombe Springs hace más de 20 años y pensé en ese tiempo que era una persona divertida y que siempre se sostendría sobre sus propios pies."

Esta había sido una poderosa experiencia. Bapak a través del canal del "test abierto" me había llevado a experimentar cómo mi interior se correspondía con mi comportamiento exterior, dándome más confianza en mí mismo. Esa misma mañana, había explicado a Bapak que cuando nuestros hijos estaban enfermos o sufrían de uno u otro dolor, me sentaba silenciosamente a su lado, a veces poniendo mi mano donde estaba el dolor, hasta que se disipaba totalmente.

Capítulo 3

Sobre el nombre, la concepción, el sexo, la vida y la muerte

Nos convertimos en padres

Nuestro primer hijo se anunció induciéndole a Jean una serie de leves contracciones. Sintió las primeras en la mañana; al final de la tarde, cuando se hicieron más frecuentes, sentimos que era hora de ir a la clínica Montsouris, cerca de la Universidad de París, donde a Jean la había estado atendiendo un ginecólogo.

Una monja, fría y distante, registró nuestra llegada en una libreta encuadernada en cuero, y a continuación nos condujo al ascensor. Nos asignaron una habitación pequeña en la tercera planta. Nos habíamos estado preparando para el nacimiento, y Jean había colocado amorosamente todo tipo de ropa de recién nacido, cuidadosamente envuelta, en nuestra canasta de mimbre. Después de organizar las pocas pertenencias de Jean en la habitación, decidí salir antes de que cerraran las tiendas para comprarle algo de fruta y agua mineral; también decidí reservar una habitación barata en un hotel cercano, por si acaso el nacimiento llegara a altas horas de la noche.

Serían alrededor de las nueve cuando regresé a la clínica. Llamé al timbre, y esperé lo que me pareció una eternidad. Finalmente, oí pasos cortos y rápidos que llegaban a la puerta. Lentamente la puerta se abrió solo unos centímetros, y apareció una larga nariz blanca, seguida de un ojo azul pálido que me miró con desconfianza. "Estamos cerrados; ¡vuelva mañana!"

"Pero mi esposa va a dar a luz", dije con consternación, "¡probablemente esté sucediendo ahora mismo!", empujé la puerta con insistencia, y la bloqueé con mi pie para impedir que se volviera a cerrar.

"Váyase o llamo a la policía", dijo la monja amenazante.

Utilizando la fuerza, que sentí legítima, con un empujón entré al vestíbulo y seguí mi camino. La Madre Superiora estaba roja de ira y temblorosa, y allí se quedó sin articular palabra mientras me dirigía directo al ascensor. Antes de que pudiera alcanzarme, apreté el botón y las puertas se cerraron automáticamente frente a la exasperada monja.

Jean no estaba en la habitación donde la había dejado. Salí por el largo pasillo y encontré la sala de operaciones. Toqué tres veces tímidamente, abrí y recorrí con una mirada la sala de partos.

"Hola, ¿eres el padre? ¡Entra! Las contracciones son ahora más frecuentes; han avisado al ginecólogo; no debe tardar", dijo una joven y alegre enfermera de forma tranquilizadora.

Jean estaba acostada sobre una mesa de partos cubierta por una sábana blanca. Sus rodillas estaban levantadas; se veía nerviosa y dijo en inglés: "Estoy tan aliviada de que al fin estés aquí, ¿dónde estabas? ¡Me han sujetado los tobillos, me siento como una prisionera, no me gusta nada esto!"

Sostuve su mano y permanecí a su lado, sonriendo con tranquilidad: "¿Has estado haciendo tu respiración especial?", pregunté.

"¡Sí, la estoy haciendo, pero es muy duro cuando llegan las contracciones, duele mucho!", contestó gesticulando, queriendo compartir su sufrimiento conmigo.

Las contracciones llegaban a intervalos más cortos, y cada vez que comenzaban yo hacía ejercicios de respiración con ella, con mi boca cerca de su oreja izquierda, para alentarla a mantener el ritmo mientras duraba la contracción.

Debían ser alrededor de las once cuando la puerta del cuarto de operaciones se abrió de golpe. Un extraño ser entró en la sala con arrogancia; me recordó a Errol Flynn con su bigote pequeño y fino, y sus ojos azules de mirada preocupada muy abiertos. Me sorprendió verlo vestido de la forma más extravagante posible: botas largas y ajustadas hechas de un hule blanco brillante, hasta las mismas rodillas desnudas; pantalones cortos y ajustados, del mismo material, que dejaban bien en evidencia que era del género masculino; un delantal brillante que cubría su pecho llegando justo encima de sus rótulas y no llevaba camisa. Sus brazos y espalda estaban totalmente desnudos. Era nuestro ginecólogo.

Al ver este extraño atuendo, Jean me lanzó una mirada interrogante y una sonrisa ligeramente divertida, antes de que fuera absorbida de nuevo por una ola de contracciones dolorosas. El doctor me miró risueño y dijo en un tono de voz un poco burlón y de advertencia: "Sabe Sr. Lassalle, es frecuente que los jóvenes padres como usted caigan redondos durante el parto de su primer hijo; le aconsejaría salir de la sala de partos ahora, el bebé está al nacer. No lo queremos inconsciente sobre el suelo mientras eso pasa, ¿Verdad?", añadió guiñando un ojo a la enfermera.

Me estaba sintiendo mareado, es verdad, y probablemente estaría algo pálido, pero era debido a la repetitiva y acelerada respiración que estaba haciendo con mi esposa. ¡Ciertamente no iba a salir de la sala en ese momento tan importante para nuestras vidas!

"Gracias por avisarme, doctor; siento que no seré un problema durante el nacimiento del niño", le respondí con una gran sonrisa. Jean dio un último y enorme empujón; la enfermera y el doctor exclamaron a la vez un "¡Ooh! ¡Ooh!" admirativo. Una pequeña cabeza, húmeda, con el ceño fruncido, la mirada seria y el pelo negro y ondulado, apareció a la puerta de este mundo. De repente sentí un agudo dolor en mi mano derecha; las uñas de Jean habían traspasado mi piel mientras daba el empujón de liberación final.

Ahora, el doctor, sosteniendo la cabeza del bebé en una mano, estaba guiando cuidadosamente con la otra el cuerpo del pequeño Ser hacia la vida. El minúsculo, húmedo y viscoso cuerpo se deslizó sin resistencia y pronto estuvo sostenido cabeza abajo por sus pies, mientras el cordón umbilical permanecía ligado a la placenta, que aún estaba en el útero.

"¡Es una niña!", exclamaron al unísono. Jean levantó su cabeza mientras descansaba la parte superior de su cuerpo sobre su codo. Miraba asombrada, completamente embelesada y encantada por la llegada del nuevo miembro de la familia. Me miró, con una sonrisa radiante, cada parte de su rostro estaba cubierta de pequeñas perlas de sudor. Expresaba una alegría intensa. Llena de amor maternal se volvió hacia su bebé que colgaba, cabeza abajo, en la mano firme del doctor.

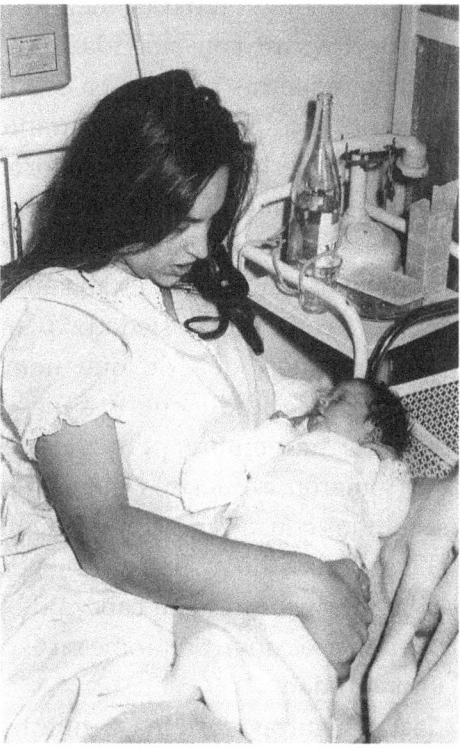

Primeras horas de Joanna Melia

Después de dos o tres fuertes sacudidas, la recién nacida gritó furiosamente. El estridente sonido heló mi espinazo creando en mí, instantáneamente, una necesidad profunda e instintiva de abrazarla, de asegurarle que todo estaba bien; pero resistí el impulso. Me di cuenta de la cara de preocupación de Jean; en ese mismo instante los dos nos habíamos hecho conscientes, cada uno por su parte, de una nueva realidad: la de ser padres.

El doctor rio y alzó la voz para anular la protesta de la niña: "Bueno, bueno, tenemos una niña sana con carácter fuerte y vivo."

Sus antebrazos aún doblados y sus pequeños puños apretados sobre su pecho mostraban mucha rabia, como si desaprobara totalmente ser tratada de manera tan irrespetuosa en un momento tan importante como su llegada a este nuevo mundo.

Ahora apaciguada, acostada sobre la barriga de su madre, su cordón umbilical fue pinzado, cortado y separado de su fuente original de nutrición y seguridad; su pequeño cuerpo se relajó con dulzura, estaba descansando, respirando regularmente; sus bien formados labios color púrpura se unieron para generar una pequeña burbuja de saliva.

El doctor tiró con suavidad del otro extremo del retorcido cordón morado, mientras presionaba con firmeza sobre la barriga de Jean para extraer el saco mágico que, durante nueve meses, había sido el refugio en el cual nuestra hija se había formado...

Ahora que nos habíamos convertido en un trío, era consciente de nuestra nueva situación: formábamos una familia. Jean, sosteniendo delicadamente a su hija, la estaba admirando con gran ternura. Me miró y preguntó con cierta ansiedad: "¿Cómo vamos a llamarla?"

No teníamos idea de qué nombre ponerle a nuestra nueva hija. Habíamos decidido que después del parto, al verla, sería más fácil encontrar un nombre; pero ahora estábamos perdidos... Algunos nombres vinieron a nuestras mentes, pero nos parecieron algo artificiales. Decidimos consultarlo con la almohada.

La bebé nos hizo signos de tener hambre. Estaba abriendo y cerrando la boca y girando su cabeza de un lado a otro como si buscara algo. Me encontré convirtiéndome en espectador del proceso de desarrollo de la maternidad.

Jean, mientras sostenía a nuestra hija, que estaba inquieta e impaciente, en su brazo izquierdo, liberó con su mano derecha el pecho henchido de leche; con gracia sostuvo entre los dedos índice y medio su protuberante pezón color chocolate y lo guió suavemente hacia la boca hambrienta. El primer contacto fue explosivo y apasionado; los pequeños labios sostenían ahora con firmeza el generoso grifo y succionaban, ruidosa y ávidamente, lo que supuse era una deliciosa bebida.

Estaba sobrecogido por la belleza de la escena maternal, era como si la bebé se hubiera reconectado a la madre, experimentando la unidad entre ambas, mecidas por una ola de profunda harmonía y expresando una profunda satisfacción. De repente me sentí fuera de juego, como un mero observador, sabiendo que nunca podría compartir la asombrosa experiencia de ser madre.

"Y así es como se ha creado el mundo", pensé: "La parte femenina completamente diferente de la masculina, cada una con su papel particular y ambas viviendo sus diferentes campos de conciencia."

Tengo que decir que en ese momento me sentí más bien solo, allí de pie, observando la belleza, pero sin participar de ella. La bebé estaba dormida, sus labios se habían relajado y soltado el pezón, y su cabeza cayó hacia atrás con expresión de bienestar en su cara. Jean, de repente, pareció muy cansada, era el momento de dejarlas descansar. Levanté a nuestra hija en mis brazos, acerqué mi nariz a su apacible y pequeña cara y olí su delicado olor a bebé al frotar mi nariz suavemente contra la suya. Con mucho cuidado, la dejé en la cuna.

Besé a Jean en la frente, miré en el fondo de sus ojos verdes y dije: "Bravo mi amor, por haber hecho una niña tan preciosa."

Sonrió con amor y dijo mientras yo caminaba hacia la puerta: "A propósito, ¿ves esa bolsa de papel marrón allí en la esquina? Es la placenta. ¡Parece que el padre tiene que deshacerse de ella de una u otra forma!"

Levanté la preciosa y pesada bolsa, dije adiós con la mano y abandoné la habitación. En la calle respiré profundamente el aire frio de la noche, mientras me dirigía a grandes pasos a mi hotel; miré mi reloj y me sorprendí al ver que era más de la una de la madrugada.

Algo había cambiado en mi conciencia; no le había prestado atención a ese detalle en aquel momento. Pero ahora, al escribir, puedo entender que mi conciencia, a partir de la tarde del nacimiento, se había ensanchado para incluir dentro de mi ser lo que llamamos 'familia'.

La recién nacida estaba ahora anidada cómodamente en mis sentimientos internos, dándome más fortaleza: realmente era un contrato, parte de su fortaleza era para mí a cambio de mi amor y cuidado para ella.

Acercándome al hotel vi una fila de contenedores de basura. Me detuve, levanté la tapa de uno de ellos y vacilé, pensando: "¿Cómo podía tirar esta asombrosa bolsa natural que ha contribuido a darnos una hija tan preciosa? ¿Debería mantenerla y enterrarla en algún lugar debajo de un árbol? Sí, eso sería lo ideal. ¿Pero cuándo, dónde y cómo? ¡No se mantendría y ahora no puedo ponerla en un refrigerador!"

Oí pasos y risas a poca distancia; una pareja caminaba hacia mí. Rápidamente dejé caer la placenta en el contenedor y silenciosamente cerré la tapa de metal. Caminé con un sentimiento pesado de culpa, por mi falta de reverencia y respeto a la increíble y mágica bolsa que había protegido tan bien a mi bebé.

Mi habitación del hotel era algo lúgubre: la cama era dura y estrecha, todo el techo era como una galería que dejaba pasar un débil y constante color amarillo proveniente de las luces nocturnas de París. No podía dormir; mi mente estaba llena de nombres e imágenes. No podía separar los nombres que había oído, de las caras de la gente que había visto o conocido. Después de buen rato de agitación, decidí levantarme y ver si el latihan podía ayudarme. Tras quince o veinte minutos, cuando sentí que había alcanzado un estado de paz interior, pregunté: "¿Cuál es el nombre correcto para nuestra bebé recién nacida?"

Vi el Océano Pacífico, una isla con cocoteros, también un gran pedazo de tela impresa con flores rojas y blancas que reconocí; había sido traída de Tahití por unos amigos de mi madre, nos la dieron en la Ile du Levant hacía años. La tela estaba ondeando en la brisa marina y vi que estaba envolviendo a una muchacha muy bonita, de cabellos negros, que me ofreció una gran sonrisa.

"Joanna" resonó con fuerza en mi corazón y en mi mente. "¡Eso es! Tiene que ser su nombre; Joanna, sí, suena muy bien", pensé. No sabía, en esa época, que yo aún estaba en el mundo subjetivo de reacción apasionada. Solo mucho más tarde, comprendí que el nombre había venido no de una fuente objetiva en mi ser interno, sino de una reacción de mi imaginario, probablemente una asociación con una Joanna que una vez había visto en una película y que me había gustado. A la mañana siguiente regresé a la clínica sintiéndome ligero y feliz, llevando en mi cabeza el nombre Joanna.

"Dime: ¿qué nombre has encontrado para nuestra hija?", preguntó Jean en cuanto entré a la habitación. Al no estar seguro de mí mismo, hubiera preferido que ella dijera primero qué nombre había encontrado...

"Sí, pero dime tú primero... ¿Cuál es el tuyo?", rogué.

"¿Melia?", dijo lentamente.

No estaba seguro acerca de "Melia"; sonaba corto, pero era raro. Me preguntaba dónde lo habría encontrado.

"Joanna", pronuncié mi elección claramente. "¿Qué piensas?", pregunté, anhelando saber su reacción.

Ambos nos inclinamos sobre la cuna metálica pintada de blanco, para observar a nuestra hija que estaba durmiendo plácidamente.

"¿Melia?", murmuré. La niña continuó durmiendo tranquila.

"¿Joanna?", dijo Jean con su suave voz. La niña tampoco reaccionó y ambos rompimos a reír.

Una vez que decidimos llamar a nuestra hija Joanna Melia, salí aprisa de la clínica con rumbo al ayuntamiento local para registrar su nacimiento y su nombre. No sé si esto pasa aún, pero en esa época en Francia si no registrabas el nombre de tu hijo, dentro de los tres días siguientes al nacimiento, los empleados de la oficina de registro estaban autorizados a registrar al bebé con el nombre que ellos escogieran.

A mi regreso, con la desaprobación de las monjas, organicé las cosas para que una ambulancia llevara a Jean y a Joanna de regreso a nuestro apartamento en la calle Cardinet; a Jean no le gustaba la clínica y estábamos deseando estar solos en nuestro hogar.

Habiendo experimentado la metamorfosis, extremadamente positiva en mí mismo, cuando Bapak me dio el nombre de Léonard; y el sentimiento de identidad cada vez que alguien me llamaba por ese nombre; me di cuenta enseguida, de que Joanna no reflejaba correctamente la naturaleza de nuestra hija. Jean estuvo de acuerdo conmigo y decidimos solicitar a Bapak un nuevo nombre para ella. Se le dio el nombre de Laura y le sentaba bien. Ambos estábamos satisfechos, comprendíamos lo importante que es tener un nombre que corresponda a nuestra naturaleza interna; también fuimos conscientes de que, en esa época, no teníamos la capacidad de escoger un nombre de forma objetiva para nuestra hija.

Habitualmente Bapak enviaba a los padres dos iniciales, una para niño y otra para niña, y les pedía que mandaran cinco nombres que les gustaran para cada una de ellas. Una vez que él recibía las diez sugerencias escogía, para cada sexo, la que resonaba más cercana a su percepción de la vibración correcta. Es interesante observar que antes del nacimiento de cada uno de nuestros otros seis hijos, surgió algo inesperado, y como caído del cielo, para hacernos preferir un nombre de entre los cinco de la lista. Fue como si las naturalezas interiores de los niños estuvieran intentando darnos indicaciones sobre sus nombres.

Sería muy largo contarles la historia de cada nacimiento, que fueron en sí mismos experiencias únicas, pero más tarde citaré una o dos de ellas; solo para darles ejemplos de las cosas inesperadas que tuvieron lugar en relación a la elección del nombre de nuestros hijos.

Descubrimientos sobre mi padre biológico

Myrette Dewèvre, la señora que amablemente nos alquiló su apartamento, decidió a principios de 1961 que le gustaría renovarlo, ya que lo necesitaba para vivir ella. Fue de repente, y al ser inesperado, no teníamos idea de a dónde ir. Mi madre había venido de Cannes a París a ver a Joanna poco después de su nacimiento y nos dio a Jean y a mí muchas recomendaciones útiles sobre cómo cuidar de un recién nacido. Fue una ayuda maravillosa tenerla con nosotros y ella estaba encantada de haberse convertido en abuela.

Era muy importante para Jean mostrarle Joanna Melia a su madre, por lo que decidimos ir a Inglaterra para Navidad, sin saber bien dónde nos alojaríamos a nuestro regreso a París. Limpiamos el apartamento, pusimos todas nuestras pertenencias en una esquina y partimos para Inglaterra.

Los padres de Jean, los Orton, estaban encantados de tenernos en su hogar en Kent y de conocer a su recién nacida nieta. También visitamos a nuestros amigos íntimos, Jennifer y Peter Gibbs, en su casa de la costa cerca de Crowborough. La práctica del entrenamiento espiritual del latihan se había convertido en parte de nuestras vidas y, por supuesto, cuando estábamos con amigos que también practicaban el latihan, habitualmente hacíamos uno juntos.

En una de esas ocasiones, cuando Peter y yo habíamos terminado un latihan en el gran cuarto alfombrado de la casa de la costa, le dije: "Tengo una pregunta que me da vueltas desde hace tiempo. Es sobre mi verdadero padre, a quien solo he visto dos veces, se llama Henry Valensi. No dejo de tener sentimientos sobre él y me pregunto por qué no he podido verlo desde que nos mudamos a París. He telefoneado muchas veces a su taller sin ningún resultado. No puedo entender por qué es tan difícil. ¿Podrías ayudarme, a través del latihan, a averiguar la verdad de lo que pasa?"

Peter estuvo de acuerdo, y nos pusimos de pie, uno frente al otro, relajados, con nuestros ojos cerrados, y tranquilos en nuestro propio y receptivo estado interior. Después de un momento de silencio, oí a mi amigo decir lentamente y en voz baja: "Léonard, recibe a través de tu entrega, dónde está en este momento tu padre biológico".

Ambos entendíamos que con la palabra "entrega", quería decir un estado de no-resistencia y de total aceptación. Rápidamente mi conciencia penetró en mi interior, y me sentí impulsado a un universo diferente, que no reconocí como propio. Como si mis piernas no fueran parte de esta experiencia, sentí la necesidad de tumbarme sobre la espalda y seguir lo que viniera... Mi conciencia estaba ahora viajando a través de espacios nebulosos, donde no había color, sino diferentes tonos de gris. Sin esperarlo, sentí que la fuerte presencia de mi padre se apoderó de mí; sus sentimientos parecían perturbados por mi llegada. No me sentí bienvenido; aunque era su hijo, era más bien "otro Ser" que había violado su espacio sin haber sido anunciado. Incómodo, pero sin quererme ir, permanecí en ese espacio desagradable. De repente ya no era un sueño. Se había convertido en realidad y mi conciencia estaba aguda y atenta.

Inesperadamente un gato grande y enfadado, entró en mi campo de conciencia bufando y escupiendo, enseñando sus garras, exigiendo que saliera de su presencia o...yo me convertí en un gatito, aplastado contra el suelo, con las pequeñas orejas redondeadas, plegadas hacia atrás, rechazando obstinadamente irme aun a riesgo de ser lastimado. La fuerza animal que bufaba y resoplaba era poderosa. Observé una aceleración de mi ritmo cardíaco; mi garganta estaba apretada, y me sentí rechazado y no deseado por el hombre a quien tanto quería amar.

"Léonard?, Léonard, ¿estás bien?", débilmente oí la distante voz de Peter llamándome.

"Sí, probablemente he tenido suficiente con esto", pensé, pero: ¿cómo regresar a mi propio espacio? Me costó tiempo encontrar la forma de volver a mi ego. Entonces vino a mí como hacerlo: abandoné totalmente la conciencia del universo de mi padre y encontré paz y tranquilidad dentro de mi ser interno. Finalmente, abrí los ojos...

Mi querido amigo estaba de pie a mi lado, mirándome con sus amables ojos azules y una generosa y cálida sonrisa. "Me alegra que estés de regreso", dijo; yo me levanté de un salto y comencé a contarle mi experiencia: "Fue como si mi padre no quisiera verme, igual que los gatos machos que rechazan a sus propios gatitos...era poderoso. Sentí la acción de la fuerza de un animal fuerte y experimenté una fuerza similar dentro de mí mismo porque me negaba a irme, no quería aceptar su comportamiento agresivo. Aunque parezca extraño, sentí que su presencia no estaba en este mundo.

Unos días más tarde, en casa de la familia de Jean, estábamos desayunando con mis suegros. El sol derramaba generosamente su luz en la mesa del comedor a través de las vidrieras con formas de rombos y, aunque era invierno, daba a la mañana una sensación de primavera. El cartero había llegado y Winifred, mi suegra, me entregó una carta

Henry Valensi

que mi madre me mandaba desde el sur de Francia. Les pedí que me perdonaran y que me permitieran leerla en la mesa.

"Sí, por supuesto, con mucho gusto, por favor hágalo", contestó de inmediato el padre de Jean.

Decía: "Mi querido François, tengo que darte una noticia triste. Tu padre, Henry Valensi, murió de un ataque cardíaco en París, mientras estaba sentado en la rosaleda de un amigo.

Al morir, tenía 75 años".

No quise aguantar las lágrimas que se derramaron instantáneamente por mis mejillas. Aunque, en cierta forma, unos días antes había sido preparado por la experiencia del test con Peter, cuando sentí que mi padre probablemente habíav abandonado este mundo, la cruda realidad fue terriblemente dolorosa. Con la cabeza gacha y las lágrimas saladas goteando en el blanco mantel, me sentía confuso, triste y enojado al mismo tiempo. Enojado con él, porque nunca respondió a mis llamadas ni intentó conocerme mientras vivíamos ven París. Y ahora se había ido sin decir adiós. ¿Cómo había podido hacer eso?

Oí a mi suegra preguntar: "¿Qué pasa con François? ¿Porqué está llorando?" Se negaba a llamarme por mi nuevo nombre y probablemente nunca antes haya visto llorar a un hombre.

"Su padre ha muerto", respondió rápidamente Jean que acababa de leer la corta carta.

"Pero pensé que su padre había muerto en la guerra, en 1942". Me di cuenta de que nunca habíamos hablado con los padres de Jean de mi complicada niñez. No estaba en un estado como para explicar los arenosos detalles de mi juventud en ese momento y, excusándome, me levanté y dejé la mesa para pasear al aire fresco en el jardín perfumado por los hamamelis.

Vamos a trasladarnos veinticinco años hacia adelante, solo para ilustrar cómo llegué a entender que, en mi universo espiritual, lo que llamé 'tiempo' era solo una medida de mi mente, y que en verdad no hay tiempo en la conciencia espiritual, sino solamente el Ser.

Estábamos viviendo en ese momento, con nuestros siete hijos, en lo que llamábamos la Casa de Lúpulo; cerca de Wadhurst en Kent. Yo había estado dirigiendo un negocio muy estimulante y con bastante éxito, de antigüedades del siglo XVII y diseño de interiores, en el barrio

antiguo de Tunbridge Wells, llamado 'The Pantiles'. El latihan de Subud formaba parte de nuestra vida y yo hacía este entrenamiento espiritual de forma muy regular; significaba mucho para mí, aportaba una dimensión amplia y estimulante a mi vida diaria.

Sin embargo, había una situación en mi interior que me molestaba mucho. No podía deshacerme de la profunda sensación en mi corazón de que Henry Valensi me había fallado enormemente al mantenerse tan distante y no mostrar amor hacia mí, su único hijo. Aunque sabía que no era bueno para mí mantener el rencor contra mi padre biológico, simplemente no podía evitarlo ono sabía, en mi ser ordinario, cómo afrontarlo. Como pasa con frecuencia con las cosas desagradables, encontré difícil tratar con ello, lo había enterrado profundamente dentro de mí, en algún lugar donde no pudiera sentir el dolor no resuelto.

Una tarde, durante uno de mis latihanes, sentí fuertemente la presencia de mi padre. Abriendo los ojos para comprobar vi, sorprendido, de forma absolutamente clara, a Henry Valensi caminando hacia mí. Tenía sus brazos abiertos, estaba mirándome fijamente a los ojos y vi que estaba llorando. Conforme se acercaba, oí su voz resonando en mi pecho diciendo: "En verdad, siempre te he amado. Tenía miedo de lo que diría la gente. He venido a pedirte perdón. No me había dado cuenta del daño que te hacía ignorando la realidad de tu presencia".

Empecé a llorar y nuestras lágrimas se mezclaron al abrazarnos con amor, con los brazos apretados alrededor del otro. Puse mi mano derecha en su nuca y noté que era como si fuera la mía misma, la forma de la curva del cuello era idéntica.

Nos mantuvimos así algún tiempo, y mientras lo apretaba contra mi pecho, sentí que se estaba fundiendo lentamente dentro de mi ser y, mientras esto pasaba, oí un sonido agudo y delicado que vibraba hacia arriba a través de todo mi ser, subiendo hacia mi cráneo y saliendo por la parte superior de mi cabeza.

Comprendí, en ese instante, que la reconciliación había liberado su alma, que ahora estaba libre de continuar su viaje espiritual. Esperé tranquilamente hasta que todos mis hermanos terminaron el latihan y abandonaron el salón. No sentí apropiado perturbar la profunda tranquilidad en que me encontraba y el profundo sentimiento de satisfacción y reconciliación que acababa de experimentar.

Conduciendo de regreso a nuestra casa en Wadhurst, me di cuenta de que me sentía diferente. El cambio era sutil pero extraordinario. Mi corazón estaba ahora lleno de amor por mi padre. Sabía que todo el rencor se había desvanecido completamente y nos habíamos acercado tanto que ahora él era parte de mí mismo, y que también él se había liberado de la tensión creada por su resistencia.

Mélinda ya estaba dormida cuando me metí en la cama y, como era habitual, la lamparilla de noche estaba encendida. Siguiendo mi costumbre, me desvestí completamente y me deslicé con rapidez en la cama. Antes de apagar me volví para dar un beso de buenas noches a mi mujer. Al dar la vuelta sentí algo rodando entre la parte superior de mi brazo y mi pecho. Inmediatamente aparté mi brazo y vi una cosa de color marrón sobre la sábana blanca, una pequeña bola del tamaño de una aceituna.

Tengo que explicar que, desde hacía tres o cuatro años, un tipo de tumor blando había crecido a partir de un lunar color marrón cerca de mi tetilla derecha. La vanidad de mi ego, irritado por este feo tumor, trató de arrancarlo atando un hilo fuerte de algodón muy apretado a su base. Funcionó, pero fue un proceso tan doloroso que había decidido no molestarme en hacerlo de nuevo, y creció y creció convirtiéndose en una bola carnosa.

Recogí esta extraña cosa, rodándola entre mis dedos índice y el gordo, me volví hacia Mélinda y dije triunfalmente: "¡Mira cariño! ¡Asombroso! Mi rencilla con mi padre ha terminado". Tiré la bola oscura al otro lado de la habitación a la papelera, y le conté con detalles mi experiencia liberadora.

A la mañana siguiente en el baño, con la hirsuta barba cubierta de espuma de afeitar, estaba cantando suavemente mientras me afeitaba. Como pasaba con frecuencia Pamela, mi hija menor, había entrado en el baño para sentarse en el inodoro. Desde allí disfrutaba observando a su papá afeitándose.

"¿Papá? Es divertido, ¿qué has hecho con la pequeña aceituna marrón de tu pecho? ¿La has tirado? ¿Dónde está?". Preguntó intrigada. "La tiré a la papelera. Se cayó anoche en la cama mientras le daba el beso de buenas noches a Mamá". Le expliqué, a continuación, de forma divertida, la extraña experiencia con mi padre biológico en el latihan de la noche anterior.

Más sobre nombres

Volviendo a 1964, Jean, a quien recientemente Bapak había mandado el nombre de Mélinda, estaba embarazada de nuestro tercer hijo. Escribimos a Indonesia semanas antes del nacimiento, y llegó la letra R para un chico y la D para una chica. Escogimos cinco nombres para cada uno, y preparamos la carta, que quedó lista para ser enviada por correo. Decidimos que sería Mélinda la que pondría la carta en el buzón. Cada vez que regresaba del trabajo, le decía: "¿Querida, te has acordado de enviar la carta a Indonesia?"

Y tenía la misma respuesta: "Oh querido, lo olvidé".

Dos semanas más tarde, mientras cenábamos, Mélinda dijo: "Lo siento mucho, pero simplemente no puedo enviar esa carta a Bapak tal como está. Siento que debemos cambiar la lista de la R y añadirle el nombre Richard". Así que seguimos los sentimientos de Mélinda y para nuestra satisfacción, el nombre Richard regresó de Bapak con su significado: "el gobernante, o el que dirige".

Otra experiencia sobre nombres

Espero que no les importe compartir conmigo otra historia sobre nombres. Una vez, en 1968, durante una fría noche a inicios del invierno, a eso de las cuatro de la madrugada, me desperté sintiéndome poderosamente atraído físicamente por Mélinda. Nos unimos, y nuestros cuerpos entraron en un ritmo armonioso que llevó nuestra conciencia muy lejos, a una esfera donde no estaban presentes ni nuestros corazones ni nuestras mentes. La energía era intensa y al mismo tiempo maravillosamente serena; al llegar el momento crucial en el que se transporta y entrega la semilla de vida, el nombre 'Dahlan' llegó desde lo profundo de mi pecho y surgió de mi lengua claramente, dándome al mismo tiempo la sensación de finalización.

No nos sentíamos en absoluto seguros de dar a nuestro hijo un nombre musulmán, y escribimos a Bapak. Su respuesta fue una D para un chico, así que por supuesto pusimos Dahlan en la lista. Unas pocas semanas más tarde, cuando llegó la carta de Indonesia, vimos que Bapak había escogido el nombre Dahlan. Fue muy bueno recibir esta confirmación, la experiencia durante la concepción había sido tan única que sentimos que la elección de Bapak lo aclararía para nosotros.

La circuncisión

Tratando sobre nombres, sexo y concepción, espero no les importe si continúo con algunas otras historias relacionadas con estos temas.

Al final de1966 y comienzo de 1967, nos mudamos a Londres desde Bridport, Dorset, un pueblo pequeño cerca del mar, al oeste de Inglaterra. Era una época de nuestras vidas en la que era difícil encontrar una casa para alquilar. Los agentes inmobiliarios nos decían: "¡Lo lamento! No se admiten niños, ni mascotas, ni personas de color". Unos amigos cercanos, propietarios de una casa grande en Hampstead, nos prestaron amablemente un cuarto en su casa.

Durante este tiempo, noté que, en el transcurso del día, cuando fantaseaba sobre las mujeres, frecuentemente sentía una quemadura, una sensación de irritación debajo del prepucio de mi pene. Era el tipo de problema que uno no quiere divulgar especialmente, así que no hablé de ello; pero se convirtió en una verdadera preocupación al volverse muy doloroso. Además, nuestras relaciones sexuales se habían convertido también en dolorosas para mí, en lugar de ser agradables.

Mélinda y yo decidimos que debía ver a un médico para pedir consejo. Él me prescribió una crema especial, pero después de diez días de cuidadosa aplicación, la condición no había mejorado.

En ese tiempo, mi amigo íntimo, Varindra Vitachi, acababa de regresar de Yakarta donde había ido a ver a Pak Subuh. Varindra era el presidente de la Asociación Mundial Subud y viajaba frecuentemente a Indonesia. Después de un latihan en Highgate, fuimos a un café a tomar una taza juntos y mencioné mi problema. Escuchó con atención y dijo: "Es interesante que lo menciones, Léonard. Acabo de regresar de Yakarta donde me he sometido a una pequeña intervención quirúrgica. Ahora estoy circuncidado". Recuerdo haber pensado: "Bueno, acaba de convertirse en musulmán y todos los musulmanes están circuncidados; eso tiene sentido para los creyentes que siguen una religión. Pero no siento la necesidad de unirme al islam, ni me entusiasma interferir con lo que la naturaleza me ha dado".

Varindra tiene que haber leído mis pensamientos porque continuó explicando: "Déjame decirte, Léonard. Bapak me explicó antes de mi circuncisión que la verdadera razón para esta pequeña operación era permitir la evaporación de un fluido ácido y abrasivo que se secreta alrededor del glande, cuando algún apasionado pensamiento sexual se introduce en nuestras mentes. De hecho, es una forma para que el cuerpo evacúe este ácido, cortar el prepucio permite que se evapore más rápidamente en lugar de acumularse debajo de éste y producir irritaciones".

Qué extraño que mi amigo describiera exactamente lo que estaba experimentando. Me llevó varios días de debates, con mis muchos "yo", e intercambios con Mélinda, para decidir si me circuncidaba o no. Había mucha resistencia dentro de mí a interferir con lo que la naturaleza me había dado. El día posterior al que tomamos la decisión de someterme a la circuncisión, un amigo llamado Hanaf telefoneó para decirme que había decidido circuncidarse y preguntarme si tenía alguna idea de dónde podía ir a operarse. Mientras tanto, yo había encontrado una pequeña clínica en Notting Hill Gate dirigida por un médico judío que se especializó en circuncisiones. Decidimos operarnos al mismo tiempo y reservamos una habitación doble para la semana siguiente.

Una voz femenina de la clínica non pidió que fuéramos solo con un cepillo de dientes, un pijama y un talonario de cheques. La operación se realizaría en la mañana y solo estaríamos ingresados una noche en la clínica.

Llegamos el lunes en la mañana y, divertidos, nos dimos cuenta de que la clínica estaba dirigida solo por monjas. La jefa de enfermeras nos llevó a nuestra habitación en el primer piso, nos pidió que nos pusiéramos los pijamas, y esperáramos en nuestras respectivas camas la visita del cirujano a las diez de la mañana.

Una enfermera africana entró a la habitación con una bandeja de jeringuillas. "He venido a ponerles las inyecciones de la anestesia... Pero díganme algo: ¿Cómo unos chicos buenos mozos como ustedes quieren hacer tal cosa? ¿Por qué no están satisfechos con lo que Dios les ha dado?"

Hanaf y yo teníamos tal ataque de risa que no pudimos responder. La monja vino primero a mí, le presenté mi antebrazo y, con gran pericia, inyectó el poderoso líquido en mi protuberante vena.

Lo último que recuerdo fue ver a una figura alta y pelirroja, de cara pecosa y con bigote, vestida con una bata blanca, que vagamente entendí era el cirujano.

Hanafi y yo salimos de la clínica de Notting Hill al día siguiente a la hora del almuerzo, con nuestros respectivos y preciados órganos bien vendados, y con firmes recomendaciones de la monja jefa de enfermeras de no usarlos hasta después de, al menos, diez o doce semanas de descanso; el tiempo de cicatrizar.

No es el tipo de historia que he contado a mucha gente, pero es que lleva a otra experiencia inusual que quería compartir con ustedes.

Mélinda y yo estábamos pasando a través de una difícil etapa financiera. Los seis vivíamos en una habitación, compartiendo cocina, servicios sanitarios y baños, con una oficina, que era en ese momento la de Subud Gran Bretaña. Por mucho que trabajara, nunca podía ganar suficiente dinero para nuestras necesidades diarias. Peter Gibbs, quien posteriormente se llamaría Lambert, nos ofreció su pequeña granja en el norte de Gales. "Es un lugar precioso, ya verás, no está lejos de una playa llamada las Arenas Silbantes, y por ahora no se está usando; sé que es un poco lejos, pero al menos es una casa".

Aceptamos su amable oferta de buen grado y, en nuestro Citroen 2CV, nos fuimos a Gales al principio del invierno de 1967. Seis meses después de nuestra llegada a la pequeña granja, tenía una rara sensación, como si alguien estuviera rondándome muy cerca. Hoy lo llamaría un alma, pero entonces me lo describía a mí mismo como una presencia.

CAPITULO 3

La habitación principal de la granja estaba bajo el tejado de la buhardilla y su único acceso era una escalera de madera que subía en espiral, muy estrecha y crujiente. Una noche oscura, fría y de mucho viento, acostamos a los niños pronto, y después de hacer las tareas domésticas, fue nuestro turno de prepararnos para la noche.

No le había dicho nada a Mélinda sobre la presencia que sentía, pero mientras subíamos por la estrecha escalera, la sentí más clara y fuerte que antes, por lo que se lo mencioné suavemente: "¿Sabes qué?, querida..."

Como si ella también estuviera pendiente de alguna 'anunciación', respondió de inmediato: "no, ¿qué?" Ambos paramos en medio de la escalera: "Bueno, es extraño, pero siento la presencia de un niño que quiere encarnarse. La he estado sintiendo desde hace algún tiempo, pero la sensación se ha vuelto más constante últimamente".

Compartí mi experiencia casi susurrando. Mélinda respondió diciendo: "Es gracioso, yo también he estado consciente de un niño, pero no lo mencioné porque tu 'cosa' está convaleciente".

Terminamos de subir al desván en silencio, con la atmósfera acentuada por el chirriar de las viejas tablas de cedro; ambos conscientes del niño en espera de ser concebido.

La unión de nuestras consciencias se desarrolló en una calma profunda e intensa; ciertamente, en cada concepción nuestra conciencia de la experiencia ha sido diferente. Con este hijo, ambos fuimos llevados a una calidad de dulzura como si el alma encarnada nos hubiera envuelto en un manto de sentimientos de amor.

Unos meses más tarde recibi-

Laura, Miriam, Richard, Marianna, Hermas, Dahlan, Laurence y Fly en 19 Front Road

mos de Bapak las iniciales "L para una niña, H para un niño", y encontramos difícil hallar cinco nombres que nos gustaran comenzando con H. GG, mi amada abuela, me había dado unos años antes una magnífica biblia francesa editada por la Escuela bíblica de Jerusalén. Buscando un nombre de niño que comenzara con H, abrí el libro al azar y de inmediato mis ojos cayeron sobre el nombre 'Hermas'.

"¡Aquí está! ¡Lo tengo!" Le grité a Mélinda, que estaba en la cocina con los niños preparando el almuerzo. Corrí hacia ella con la biblia abierta en la página donde había aparecido el nombre. Lo miramos juntos para descubrir que San Hermas había vivido en el sur de Francia en la Edad Media. Ambos sentimos positivamente el nombre para nuestro futuro hijo y se puso en la lista con los otros.

Unas semanas más tarde, llegó una carta del secretariado de Bapak y leímos: "Si es un niño el nombre será Hermas".

El 4 de diciembre de 1967, nació un niño, sensible, delicado y saludable en la casa a la que nos habíamos mudado recientemente en Tunbridge Wells. Se le puso el nombre de Hermas.

Mélinda enfrentada a la enfermedad

A mediado de los 70 la salud de Mélinda comenzó a deteriorase rápidamente. Al principio notamos que se cansaba y se sentía constantemente débil. Pareció haber una aceleración en la degradación de su salud general, y se puso extremadamente anémica. Cuando se analizó su sangre en la clínica del Dr. Sharma, en Londres, descubrimos que estaba en un estado avanzado de leucemia. Los glóbulos blancos habían rebasado completamente a los rojos.

Sus células sanguíneas las había analizado una señora de Finlandia que era experta en cáncer de sangre. Basándose en su larga experiencia analizando sangre dijo: "Esta persona, seguramente, ha estado expuesta a radiación atómica".

En esta época, el Reino Unido no era muy estricto sobre la fuente de procedencia de la sangre. Había habido complicaciones durante el nacimiento de nuestro último hijo en la primavera de 1971, y Mélinda tuvo que recibir una transfusión de sangre completa. Presumimos que la sangre estaba contaminada con radiación y fue probablemente la fuente del problema.

En esa época, la leucemia no tenía cura. El tratamiento usando radiación de cobalto estaba en su etapa de desarrollo, pero estaba lejos de ser efectivo. Si hubiéramos tenido los fondos, hubiera significado enviar a Mélinda a Nueva York, donde ya estaba disponible la última tecnología sobre investigación del cáncer. Un amigo íntimo nuestro, el Dr. Mitchell, explicó que tenía solo una muy pequeña probabilidad de sobrevivir.

El Dr. Sharma, que acababa de abrir una clínica privada cerca de Liphook en Sussex, dijo que estaba preparado para tratar de salvar a Mélinda pero que necesitaría mantenerla en su clínica al menos ocho semanas.

Estaba extremadamente pálida, su voz era débil y parecía distante, como si algo en su cabeza se hubiera ido ya a un lugar desconocido. Parecía que se estaba desconectando de la vida cotidiana, de los hijos y de mí. No parecía estar detrás de sus ojos y nos miraba con obvia indiferencia.

Decidimos aceptar la oferta del Dr. Sharma y después de prepararle una pequeña maleta, los niños y yo la llevamos a Liphook. Sabía en mi interior lo importante que era no dramatizar en estos momentos difíciles, ni introducir el miedo en esta situación, sino aceptar totalmente lo que estaba pasando; incluso la posibilidad de perder a mi amada esposa, nuestra maravillosa Mamá.

Cuando la dejamos en la clínica recién inaugurada, me di cuenta de que cuando les daba el beso de despedida a los niños, su cariño habitual estaba ausente, aunque aceptó el ritual familiar de besos y abrazos. La acuné en mis brazos cuidadosa y amorosamente, y di un beso esquivo en sus labios secos y en su frente fría. Cuando la dejamos en el gran salón de la clínica, los niños, llenos de vida, como si no desearan ser atrapados por la tristeza, corrían ya hacia nuestro vehículo. Me giré para darle una última sonrisa y me devolvió el saludo con timidez.

Para ser honesto, debo admitir que rechazaba los sentimientos negativos y me reajustaba constantemente cerca de mi alma, para encontrar energía positiva. Pronto me sentí arrastrado por la vitalidad de nuestros niños, que estaban viviendo el contexto presente mucho mejor que yo. Cantamos durante casi todo el trayecto de regreso a casa; en otros momentos había largos silencios donde cada uno de nosotros visitaba su propio mundo, donde los pensamientos y los sueños nos alejaban de las realidades terrenales.

Nuestra au pair noruega había salido por la tarde, por lo que aproveché la oportunidad en la cena para hablar con nuestros siete hijos de la situación y compartir con ellos lo que sabía de la condición de salud de su Mamá. Les expliqué con calma sobre la leucemia, la enfermedad de su mamá, la lucha entre los glóbulos blancos y rojos de la sangre y que la medicina moderna aún no había encontrado una vía para curarla; también que, para ayudar a Mamá, no debíamos preocuparnos sobre ella sino confiar en que la naturaleza seguiría su curso de la mejor forma posible.

Todos los niños estaban escuchando atentamente y cuando terminé; juntos y en armonía dijeron espontáneamente: "¡No te preocupes Papá! Todos estaremos bien y cuidaremos de ti si Mamá tiene que irse".

Esta afirmación positiva de mis hijos me dio una tremenda fortaleza, y una ola de amor y gratitud se expandió dentro de mí. Sí, todos estaríamos bien y también Mélinda cualquier que fuera el camino al que la vida nos llevara.

Olivia, mi madre, junto con nuestra chica au pair, ayudaron a mantener la rutina de la casa funcionando sin problemas; encontramos rápidamente un ritmo que se hizo manejable. Decidí no llevar a los niños a ver a su madre, porque estaba tan ausente de las cosas mundanas que no podía darles la amorosa atención a la que estaban acostumbrados cuando su salud era buena.

Me las arreglé para visitarla dos veces por semana, no en los fines de semana que los pasaba con los niños. A Mélinda le habían puesto una dieta muy estricta, constituida principalmente por jugo de limón y vegetales crudos, incluyendo remolacha cruda. Recibía tratamiento homeopático, masaje, baños calientes y fríos, y salía a dar pequeñas caminatas en los bellos jardines de la propiedad. Cada vez que iba la encontraba un poco más lejos, en su mundo invisible a mis ojos. Hablaba muy poco y lo hacía sobre las actividades de la clínica, no me preguntaba nada sobre los niños o sobre cómo nos las arreglábamos sin ella.

Las ocho semanas pasaron muy rápidas para mí, entre la familia, la tienda con sus exigentes clientes y los trayectos para ir a ver a mi esposa. Así, en una soleada mañana de lunes, a comienzo de la primavera, y después de un agradable paseo rural a través del sur de Inglaterra, me sentí ligero y feliz de ir una vez más a ver a mi Mélinda.

Entré en su habitación y la vi sentada en la cama cepillando su bonito pelo negro y largo. Tan pronto como vi su sonrisa supe que algo milagroso había sucedido. Se veía radiante y me apresuré a abrazarla. Al tenerla en mis brazos sentí que la vibración de vida fluía de nuevo en su cuerpo. Había perdido mucho peso y parecía muy delgada, pero sus ojos, "verde pálido", chispeaban excitados al recuperar sus energías terrenales. Empezó a contarme lo que había pasado.

Dos días antes, después de su sesión diaria de masaje, permaneció descansando sobre la mesa de masajes tal como se había acostumbrado a hacer. Tumbada en silencio, los ojos cerrados, oyó ruidos crepitantes. Al abrir lentamente los ojos descubrió que su cuerpo estaba rodeado de llamas amarillas que se volvían naranjas y rojas; estaban bailando a su alrededor. Miró hacia arriba y vio un cielo azul profundo encima de ella. Una voz muy antigua resonó en la habitación: "Que pueda limpiarse la enfermedad de Mélinda en la sangre".

Pensó que se estaba muriendo y se entregó totalmente, entonces comenzó a cantar en voz alta y finalmente tiene que haberse quedado dormida.

Más tarde se despertó, sin saber en qué lado se encontraba, si del lado de la vida o del más allá. Envuelta en su salto de cama, regresó a su habitación y trepó a su cama pensando: "Si voy a morir, mejor que sea en mi propia cama".

A la mañana siguiente, cuando abrió los ojos, notó que todo había recobrado su color, ya que todo le había parecido como una película monocromática de grises durante las ocho semanas en la clínica.

Mélinda se vistió rápidamente y bajó las escaleras apresuradamente, pasando al lado de su masajista del día anterior: "Vaya, ¿a quién tenemos aquí?" exclamó él.

Mélinda respondió con una alegre sonrisa.

Eran las nueve de la mañana cuando tocó discretamente a la puerta de la oficina del doctor. Sin esperar respuesta entró directamente. El Dr. Sharma estaba en su escritorio. La miró y dijo afirmativamente: "¡Bien! Ahora que se ha decidido que vas a vivir, puedo curar tu cuerpo."

Al día siguiente, lleno de alegría, la llevé a casa para deleite de los niños y de mi madre. Estaba curada, la leucemia había desaparecido y su sangre había vuelto a la normalidad. Durante los dos años siguientes el Dr. Sharma le dio una dieta estricta con pescado blanco una vez a la semana y muchos vegetales crudos.

Mélinda había cambiado mucho y nunca más llevaría sobre sus espaldas todas las tragedias del mundo. Antes, se cargaba con los problemas de otros y se preocupaba de ellos como si fueran propios. Después de esta experiencia, se centró más en sí misma y se acercó a sus propios sentimientos internos. Esta experiencia fue valiosa para todos nosotros. Nos mostró lo importante que es no cultivar las emociones negativas y mantener la conciencia plenamente en el presente.

El sonido de la Tierra

A veces nos despertábamos antes del amanecer, cuando nuestro entorno estaba en un sueño profundo. Una de esas veces nos unimos, y nuestro acto de amor llevó nuestra conciencia muy alto dentro de una esfera donde no había ni mente, ni corazón, ni ego; solo nuestro Ser unificado en una plenitud profunda, con todos los sentidos elevados a una receptividad total. Recuerdo con claridad haber oído el sonido característico de un ajetreado enjambre de abejas. Era tan real que abrí los ojos pensando que quizás una reina había entrado, con toda su corte, a través de la ventana abierta de nuestra habitación. No vi un enjambre en nuestra habitación, no, lo que experimenté fue impresionante: mi conciencia se había expandido en el espacio; donde observé nuestro deslumbrante planeta azul lleno de colores en un fondo negro; estaba girando, se veía como si flotara en el universo y los sonidos orquestados de un enjambre de abejas emanaban de él. Era como si estuviera bailando en el cosmos al ritmo de su trabajo. En ese momento fui consciente de que, en el espacio del universo, resuenan múltiples sonidos como si cada estrella tuviera su propia expresión musical.

Poco después de la experiencia, estaba en Londres escuchando una charla que daba Bapak. Hablaba sobre el universo y dijo que cada cosa reflejaba un sonido y que el sonido de la Tierra se parecía al de un enjambre de abejas. Al oírlo, las lágrimas inundaron mis ojos.

Con frecuencia nos decía: "No les digo que coman azúcar, pero cuando veo que han tenido la experiencia de su sabor, digo: ¡eso se llama dulce!"

Edgar y el misterio del mal olor

A partir de las observaciones acumuladas, viviendo con mi querida compañera de vida, podría decir que la unión sexual y el nacimiento son muy similares a una puerta sagrada, el paso de un mundo a otro.

La imagen de esto puede verse cuando uno experimenta la concepción de la semilla de un niño y cómo, nueve meses después, nace este niño. Pero, según mi experiencia, es también una puerta al más allá de este mundo, tal como lo conocemos en el sentido ordinario del mundo. Es la puerta al mundo inmaterial donde la conciencia puede viajar y regresar hacia su fuente de existencia.

La historia que voy a contarles ahora es una historia extraña, porque tiende un puente de unión entre el mundo físico real y lo que la mayoría de la gente llamaría un mundo imaginario. Yo lo llamo el mundo del más allá, que solo puede verse con ojos espirituales.

Nuestro íntimo amigo, Lambert Gibbs, visitó un día mi tienda para compartir conmigo algo que realmente le estaba molestando. Lambert y su familia habían vendido recientemente la bonita casa que construyó en medio del bosque, cerca de Forest Row, no lejos de Crowborough en East Sussex y habían comprado una impresionante propiedad construida por Decimus Burton, el arquitecto de la época de la Regencia Inglesa, en la finca Calverley Park Crescent, justo en el centro de Tunbridge Wells.

En algún momento de los 50, la gran propiedad de piedra había sido dividida en tres apartamentos. El objetivo de Lambert era devolverle su grandeza original, y modernizar los inodoros, los baños y las cocinas con la última tecnología. Con ese fin había decidido mudar a su familia al apartamento del sótano mientras hacía la transformación. La pendiente del terreno donde la casa había sido construida permitía que la parte inferior recibiera mucha luz diurna, convirtiéndola en un espacio agradable para vivir.

Lambert era un excelente narrador y describió la situación extraña en la que él y su esposa María se encontraban. Desde que se mudaron a ese apartamento, no podían dejar de notar un olor horrible al bajar por las escaleras de madera que descansaban contra la pared exterior de su dormitorio. Además, siguió explicando, desde que se instalaron en este dormitorio, aun si estaban puestas las gruesas cortinas de la única ventana que había, su esposa no se desvestía con la luz encendida, aunque antes lo hacía. Lambert le había preguntado por qué y ella había respondido que no sabía la razón, pero que se sentía muy incómoda. También añadió que, por las mismas razones, no habían tenido relaciones sexuales desde que se habían mudado a este dormitorio.

Me preguntó si haría con él un 'latihan de limpieza' en el dormitorio y accedí. Decidimos que iría después de cerrar mi tienda a las seis de la tarde de ese día.

Entré a su apartamento, grité bien alto hola y comencé a bajar lentamente por la chirriante escalera de madera. A mitad de camino noté un hedor insoportable. ¿Era una rata o un gato muerto? "Para hacer tan mal olor debe ser muy grande y estar muy podrido", pensé.

"¿Puedes olerlo, Léonard?", preguntó Lambert, yo asentí con la cabeza confirmando. Pregunté sobre la posibilidad de una rata muerta, pero Lambert dijo que había buscado por todas partes debajo de la escalera y no había encontrado ningún animal muerto. Entramos al dormitorio y reconocí el mismo olor desagradable.

Yo entré primero. Inmediatamente a mi izquierda estaba la cama de matrimonio, un espacio con una mesa y una silla; detrás, en la pared a la izquierda, había una ventana con una gruesa cortina de terciopelo. La pared opuesta estaba totalmente cubierta por un armario empotrado con bonitas puertas antiguas. A la derecha había una pequeña puerta que daba al cuarto de baño. Ambos nos quitamos los zapatos tal como se acostumbra antes del latihan y nos quedamos de pie tranquilamente, preparándonos internamente para el entrenamiento. Yo estaba al pie de la cama y Lambert en la esquina cerca del cuarto de baño.

Comenzamos el latihan y de inmediato ambos tuvimos un fuerte recibir. Lambert cantaba en voz alta, de modo estridente; yo hacía extraños ruidos y cantaba melodías lúgubres que llegaban espontáneamente. Me desplacé a la izquierda del cuarto cerca de la esquina y de las puertas del armario, y después de un tiempo tuve la impresión de que había una presencia en el armario. Abrí mi ojo interior y, asombrado, vi a un anciano inválido sentado en una silla de ruedas de la época victoriana.

Su desordenado pelo, fino y blanco, probablemente fue rubio. La piel de su cara sin afeitar estaba estirada sobre su huesuda estructura mostrando unos prominentes pómulos. Sus ojos azules estaban hundidos y su boca desdentada me sonrió levemente. Su ropa, que estaba muy sucia, colgaba de su cuerpo esquelético. Sus manos huesudas se aferraban con fuerza a los brazos de la silla de ruedas; elevó la vista hacia mí y nuestros ojos se encontraron. Oí internamente su voz temblorosa decir: "Estaba esperado que vinieran. Necesito comenzar esa cosa espiritual que están haciendo".

"¿Cuál es tu nombre de pila?", le pregunté.

"¡Edgar!", contestó con una amplia sonrisa.

Mientras tenía lugar esta breve y silenciosa conversación, la conciencia de mi amigo estaba totalmente absorbida por su ruidoso latihan. Me acerqué a él y le dije en voz baja: "Lambert, siento molestarte, pero ¿está bien si hacemos una apertura ahora?"

"¿Qué? ¿Una apertura? ¿Pero para quién?" Respondió sorprendido, abriendo sus apacibles ojos azules para mirarme.

"Edgar. Está en el armario al pie de tu cama", dije tan seriamente como pude, conteniendo mi alborozo ante tan extraña situación. Sonreí y expliqué lo que acababa de presenciar y Lambert estuvo de acuerdo en responder a la petición de Edgar.

Nos colocamos junto al armario, cerré los ojos y dije las palabras que solemos decir antes de que la persona comience su primer entrenamiento espiritual. Después, hicimos latihan en presencia de Edgar. Con gran satisfacción pude ver que el anciano señor victoriano, estaba en el armario recibiendo su propio latihan. Había algo sumamente divertido en la situación y comencé a reír. La risa no era burlona, surgía de un estado extremadamente feliz, y parece que era contagiosa porque Lambert también rompió a reír en voz alta.

De esa forma el latihan se había convertido en una mezcla de risa y canto con una alegría y ligereza tremendas. Miré a Edgar y me di cuenta de que él también estaba riendo, y mientras las ondas hilarantes iban y venían, se elevó y parecía que la silla se elevaba junto con él, lo que lo hizo todo aún más cómico.

Después de un tiempo, mi latihan y el de Lambert pararon. Edgar se había elevado y desapareció envuelto en luminosidad y felicidad. Nos miramos y notamos de inmediato que el desagradable olor había desaparecido totalmente. Intercambiamos ideas sobre lo que acababa de suceder y llegamos a la conclusión de que el olor era la forma de Edgar de llamar nuestra atención sobre su presencia. También había desaparecido el mal olor alrededor de la escalera, y más tarde, Lambert me dijo que María volvió a desvestirse con luz y pudo hacer el amor con él como lo hacían antes.

La partida de mi abuela GG

GG, la bisabuela de nuestros hijos, que estaba en un hogar privado para ancianos en Tunbridge Wells, vino a visitarnos. Quiso estar cerca de sus bisnietos y también pidió a Mélinda si podía compartir la experiencia del latihan con ella. Mi madre vino, desde el sur de Francia, especialmente para estar con nosotros y ver a su madre aprovechando la ocasión. Sentí una profunda gratitud por el hecho de que mi madre, mi abuela y mi esposa pudieran hacer latihan juntas, ya que tejía entre nosotros una conciencia común de la cercanía

GG, Jean y Laura en 1962

de nuestras almas. También sentí gratitud porque mi hermano, mi hermana, dos tíos y un primo habían podido tener la experiencia del latihan. Después de dos semanas de agradables reuniones familiares en nuestro hogar, mi madre regresó a Cannes para atender su pequeño negocio de pantallas de lámparas.

Un sábado por la noche a finales de junio, teníamos una fiesta con algunos amigos en nuestra casa en Frant Road. Alrededor de la media noche, mis sentimientos se llenaron con la presencia de mi abuela. Era tan claro y fuerte que le dije a Mélinda: "Puede parecer totalmente loco en este momento de la noche, pero siento que tengo que ir a ver a GG de inmediato".

Abandoné la fiesta, el humo del cigarro y la música alta para entrar en la silenciosa oscuridad de una noche sin luna de comienzos de verano. Empujado por un sentimiento de urgencia, caminé rápidamente hacia London Road donde se encontraba el hogar de ancianos.

El blanco edificio neoclásico no tenía luz, excepto una débil detrás de las cortinas de la cocina del sótano. Un tramo de cinco peldaños de piedra guiaba al portal de columnas de la puerta de entrada principal. La encontré cerrada y decidí no tocar el timbre, dada la hora, sino tratar de llegar a la habitación de mi abuela a través de su ventana. Vi que la parte más alta de su ventana estaba ligeramente abierta y trepé la corta distancia desde el portal. Empujé lentamente la ventana lo suficiente para poder pasar por ella y entrar silenciosamente en la habitación de mi abuela.

Había suficiente luz, proveniente de las luces anaranjadas de la calle, para poder ver dentro de la habitación. La cama de GG estaba contra la pared derecha y ella estaba de espaldas a la ventana. Me acerqué a ella y le dije en voz muy baja: "GG, soy yo, Léonard. He sentido que no estabas bien, y he venido a verte".

Me arrodillé sobre el piso cerca de la cabecera de la cama, besé su frente, encontré su mano y la sostuve cariñosamente entre las mías.

"Es bueno que estés aquí. ¿Cómo has sabido…? Solo quédate conmigo".

Me acurruqué cerca de ella. "Sí, así…", dijo. "No me importa morir; de hecho, he estado esperando este momento desde que Edward me dejó, hace casi quince años… Pero no quiero convertirme en una inválida y tener que depender de otros para que me cuiden.", murmuró en un largo suspiro.

"¿Quieres que vaya a buscar un médico, GG? ¿O un sacerdote?" Sugerí equivocadamente, pensando que era lo que ella podía necesitar.

"¡No! Ninguno de los dos, simplemente quédate junto a mí", ordenó en un susurro.

Me di cuenta de que estaba agitada interiormente. Aunque su cuerpo yacía inmóvil, su mente estaba activa y sus sentimientos perturbados. Había estado cerca de personas que agonizaban en dos ocasiones anteriores y había descubierto que la mejor forma de estar era abandonarme por completo y permanecer cerca del latihan. Mientras sostenía su mano, entré en un estado receptivo, profundamente pacífico y dejé que el latihan fluyera.

En mi campo de conciencia sentí el universo que nos rodeaba y oí sonidos melodiosos que parecían venir de algún lugar de su inmensidad. Las vibraciones musicales alcanzaron mis cuerdas vocales y juntos escuchamos la relajante y tranquilizadora música que estaba ofreciendo mi garganta. El canto continuó, la respiración de mi abuela se hizo más silenciosa y más regular; ahora estábamos en un espacio de paz completa donde no había lugar para la ansiedad.

Debe haber pasado una hora o más cuando de repente dijo: "quiero hacer pipí; ¿puedes ayudarme? Tengo que dar la vuelta; el orinal está en el otro lado bajo la cama, gracias".

Para ella fue difícil y doloroso moverse, ya que sus intestinos no habían funcionado apropiadamente durante muchos días y su abdomen estaba enormemente hinchado, así que con esfuerzo la levanté hasta el orinal. Lo logramos, y después de un rato dio un leve gruñido afirmativo que interpreté como: "¡He terminado!".

La acomodé cuidadosamente en su cama, esta vez del lado derecho mirando a la ventana. Le di la vuelta a un sillón estrecho de caoba que estaba al lado de la mesa de noche y me senté en él. Estiró su diminuta mano temblorosa y frágil y descansó su palma de la mano, seca y fría, en la mía. Me reconecté con mi tranquilo estado interno desde donde fluían armoniosos y melodiosos sonidos. GG parecía estar escuchando, con los ojos cerrados y sus finos labios arrugados esbozando una ligera sonrisa. Permanecimos así un tiempo hasta que de repente abrió los ojos parpadeando y murmuró con una voz que se había vuelto muy débil: "¿Léonard?"

"Si GG, estoy a tu lado", respondí.

¿Podrías ponerme un poco de maquillaje en las mejillas y pintarme los labios? ¿Y ordenar mi pelo? Ponme bonita, y no olvides ponerme una gota de mi perfume. Todo lo encontrarás allí, en la mesa de noche.

Hice lo que pidió: sobre sus labios deshidratados apliqué un lápiz labial color rosa pálido, cepillé su largo cabello gris y lo arreglé lo mejor que pude, cuidadosamente empolvé sus redondas mejillas, aún tersas, y su bien formado mentón.

"Voilà, Madame, tu es très, très belle à présent."

Le gustaba oírme hablarle en francés. Su rostro mostró señales de esfuerzo y dolor al intentar colocarse en una posición más cómoda. Con su mano derecha tomó la mía de nuevo y me miró como ausente. Momentos después, apretó tres veces mi mano en rápida sucesión como diciéndome: "Ya me voy".

Miré de nuevo sus pequeños ojos mojados, que súbitamente se iluminaron con una luz que parecía venir desde el interior. Toda mi atención estaba ahora dirigida a sus iris de un pálido azul-rosado. Allí fui testigo de la proyección de la película de su vida desarrollándose en sentido inverso, todo lo importante de su existencia sobre la Tierra hasta su nacimiento. Observé a través de la intensidad de sus expresiones, una rápida sucesión de las distintas emociones que había experimentado durante su larga vida: asombro, miedo, ternura, ira, desaprobación, alegría, amor, éxtasis, duda, tranquilidad, tristeza, esperanza, aprobación, dolor, aceptación.

Entonces descendió, como un delicado y dulce perfume, una quietud pacífica que invadió con elegancia la habitación. Mi mano detectó imperceptiblemente dos ligeras presiones como si me estuviera diciendo: "Au revoir".

Experimenté una finísima vibración musical, comenzando cerca de mi pie y elevándose a través de mi cuerpo... Al llegar a mi pecho, garganta y cabeza exclamé en voz alta, para mi sorpresa, el equivalente en árabe de "¡Dios es grande!".

La etérea vibración musical se elevó, llevándose mi conciencia sutil con ella, dejando mi cuerpo atrás. Fui a un espacio inmaterial, inmenso y apacible. Comprendí en ese momento que su alma había abandonado el cuerpo y ahora estaba libre para elevarse en su camino a otra realidad.

Abrí mis ojos, que habían estado cerrados durante estos últimos minutos, para ver el cuerpo de mi abuela enfriándose y poniéndose rígido con sacudidas espasmódicas. La delicada mano que había estado sosteniendo ya se estaba poniendo fría y noté que, bajo su piel fina y delicada como el papel de fumar, se estaban formando grandes placas color violeta. Sus ojos estaban ahora fijos y vacíos de expresión.

Me levanté lentamente, crucé sus manos sobre su pecho y cerré sus párpados con la palma de mi mano como si cerrara las persianas de sus ventanas, llevando privacidad al espacio que solo le pertenecía a ella.

Mi olfato detectó un olor celestial en la habitación, y sentí una paz serena en mi ser cuando arreglé de nuevo la apariencia de GG, sabiendo cuán importante fue siempre para ella dar una buena impresión de sí misma.

Le dije a la enfermera del turno de noche, que estaba muy sorprendida por mi presencia en el edificio, que mi abuela había muerto apaciblemente, que yo pasaría al día siguiente por la mañana, y caminé apresuradamente de regreso a nuestra casa con el frio aire de la madrugada.

Todas las luces estaban apagadas en casa, la fiesta había terminado y mi familia estaba profundamente dormida.

No sentí correcto ir directo a la cama, así que entré en nuestra sala de estar para hacer un latihan. Era una habitación de buen tamaño, estaba débilmente iluminada por las amarillentas luces de la calle que se filtraban a través de las salientes ventanas; había un sofá muy cómodo y muy usado, con suaves cojines de motivos florales.

Frente a las grandes ventanas, me quedé de pie en medio de la habitación, abandonando mi corazón, mente, pensamientos y sentimientos y dirigí mi conciencia a mi espacio interno, donde no existe ni más ni menos, donde solo había conciencia y quietud.

Después de un breve lapso de tiempo, sentí con fuerza una imponente presencia a mi izquierda. Me giré hacia el sofá y, con gran sorpresa, vi a mi abuelo Edward, que había muerto hacía 15 años, allí sentado, mirándome enojado. Aunque había temido a mi abuelo cuando era pequeño, lo quería mucho y estaba contento de verlo en nuestra casa. ¡Pero pude ver que estaba inquieto por encontrarse en mi salón! La escena era tan absurda que rompí a reír, y mientras más reía, más cómica la encontraba, y comencé a caminar alrededor del sofá. Pronto el abuelo empezó a reír también. Su enorme bigote y sus gruesas cejas eran sacudidos de arriba para abajo, movidos por las ondas de su risa que se había vuelto relajada.

Los dos estábamos en pleno ataque de risa, todo era extraño y al mismo tiempo divertido. Estaba frente a él, sin dejar de reír, y noté que, en su posición, sentado, fue elevándose lentamente hasta dejar el sofá en dirección al cielo de la noche. Mi abuelo siguió riendo hasta alejarse de mi visión interna y desaparecer dentro de su propio espacio. Sentí que había tenido que venir para encontrar la conexión espiritual que lo liberara, para poder continuar su propia travesía. Me sentí tremendamente ligero y feliz y me preparé para ir a la cama.

Mientras me deslizaba en silencio para acurrucarme debajo del liviano edredón, Mélinda, saliendo de su sueño, balbuceó, pronunciando a duras penas las palabras: "Ella no ha muerto, ¿verdad?"

"Sí, ha muerto, hace una hora y media."

Y antes de poder compartir con ella lo que acababa de experimentar, un poderoso sollozo agitó todo su Ser. La abracé y sostuve cerca de mí mientras ella permitía que su dolor se desvaneciera. Internamente yo no estaba triste, y aunque Mélinda estaba llorando, me sentí sereno y ligero.

Al cabo de un rato, me sentí muy desconcertado al experimentar una erección que se estaba desarrollando lentamente, vigorosamente, irrevocablemente. Y pensé para mí mismo: "¡Vamos Léonard! Eres un tipo raro, éste no es el momento para eso. ¡Tu abuela acaba de morir y tú estás con una erección ardiente!"

CAPITULO 3

No sabía qué hacer con esta situación que estaba llevando a mi conciencia su imperiosa necesidad. Me tranquilicé internamente y probé a preguntar a mi alma: "¿Debo seguir este impulso?"

La respuesta fue inmediata: "Sí, es importante, síguelo."

Apretados uno al otro, con nuestras mejillas unidas con la humedad de las lágrimas que aún estaban fluyendo, susurré al oído de Mélinda: "¿Querida? Pensarás que estoy totalmente loco, pero siento que debemos hacer el amor".

"¿Qué?... ¿ahora? Exclamó casi indignada, con un deje de desesperación en la voz. Después, se abandonó al proceso natural, no hubo resistencia, ni preguntas, simplemente seguimos la realización de ese insólito viaje.

Pronto fuimos absorbidos por un ritmo sereno de vida que nos unió en un solo sentimiento. Lejos de la imaginación, de las pasiones terrenales y los deseos, mi conciencia se desarrolló plenamente en una expansión tridimensional. La conciencia había crecido ahora más allá de la casa, afuera y arriba; hacia lo celeste y hacia lo más íntimo; sentí la Tierra debajo y dirigí mi atención hacia la Vía Láctea. En el momento en que el clímax físico se produjo en una explosión de poderosa energía, fui consciente de que los espíritus de mi abuelo y mi abuela estaban siendo proyectados, a través de la Vía Láctea, cuya forma circular iluminada por las estrellas recuerda la de una vagina. Mélinda dormía ahora profundamente, por lo que me giré y me dejé flotar en la corriente de mi ensueño. Reflexionando algún tiempo después sobre esta experiencia, vino a mí este pensamiento: "Venimos a este mundo a través de la puerta de una vagina material/física, y nos vamos de este mundo hacia el otro, a través de una vagina espiritual, la Vía láctea".

Por supuesto, cuando se trata de compartir estas experiencias espirituales, estoy obligado a usar el lenguaje ordinario y analogías, que solo dan una pequeña idea de la experiencia de la realidad espiritual que estoy tratando de expresar.

Unos días más tarde se celebró el funeral en nuestra casa. Toda la familia estaba presente y durante todo el día nos invadió un sentimiento de ligereza y alegría. GG, fue incinerada en el crematorio de Tunbridge Wells, a solo unos pocos minutos de nuestra casa; sus cenizas se esparcieron más tarde en el páramo de Derbyshire donde antes lo fueron las de Edward, su marido; tal había sido su deseo.

Conexión con la fuente de la existencia

Les traslado ahora a la costa del Pacífico de California, unos 45 años más tarde. Mélinda y yo habíamos ido para asistir a la apertura de dos exposiciones de mis pinturas: una en la Universidad del centro CIIS en San Francisco, la otra en una gran casa privada de un amigo y coleccionista de arte.

Un día, Mélinda y yo fuimos a la casa de Emmanuel Williams, un amigo que vivía en el encantador pueblecito de Pacífica. Emmanuel y yo habíamos decidido hacer latihan juntos cuando el teléfono sonó. Mi amigo lo descolgó y me lo entregó.

"Es para ti, Léonard... de Inglaterra."

Era Sebastián, la pareja de Pamela, nuestra hija más joven, que había dado a luz recientemente a su tercer hijo; al recién nacido, le habían dado el nombre de Lucas.

"Léonard, nuestro bebé no está bien. Pamela siente que la razón es que el nombre de Lucas no es apropiado para el niño. ¿Podrías testar para encontrar el nombre correcto?"

Acepté y pregunté a Emmanuel si podía testar conmigo, pero primero sugerí hacer un corto latihan. Estuvo de acuerdo; ambos nos pusimos en pie, nos relajamos totalmente y dejamos que el latihan fluyera.

Cuando alcancé el lugar dentro de mí mismo donde existe un vacío, a la vez lleno de conciencia, sentí que me llevaban al espacio exterior, donde me llamó la atención los sonidos que venían de muy lejos; parecían venir de una galaxia lejana en una brisa delicada y dulcemente perfumada. Giré la cabeza en dirección a la corriente, e inspiré plenamente el delicado aroma, mientras escuchaba las melodiosas notas agudas de trompetas y campanas, que conformaban una mezcla armoniosa de sonidos. Entonces abrí mis ojos interiores.

Me llamó la atención una presencia que llegó de las profundidades del universo donde pude distinguir una nebulosa que giraba lentamente cuando me acercaba a ella. Me cautivó por las inusuales combinaciones de colores, principalmente de amarillos pálidos y nubes de un naranja tenue, que sobresalían de un fondo gris oscuro y violeta. Sentí el contenido y las cualidades de un alma que emanaba un amor de suavidad extrema combinado con una madurez antigua.

"¡Melvin!"

Oí con claridad el nombre que resonó en mi pecho anunciando la presencia del alma noble de nuestro nieto. Emmanuel y yo terminamos nuestro latihan en ese momento.

20 Le dije lo que acababa de experimentar y que había oído claramente el nombre Melvin. Así que sugerí que debíamos testar juntos si mi recibir del nombre era correcto. Ambos sentimos que lo era.

Sebastián y Pamela aceptaron el nuevo nombre. Llamaron a su hijo 'Melvin' y pronto dejó de llorar, apareció su apetito, durmió mejor y recuperó su salud. Para concluir esta historia sobre nuestro nieto, compartiré esta conmovedora anécdota. Cada año es una tradición familiar enviar tarjetas de navidad hechas con esfuerzo propio a los demás y, este año, nuestra hija Pamela nos había enviado dos tarjetas, impresas bellamente, diseñadas por sus hijos Ciaran y Melvin. La tarjeta de Ciaran representaba a la Sagrada Familia recortada en negro, colocada sobre un cielo azul fuerte como fondo. La estuve mirando un rato, admirando su composición.

Cuando miré la tarjeta de Melvin un escalofrío recorrió mi espinazo y mis sentimientos se proyectaron ocho años atrás cuando tuve la poderosa experiencia sobre el nombre de Melvin.

Fuera del centro de la tarjeta, estaba flotando una figura amarilla en forma de campana sobre un cielo estrellado profundamente azul. Bandas de brillantes colores (verde, azul fuerte, bermellón, azul pálido, y rojo brillante) vibraban hacia afuera como un aura. Una delgada línea de centelleantes diamantes rodeaban la forma de campana, separándola de una nube nebulosa en desarrollo, hecha de un cálido y delicado gris hacia violeta y negro, y luego a un naranja que terminaba la nube sobre el cielo azul estrellado.

Los brillantes colores que rodeaban la campana amarilla eran, para mí, la expresión de Melvin sobre la Tierra. Los raros colores de la nube nebulosa eran los mismos que había visto cuando hice el latihan en

Pacífica. Mencioné los sonidos… el agudo tintineo de las campanas mezclado con distantes trompetas estaba simbolizado por las coloridas formas proyectándose fuera de la campana amarilla, como ondas sobre un lago.

De repente me sentí profundamente conmovido por un inmenso sentimiento de gratitud hacia el Creador, por haber podido experimentar y ver una fracción de la perspectiva espiritual conectada a mi nieto.

Capítulo 4

Los efectos del latihan en nuestra vida familiar

Un accidente abrió la puerta a un nuevo estilo de vida

Ahora retrocederemos a la primavera de 1960, Jean y yo estábamos disfrutando nuestra nueva vida de recién casados en Vallauris. Impulsado por la inspiración creativa pintaba todo lo que me era posible. También trabajaba en una alfarería local, decorando vasijas, para ganar el dinero que nos permitía pagar nuestra comida diaria y el alquiler de la encantadora casita de piedra en la que vivíamos. Estaba construida en una de las terrazas de un huerto de naranjos y, desde sus ventanas, podíamos ver en febrero las colinas de mimosas con el mar azul de fondo.

Jean estaba embarazada y eso cambió totalmente la dinámica de nuestras relaciones. Mi amor por ella se agigantaba; era constantemente consciente de una nueva dimensión espiritual dentro de nuestro mundo acogedor. La presencia del embrión en formación, su "esencia", nos hizo sentir que nos habíamos convertido en una unidad familiar y ambos estábamos llenos de alegría esperando su nacimiento. Noté una metamorfosis en Jean; ahora era atraída irresistiblemente por la presencia de un bebé en su cochecito, por una tienda con ropa de bebé, o por otras mujeres embarazadas. Había una delicada sonrisa de satisfacción en su rostro cuando estaba cerca de algún niño. El proceso natural de la maternidad se había adueñado de ella y yo no podía evitar estar maravillado ante este increíble y mágico fenómeno.

De alguna manera, la vida en la Costa Azul se había vuelto casi demasiado fácil. El embarazo de Jean, mis pinturas, las sesiones de latihan en Niza, y el escaso dinero que necesitábamos para sobrevivir, me hizo sentir que algo en nosotros se estaba durmiendo. El deseo de tener un hueco para el éxito creativo en el mundo estaba adormecido por esta, aparentemente, vida paradisíaca. Sentí que necesitaba más estímulo para mi corazón y mi mente, y ambos estuvimos de acuerdo en que, si se presentaba la ocasión, nos mudaríamos a Paris. Ahora, mirando atrás, soy consciente de que el deseo de trasladarnos, aunque era totalmente

CAPITULO 4

Jean y Léonard en Cannes

irracional en el plano material, ya que teníamos suficiente para vivir y, ciertamente, no lo suficiente para pagar el viaje del tren o la mudanza, venía de un lugar mucho más profundo que nuestros corazones y nuestras mentes.

Curiosamente, poco después de experimentar el sentimiento de zquerer trasladarnos al norte, pasó algo completamente inesperado...

Jean estaba embarazada de tres meses, y no se sentía como para hacer un largo viaje en el scooter a Niza dos veces a la semana. Yo también descubrí que tenía alguna dificultad en separarme de nuestro nuevo y romántico nido por mucho tiempo. Pero, un día que había latihan al final de la tarde, me empujé a mí mismo a ir. Motivado por la obligación de estar presente en el entrenamiento espiritual en Niza, salté a mi scooter y salí apresuradamente para el largo viaje a la Salle Marie Christine. Unos cinco minutos más tarde, al buscar mi reloj de pulsera me di cuenta de que no me lo había puesto. Enojado conmigo mismo, di la vuelta y conduje de regreso a casa.

"¿Ya de regreso?", dijo Jean, sorprendida por mi inesperada aparición.

"Sí, he olvidado mi reloj", respondí suspirando, apresurándome a coger el reloj y dirigirme a la Lambretta.

Estaba oscureciendo; iba colina abajo tan rápido como podía mi scooter, y mi cabeza estaba ocupada pensando que llegaba tarde al latihan. El camino estaba flanqueado por altos muros de piedra y no había aceras; al llegar a una curva cerrada, un vehículo, sin luces ni indittcadores, apareció marcha atrás bloqueando completamente mi paso.

No teniendo tiempo para frenar, intenté deslizarme a través del espacio entre la parte trasera del vehículo y el alto muro; la empuñadura del manillar derecho golpeó con violencia el faro trasero de éste, rompiéndome el dedo meñique y enviándome volando por encima del portaequipaje, para aterrizar sobre la carretera unos metros más allá. La Lambretta planeó por su lado yendo a parar unos metros detrás de mí. Estaba conmocionado y temblando de pies a cabeza. Me levanté con dificultad para evaluar los daños.

Después de aclarar los detalles del seguro con el propietario suizo del coche, éste condujo con cuidado hasta el café más cercano para llamar a una ambulancia. Me llevaron al Hospital de Antibes, donde los médicos insistieron en que debía pasar la noche por si tenía algún daño cerebral. Desde el hospital me las arreglé para telefonear a alguien en Vallauris para que fuera a contarles a Jean y a mi madre que había tenido un accidente y que regresaría al día siguiente.

Los médicos hicieron los exámenes necesarios, entablillaron mi meñique e inmovilizaron mi antebrazo en un cabestrillo. Recuerdo haber sentido lo extraña que era la vida: primero el olvido de mi reloj, después el regreso a buscarlo, luego el accidente y por último en la cama de un hospital con contusiones y un dedo roto. En ese momento no entendí el significado de lo que pasó ni las razones para ello... ¿Fue solo un accidente? ¿Pero por qué?

Llegué a casa al mediodía del día siguiente, cojeando y todo dolorido, especialmente el meñique, el vendaje añadido estaba demasiado apretado para mi gusto. La compañía suiza de seguros, que cubría al vehículo responsable del accidente, me escribió unas semanas más tarde; explicaron que el dedo meñique era una de las partes más dolorosas del cuerpo y como yo era diestro me impediría trabajar. Recibimos la máxima compensación, que rápidamente acepté, y con el dinero pudimos preparar nuestro traslado a París.

Traslado a Paris

En septiembre de 1960 salimos para la gran ciudad. El viaje fue bueno y nos mudamos al mismo apartamento que había alquilado cuando era estudiante en la escuela de arte de Pal Colin unos años antes (ver mi anterior libro Castañas, Nueces y Queso de Cabra para más detalles sobre mis días de estudiante). El pequeño apartamento estaba en el séptimo piso en la calle Cardinet; una larga escalera que no era fácil para Jean, que estaba en su séptimo mes de embarazo.

Había mucho por hacer, y tuvimos que crear una fuente de ingresos para sobrevivir. La vida en París demandaba mucho más dinero que la vida sencilla que habíamos disfrutado en la Costa Azul. Organizamos rápidamente nuestro negocio de bufandas, batik y ropa, desde la diminuta cocina del minúsculo apartamento. Hicimos un montón de atractivos fulares de seda que llevé a vender a las tiendas elegantes de la ciudad.

CAPITULO 4

Recibimos una positiva respuesta y comenzamos un pequeño negocio. a

Desgraciadamente, llegó el momento de hacer otra visita a los militares. Ahora iba a ser en Vincennes, cerca de París, y me sentía inquieto con la idea de ayunar de nuevo para evitar ir a combatir en la guerra de Argelia. El pensamiento de tener que abandonar a mi esposa embarazada me dio el incentivo, y la determinación, para hacer de mí la antítesis de un soldado. Decidí comenzar a ayunar 10 días antes de la convocatoria de reclutamiento militar.

Ayunar en la gran ciudad no era tan fácil como en la cálida Costa Azul. De alguna manera la ciudad parecía demandar más determinación, poder y dinero para simplemente sobrevivir en su turbulencia, también ayunando.

Con la venta de nuestros pañuelos de seda, me había hecho amigo del dueño de una tienda de moda en los Campos Elíseos. Se llamaba Sr. Ray, y me dio luz verde para rediseñar todo el escaparate de su tienda, que daba a la famosa gran avenida. Era un proyecto enorme para un solo hombre, que estaba ayunando, y que nunca antes había hecho este tipo de trabajo. Pero, empujado por un instinto de supervivencia, un viento de inspiración sopló dentro de mi creatividad; cristalizó en unos pocos bocetos, y presenté mi diseño al Sr. Ray; al ver mi propuesta explotó de entusiasmo: "¡Genial! Comienza tan pronto como puedas; estoy de acuerdo; mi tienda necesita una modernización total".

Amablemente sugirió que convirtiera el sótano de su tienda en un pequeño taller. Escogí usar tablones sin tratar de madera de sicomoro de 4 cm de grosor. Manteniendo las aparentes irregularidades de los bordes de la corteza; cepillé las rugosas superficies a mano para suavizarlas; las lijé para darles un terminado liso y sedoso; finalmente las enceré y pulí. Fue un trabajo físico muy duro con las herramientas primitivas que tenía, y dos veces me desmayé en el exageradamente caluroso sótano.

Fue paradójico que el Sr. Ray expresara su aprecio por mi trabajo cada día ofreciéndome una caja grande, y cara, de chocolates hechos a mano por alguna casa parisina de renombre. Por la tarde le llevaba el precioso y tentador regalo a Jean, y juntos reíamos mientras ella se comía los chocolates.

"¿Sabe, Sr. Lassalle? Me tiene intrigado", dijo una vez el Sr. Ray con voz sospechosa. "Nunca lo he visto comer ni uno solo de los chocolates que le he regalado, y cada vez que lo he invitado a almorzar ha encontrado una excusa válida para no venir. Es usted en verdad un joven extraordinariamente raro", exclamó, alzando sus cejas con expresión de perplejidad.

Desde luego no le dije la razón de mi extraño comportamiento, porque nadie excepto Jean y mi madre sabía por qué estaba ayunando. El Sr. Ray también intentó preparar una reunión para presentarme a un amigo íntimo suyo; un famoso general francés que estaba muy interesado en las artes, especialmente la pintura. "Prepararé una cena con él para poder hablar sobre el maravilloso mundo del arte; sabes, es un entusiasta promotor de las artes y le encanta ayudar a los jóvenes artistas", sugirió el Sr. Ray. A pesar de que la proposición era muy atractiva, no me encontraba ni en el estado mental ni en el corporal adecuado para estar sentado en un banquete al lado de un general de la armada francesa, aunque fuera un promotor de arte.

Tardé un mes en terminar el escaparate de la tienda y fue todo un éxito. En 1960 los escaparates de las tiendas de moda de París mostraban cierto clasicismo, por lo que el contraste entre la madera sedosa, los tablones bastos y la ropa fina causó sensación. Las ventas del negocio de ropa del Sr. Ray se elevaron, y él, por supuesto, estaba muy satisfecho.

Al fin, liberado de los militares

Durante este tiempo de ayuno tuve que dejar de asistir al latihan, ya que me había vuelto hipersensible y demasiado receptivo a cómo otros sentían y pensaban. Noté que muchos estados de conciencia de mi ser, debido al ayuno, eran diferentes de cuando comía tres comidas regulares al día. A medida que el ayuno se alargaba de días a semanas, fui consciente de los poderes ocultos del mundo vegetal que absorbía con normalidad diariamente, comiendo de forma mecánica, fumando y bebiendo, cada vez que lo deseaba.

¡Cuán necesarios son estos poderes para darnos la energía que necesitamos diariamente!, y, por tanto, ¡cuán dañinos pueden ser cuando se ingieren en una cantidad irrazonable! Estas fuerzas parecen querer siempre más, como si nuestras pasiones se implicaran estrechamente con ellas y les abrieran el camino para convertirse en las dueñas de las decisiones tomadas dentro de nuestro propio Ser.

Recuerdo una mañana, temprano, tendido en la cama, despierto, la ventana entreabierta de nuestra habitación del séptimo piso dejaba

CAPITULO 4

entrar, a través de mis fosas nasales, que se habían vuelto hipersensibles, el maravilloso olor... a crujiente baguette de pan francés, que invadió escandalosamente el estado de quietud interna en que estaba, como si fuera un ejército en marcha invadiendo un país pacífico. Salté de la cama y fui a la ventana, coloqué ambas manos sobre el pasamanos de madera e inspiré profundamente. Fue formidable, el apetitoso olor transformándose en un amplio campo de trigo ondulándose lentamente con una ligera brisa bajo un profundo cielo azul... Ahora el ejército de mis pasiones en marcha ocupaba mi voluntad, mis deseos y necesidades; los olores de café con leche, mantequilla y mermelada se sumaron.

La atracción para bajar se hizo tremendamente poderosa y me vi volando escaleras abajo, entrando en la panadería y hasta oyendo sonar la campana de la puerta al entrar corriendo. Mi respiración era ahora más rápida, un temblor imperceptible se apoderó de mi cuerpo y una sensación de calor ardiente se expandió por mi pecho. Horrorizado, miré a Jean que aún estaba casi dormida en nuestra cama y, de repente, recordé por qué estaba ayunando: el bebé que estaba en camino; la guerra de Argelia; salir del ejército... Abandonando el desayuno, en el comedor de mi castillo interior que las fuerzas vegetales habían tomado, inspiré profundamente para deshacerme por completo de mi ego hambriento, y lentamente regresé a mi estado interno en calma y despierto.

El día antes de la cita de reclutamiento con los médicos del ejército, que decidirían si estaba o no lo suficientemente sano para convertirme en soldado, decidí perder unos pocos gramos más, para asegurarme estar del lado correcto de la balanza, tomando un baño de vapor en la sauna de la calle Courcelles.

La sauna estaba dirigida por dos muchachos encantadores, vestidos con albornoces blancos. Les expliqué que quería perder un poco de peso. Sorprendidos después de pesarme rápidamente en una anticuada balanza, el más bajo de los dos dijo con voz aguda: ¿Por favor, podría pasar por aquí? "La habitación de la sauna, revestida con paneles de madera de pino, olía a yerbas aromáticas y aceites; estaba caliente y húmeda; escogí sentarme en el banco más alto, para obtener el máximo efecto. No sé cuánto tiempo estuve allí, quizás media hora, cuando de repente sentí que mi corazón estaba haciendo cosas raras, estaba latiendo extremadamente lento e irregular. Oí una voz viniendo desde muy dentro: "Se acabó el tiempo, es tiempo de regresar al mundo de la dualidad, regresa a tu cuerpo y regresa al apartamento donde te esperan Jean y el bebé".

Cuando abrí los ojos, se posaron sobre la pequeña ventana de la puerta. El joven responsable de la sauna estaba agitando su mano indicándome que saliera. Tardé unos instantes en habitar de nuevo mi frágil cuerpo y, envolviéndome con la toalla húmeda de sudor, me dirigí con esfuerzo hacia la puerta. El aire más frio del cuarto de vestir me ayudó a reintegrarme a mis responsabilidades mundanas.

Antes de pagar por la sesión regresé a las básculas: otros 600 gramos se habían esfumado.

A la mañana siguiente, me desperté temprano, ya que tenía que estar en el campamento militar de Vincennes a las nueve en punto de la mañana. Una vez allí, pasamos por el proceso que conocía bien. De pie, solo en ropa interior, frente a los médicos que estaban examinando nuestros papeles médico-militares, tenía un fuerte sentimiento de que esta vez decidirían dejarme ir para siempre.

Pude escuchar al médico del ejército decir al oído del general que estaba sentado a su lado: "Este personaje de Buchenwald nunca engordará. Hasta ha perdido peso desde el año pasado. ¡Es como un fantasma andante!". Un rayo de sol invadió mi pecho, sin importar cuan horribles pudieran haber sido las palabras, me calmaron, y sentí que la pérdida de esos 600 gramos había dado el empujón final. Cuando al rato me entregaron mi libro militar, estuve encantado de leer las dos letras, grandes y rojas que cruzaban la página frontal: DN, que significa 'declarado no apto para el servicio militar en el ejército'.

Aunque era bien entrado el otoño, al caminar por la calle y buscar un lugar para romper mi largo ayuno sentí como si la primavera me hubiera invadido. Llegué a un café, me senté en la terraza y pedí un café con leche y un sándwich de queso gruyere. El camarero llegó con el pedido, que puso con reverencia frente a mí diciendo: "Aquí está señor, que le aproveche", sin ser consciente, por supuesto, de los poderes latentes y explosivos que me entregaba en esta sencilla taza de café y este sándwich.

Tras una larga espera, decidí humedecer mis labios en el borde de la taza del café con leche espumoso... Las puertas se estaban abriendo y vi en mí mismo una multitud de burlones diablillos, todos conversando excitadamente entre sí, mientras se instalaban con todas sus pertenencias para habitarme de nuevo; parecían muy felices de regresar a casa después de tres semanas de forzosa hibernación.

Durante el ayuno, mi estado de conciencia se había vuelto más profundo y amplio. Mascar el sándwich con gran dificultad física, disfrutando sin embargo inmensamente la mezcla de diferentes sabores, tuvo el efecto de devolverme a un estrecho estado de conciencia; más local, más en mi cuerpo, sentado en mi silla al lado de la mesa de tres patas. Fue como si hubiera bajado por una escalera invisible que unía un mundo superior, delicado, etéreo, con otro de alguna forma más tosco, donde las fuerzas de vida estaban muy activas, interactuando entre sí a gran velocidad en sus realidades relativas.

Los huesos, músculos y dientes de mi mandíbula empezaban a doler por la masticación; las energías animales y vegetales que estaba ingiriendo estaban comenzando a reactivarse en mi cuerpo y sentí mi fuerza física regresar lentamente. También noté lo diferente que era mi visión ahora que había ingerido algo de alimento. Cuando me senté a la mesa inicialmente, había sido distantemente consciente de una joven absorta en un libro a unas mesas de distancia. Ahora, en mi reincorporada terrenidad, había guiado mi cabeza irresistiblemente en su dirección y mis ojos terrenales habían capturado la belleza de sus delicadas facciones. Tuvo que sentirse turbada por la energía de mi mirada intensa, porque levantó la cabeza lentamente y me miró sin sonrisa alguna, como diciendo: "¡Deja de mirarme así!"

Me di cuenta de que había trasgredido su espacio y rápidamente volví la cabeza en sentido opuesto.

"¡Eh! ¿Qué hago en este lugar sorbiendo café y mirando a las chicas?, tengo que estar loco", pensé. Jean apareció en mis sentimientos; vi que me estaba esperando impacientemente, ansiando saber el resultado de mi visita a los militares. Conduje de regreso en mi Lambretta como si estuviera volando, cual pájaro a través de las calles de París, siéndome bien y feliz de haber arreglado la situación militar; sabiendo que no iría a la guerra, que estaría todo el tiempo con mi esposa y el bebé que esperábamos.

En busca de ingresos y un lugar para vivir

Después de nuestra visita al Reino Unido en la Navidad de 1960 y el Año Nuevo, regresarnos a París. Habíamos perdido nuestro apartamento en la calle Cardinet y nuestros amigos íntimos, Richard y Arifah

Togonal, nos ofrecieron amablemente un pequeño y oscuro cuarto en una esquina de su apartamento de planta baja de un inmueble. En esa época no tenía trabajo y me encontraba desesperadamente falto de dinero, por lo que decidí ir a ver a Toby y a mi hermana Sylvette que acababan de mudarse a una pequeña buhardilla en la calle Notre-Dame de Lorette.

La caminata duró una hora y media a lo largo del bulevar. Subí los tramos de escalera de los cinco pisos hasta llegar al apartamento, solo para encontrar que no estaban allí. Esperé una hora, sin resultado, por lo que decidí regresar, sintiendo un poco de lástima por mí mismo. Al pasar por la Plaza Clichy, vi una moneda de cinco francos a cierta distancia en el pavimento. Estaba a punto de cogerla cuando un joven que venía con su novia en dirección opuesta, se inclinó rápidamente ante mí, cogió la moneda, la lanzó al aire y preguntó, mientras se volvía hacia su compañera: "¿Cara o cruz?".

"¿Cómo pude perder una ocasión así cuando podía haber llevado un poco de pan a mi familia?", me preguntaba mientras caminaba, escuchando al fondo la risa de la joven pareja.

Un poco más tarde, al doblar la esquina a nuestra calle, vi un vagabundo sentado sobre algunos periódicos. Me miró con unos ojos azules centelleantes pero hundidos; su cara estaba curtida y una barba grisácea rodeaba su amable semblante. Fui hacia él y cuando estaba a punto de mostrarle que no tenía dinero sacando los bolsillos vacíos de mi pantalón, estiró su brazo y abrió la mano en la que había una reluciente moneda de cinco francos: "¡Aquí, tómala", exclamó con voz ronca!

Sorprendido, dije mientras aceptaba la moneda: "Gracias, pero ¿cómo sabía que estoy desesperadamente necesitado?"

"Es fácil", contestó, sonriendo con una sonrisa casi sin dientes, "¡mirándote a la cara, es tan evidente!"

No era fácil vivir en París con un niño y sin dinero; hice diferentes trabajos, incluyendo la venta puerta a puerta. No podíamos seguir en casa de los Togonals, ya habíamos estado allí tres semanas. Unos amigos, el Sr. y la Sra. Jacques Fournot, a quienes había conocido una tarde en el latihan, me habían ofrecido amablemente: "Si quisieras, Léonard, tenemos una propiedad en Champigny sur Marne donde viven mis padres; allí hay una cochera vieja con dos habitaciones para servicio en la parte de arriba. Puedes usarla gratis y quizás puedas echarles un vistazo a mis ancianos padres. ¡Pero te aviso! No hay agua, ni cocina, y los servicios son antiguos y están abajo, en el jardín".

Aceptamos la oferta y nos mudamos a la cochera. Nos llevamos muy bien con los padres de Jacques. Su padre había sido marinero, su madre era una meticulosa ama de casa y muy buena cocinera. Un muro de piedra rodeaba la propiedad que incluía un extenso huerto perfectamente cuidado por Maurice quien, a sus 80 años, era todavía un entusiasta jardinero. Jean llevaba a Joanna, ahora llamada Laura, a caminar a lo largo del río Marne o a comprar en el gran mercado de Champigny. Con bastante rapidez instalé agua en un pequeño cuarto adyacente al que llamamos 'la cocina', instalé un fregadero con su correspondiente drenaje. Instalamos butano, lo que nos permitió cocinar y tener agua caliente. La cochera se convirtió rápidamente en nuestro pequeño nido. Sentí que mi familia estaba segura y que podía ir a París en mi Lambretta en busca de trabajo.

Acepto un desafío

No pasó mucho tiempo antes de que una de nuestras amigas íntimas de Inglaterra, llamada Dorothy, viniera a visitarnos en nuestro nuevo alojamiento. Era un viernes, recuerdo que me dijo cuando hablábamos sobre lo difícil que era ganarse la vida: "Pero Léonard, tú hablas inglés y francés fluidamente, ¿no es verdad?"

Asentí en silencio.

"¿Por qué no haces traducciones simultáneas para congresos internacionales? Pagan bien, sabes". Continuó hablando con optimismo: "Justo ayer por la noche, un muy buen amigo mío, Philip, que es traductor simultáneo profesional, me dijo que tenía un gran problema. Por razones familiares está obligado a regresar urgentemente a Inglaterra mañana y no puede cumplir con un importante trabajo la semana próxima. Me dio el número de la agencia por si acaso supiera de alguien que lo pudiera sustituir".

Continuó al notar mis dudas: "Puedes sentirte nervioso con la idea de hacer la traducción simultánea, pero ¿por qué no lo intentas?" Miró dentro de su bolso y sacó un paquete de cigarrillos Benson & Hedges sobre el cual estaba garabateado un número de teléfono.

Me sentí incómodo con la idea de aceptar dicho trabajo, protesté: "¡Pero si nunca antes he hecho ese tipo de trabajo! No tengo ni idea de cómo hacerlo".

"No importa", respondió, "podrías intentarlo. Aquí está el número de la agencia, ve a verlos mañana por la mañana".

A las diez de la mañana del día siguiente fui a la oficina en París. La secretaria me dio la bienvenida y me dijo rápidamente lo que implicaba el trabajo: era hacer traducción simultánea en francés/inglés e inglés/francés, durante una semana en el Palacio de Congresos; los temas serían de naturaleza científica. Después de preguntarme si lo había hecho antes y satisfecha por mis mentiras, leyó en francés uno de los textos que se iban a tratar en el Congreso, mientras yo lo traducía simultáneamente al inglés, delante de un micro que lo registraba en una cinta magnética.

Tengo que decir que nunca antes en mi vida me había vendido con mentiras, pero obviamente pude ocultar mi vergüenza. Estaba sorprendido de ver su aparente satisfacción por haber encontrado un traductor de reemplazo para el lunes siguiente. Dijo: "Muy bien, magnifico, comenzarás el lunes a las ocho y media de la mañana. No llegues tarde porque el jefe quiere conocerte antes".

Abandoné la agencia de traducciones con un grueso fajo de estudios científicos que debían ser tratados durante la semana y un pecho lleno de sentimientos encontrados. Feliz ante la perspectiva de tener un trabajo pagado con sesenta libras esterlinas al día que, en esos tiempos, era un ingreso muy bueno. Sin embargo, nervioso al pensar que tenía que traducir temas sobre los que no sabía nada. ¿Cómo iba a salir de esta nueva situación? ¿Cómo iba a traducir todos estos términos científicos? Recuerdo haber pensado mientras conducía a casa en mi Lambretta: "Léonard, ¿en qué te has metido? Estás loco, y todo eso sobre mentiras encima... es completamente irracional".

Estuve todo el sábado y el domingo estudiando el nuevo lenguaje científico, tomando notas, buscando palabras desconocidas en un diccionario y tratando de memorizarlas. Jean sintió que mi estrés iba en aumento; nunca antes me había visto así y logró tranquilizarme diciendo que todo iría bien.

Me desperté temprano en ese lunes crucial y llegué a buena hora al Palacio de Congresos. Los traductores de inglés, alemán e italiano, tenían cada uno una cabina propia desde la que se dominaba la inmensa sala de conferencias. Cada asistente usaría auriculares y un pequeño receptor, con un dial que podían utilizar para encontrar las longitudes de onda correspondientes a sus idiomas nativos. El jefe de la agencia era un francés y rápidamente me presentó a un americano alto, desgarbado y agitado, llamado Andy. "Trabajarán juntos como un equipo, media hora cada uno relevándose. Esta será su cabina". Entonces se fue.

Mirando mi reloj, vi que teníamos cinco minutos antes de comenzar y, sin tener idea de cómo comenzar, ofrecí un cigarrillo Gauloise a Andy y sugerí titubeante: "¿Podrías comenzar primero, Andy?" Pensé que, al ser un profesional, me enseñaría mucho si pudiera observarlo durante la primera media hora.

"Es curioso, estaba a punto de sugerirte lo mismo, Léonard. ¿Por qué no comienzas tú primero?" Respondió Andy con un marcado acento californiano. ¡No había pensado que una situación así de extraña se produjera justo antes de comenzar la conferencia!

"Realmente, Andy, me estoy muriendo por ir al baño y están a punto de comenzar... Por favor ve delante, no tardaré". Me sentí justificado, en la medida en que mi nerviosismo, creado por la expectativa de comenzar el primero, me provocó una urgente necesidad de orinar. Al salir de los aseos, me di cuenta de que habían reducido la intensidad de las luces del Salón de Congresos, el escenario estaba iluminado y un científico, de habla francesa, hablaba de pie junto a un micrófono. Intrigado por ver cómo lo estaba haciendo Andy, me deslicé silenciosamente en la cabina del traductor de inglés y me senté.

¿Fue mi súbita presencia lo que lo perturbó? ¿O era su forma habitual de trabajar? Cuando me puse los auriculares, me di cuenta de que su traducción no era realmente coherente. Parecía haber perdido el hilo; las palabras que enviaba al micrófono no se enlazaban apropiadamente. De repente, para mi asombro, comenzó a hacer ruidos similares al de un aparato de radio chisporroteando, a continuación, emitió un silbido agudo, continuo y altisonante, y de nuevo crujidos...

Miré al auditorio para ver a los científicos de habla inglesa mirando los diales de sus receptores, buscando una mejor longitud de onda. Era muy cómico y no pude aguantar la risa. Mi mano cubrió mi boca para ahogar mi risa tonta, pero la tensión era tan inmensa que todo mi cuerpo se agitaba, la situación era ridículamente divertida.

Andy me miró con aire absolutamente furioso, como si yo fuera la única causa del problema. Incapaz de detener mi risa, que ahora se había convertido en algo doloroso, me levanté y abandoné la cabina. Una vez fuera recuperé la cordura y respiré profundamente varias veces para aquietarme. Cuando me sentí totalmente relajado, una voz que reconocí, de las raras ocasiones que se había manifestado antes, siempre en circunstancias extremas, dijo claramente: "Ve al lugar dentro de tu ser interior donde hay calma y sigue lo que venga".

Inmediatamente después de oír esta voz tranquilizadora, sentí como si estuviera vestido con una prenda de paz, mi Ser se aquietó, todos mis temores se desvanecieron y ahora estaba listo para mi turno en la traducción simultánea. Entré a la cabina y me senté al lado de Andy, que me lanzó una mirada glacial al entregarme el micrófono. Evidentemente, aún estaba visiblemente furioso conmigo por haberme reído cuando hizo sus trucos cómicos. Mirándome con arrogancia, puso un cigarrillo Camel en su boca y, sin encenderlo, salió.

Todavía conectado estrechamente a mis sentimientos internos, esperé atentamente la voz del siguiente orador de la sala. Esta vez era un científico inglés, que estaba hablando sobre los últimos descubrimientos hechos para almacenar memoria en tubos catódicos fríos; el nacimiento en ciernes de lo que se convertiría en el indispensable ordenador actual. Mientras hablaba, con mucha convicción y entusiasmo, sobre el tema en el que había trabajado el último año, me encontré interesado en lo que estaba diciendo y me di cuenta de que, mientras hablaba, las palabras brotaban de mi boca en francés. No tenía tiempo para verificar si lo que estaba diciendo tenía o no sentido; simplemente dejaba que ocurriera un tipo de automatización, ya que sabía que, si mi ego y mi mente interferían, hubiera entrado en un caos total y habría perdido el hilo como le pasó a Andy, mi desafortunado compañero traductor.

A las once había una pausa para el café. Bajé al servicio de caballeros y mientras estaba allí, con el cuello y la cabeza estirada hacia el techo, sintiéndome uno con el creador, noté justo a mi derecha un hombre alto y barrigudo con traje a rayas azul oscuro y gris. Era evidente que era inglés. Le pregunté: "¿Y bien? ¿Cómo va todo? ¿Qué piensa de la traducción?". "Sumamente horrible, tengo que decir. Pero no importa, realmente lo recibimos todo impreso después. Pero dígame... ¿Por qué pregunta?" Reconocí el acento de la Universidad de Oxford. "¡Porque soy uno de los traductores!", respondí riendo. "Oh, lo siento mucho, no lo dije para ofenderlo ni nada por el estilo... Realmente no estuvo tan mal", contestó. El educado y amable inglés me consoló cuando explicó que todas las conferencias las recibiría traducidas e impresas al final del Congreso.

El trabajo era muy agotador, ya que se necesitaba una constante atención y concentración para no dejar sitio a las dudas del ego; cada vez que en el curso de la traducción sentía que aparecía la tensión, usaba de inmediato esta conciencia para dejar ir esos sentimientos negativos y reconectarme a un estado de recibir tranquilo.

Escuchando a los otros profesionales estaba sorprendido de oír lo mucho que omitían, o más bien dejaban ciertas palabras o frases que sentían no eran importantes; eso tenía el efecto de romper el flujo del discurso. Pude oír que había una técnica definida que, sin lugar a dudas, habían entrenado durante muchos años.

A mitad de semana el jefe de nuestra agencia de traducción nos visitó. Cuando me encontró en el pasillo me estrechó la mano calurosamente mientras me gratificaba con una amplia sonrisa. "Buenos días, Sr. Lassalle, tengo que decirle lo feliz que me siento de tenerlo trabajando con nosotros". Miró a su alrededor para asegurarse de que nadie pudiera oír lo que estaba diciendo y bajó la voz: "Eres el único entre mis traductores que hablas en el micrófono constantemente, con regularidad y calma".

Contesté, sintiéndome algo avergonzado: "Muchas gracias. Sí, me doy cuenta de que trabajo de forma diferente; lo que es importante para mí es que los que escuchan entiendan todo lo más posible de lo que está exponiendo el orador".

Esas palabras hicieron aún más feliz a mi jefe que añadió con entusiasmo: "Si estás de acuerdo, hemos decidido mantenerte en nuestro equipo. Tenemos otro Congreso la semana próxima, esta vez sobre marketing". Y procedió a decirme dónde y cuándo estar para el próximo trabajo. Al separarnos y alejarnos, me di la vuelta y le pregunté. "A propósito, ¿habla inglés?"

"¡No, ni una palabra, por eso los tengo aquí!" Y se fue, riéndose entre dientes, pensando que mi pregunta era graciosa.

Para ilustrar cuanto me ayudó el entrenamiento espiritual en mi vida diaria, compartiré con ustedes una corta historia sobre mis experiencias de traducción. Fue en la sala de conferencia de un hotel grande y renombrado cerca de la Ópera. La reunión, entre científicos e ingenieros ingleses y franceses, debía durar una semana; el tema era los últimos desarrollos en altos hornos para fundir mineral de hierro.

El último día, me enfrente con una situación completamente inesperada: mi jefe se acercó y me dijo: "Leonard, les gusta tu voz y preguntan si sería posible que hoy subieras al escenario y leyeras en voz alta su documento final de conclusiones".

En mi libro "Castañas, Nueces y Queso de Cabra", cuento la historia de cuando me enseñaron a leer, y lo difícil que fue para mí al padecer un grave problema de dislexia. En esa época, los maestros no sabían nada sobre este trastorno de aprendizaje, y mi maestra me había torturado y avergonzado delante de la clase, retorciéndome las orejas hasta hacerlas sangrar... Leer en voz alta se había convertido para mí en una verdadera pesadilla.

Me costó algo de tiempo responder, porque mi garganta y mi boca se habían secado tan repentinamente, que no podía mover mis labios ni mi lengua. "Pero Monsieur Lemaire, ese no es mi trabajo, estoy seguro que entre los presentes hay alguien que lee mejor que yo", respondí apresuradamente.

"No sea tan humilde, Sr. Lassalle. Todos sabemos que usted es perfectamente capaz de hacer esta sencilla tarea, ahora, vamos". Estaba atrapado, y como era el último día del Congreso, acepté de mala gana, diciéndome divertido: "¡Bueno, este podría ser tu gran final!"

Me sentí como un actor con miedo escénico enfrentado al público. Un inglés pequeño y rechoncho, con unas lentes grandes y gruesas, me entregó el documento final de conclusiones que debía leer, mientras caminaba junto a él camino al atril, que se encontraba sobre una plataforma baja y alfombrada. La única luz en la sala provenía del foco que iluminaba el atril. La audiencia estaba ahora callada, esperando...

Mi sensación de nerviosismo aumentó al ver en el documento ecuaciones y números; para mí, siempre había sido un problema descifrarlos correctamente debido a mi dislexia. El documento estaba en el atril frente a mí, mis manos descansaban a cada lado de él. Mi corazón latía fuertemente, y sentí por un momento como si estuviera de regreso en la escuela a los siete años, con la mano firme y molesta de Nelly, mi maestra, agarrando mi brillante y roja oreja de una manera amenazante.

"Ese no es el camino a seguir", me dije, tratando desesperadamente de encontrar el espacio en el cual estar, al fin, libre de mis miedos y mis ansiedades. Es difícil juzgar el paso del tiempo en esos momentos de confusión; pero tienen que haber pasado minutos, porque algunos en la audiencia comenzaron a moverse en sus sillas y a aclarar sus gargantas, mostrando señales de impaciencia.

CAPITULO 4

Decidí cerrar los ojos, sabiendo que esto me ayudaría a aislarme lo suficiente como para reconectarme con mis sentimientos internos. Respiré profundamente y logré abandonar totalmente al niño asustado que había sido. Al fin mi conciencia se encontró en presencia de un espacio neutral, y un sentimiento de paz se adueñó de todo mi ser, envolviéndome amorosamente.

Cuando empecé a leer, sentí la vibración lenta y regular de mi voz. En realidad, era bastante agradable oírme, me di cuenta de que las palabras claras y bien pronunciadas parecían fluir de mi boca. Tardé cuarenta y cinco minutos en leer todo el texto. Al final, oí aplausos de la audiencia y noté que el sentimiento de serenidad que experimenté mientras leía aún estaba ahí. Las luces de la sala de conferencias se encendieron y mi jefe, junto con el organizador de la conferencia, vinieron a darme las gracias por lo que dijeron fue una lectura excelente.

Un sentimiento de agradecimiento me invadió profundamente. El entrenamiento espiritual que había estado siguiendo me estaba mostrando como incluirlo en mi vida diaria.

Aunque me las arreglé para hacer frente a esta nueva situación de trabajo, tengo que decir que mis noches eran sumamente agitadas. Las pesadillas me despertaban empapado en sudor, y por las mañanas me sentía como si hubiera salido de un campo de batalla. El trabajo de traducción ocupaba más del 95% de mis días y de mis noches; me compré un diccionario técnico y, en cualquier momento libre, estudiaba y preparaba la próxima sesión de traducción simultánea.

Jean empezaba a preocuparse, nunca había visto a su amado trabajar con tal intensidad, y aunque el dinero entraba más regularmente que nunca antes, la familia sufría. Algunos meses después, mi jefe me dijo: "Sr. Lassalle, le necesitamos en Bruselas ya que hay mucho trabajo para usted. Si es absolutamente necesario, puede llevar a su familia ..."

Cuando llegué a la casa, le dije a Jean lo que el Sr. Lemaire me había ofrecido. Pero estaba claro que ninguno de los dos queríamos ir a Bélgica, y ambos sabíamos que el trabajo de traducción era demasiado estresante para la familia; no sentí que estaba desarrollando mis talentos artísticos. Tan pronto como presenté mi renuncia, todo mi ser se sintió más ligero y más claro, mis noches se volvieron tranquilas y los rayos del sol regresaron al corazón de nuestra familia.

Descubrimiento inesperado de un talento

Ahora les contaré las circunstancias que me ayudaron a convertirme en un anticuario y, posteriormente, en decorador de interiores y pintor de murales. Toby Jellinek, mi cuñado, me presentó a un maestro impresor llamado Maurice Darantiere. Vivía en la calle Sec des Tournelles detrás de la Plaza de Vosges, en un edificio magnífico llamado Hotel Mansart, que había sido construido por el famoso arquitecto de Luis XIV. Toby, que era muy ingenioso y habilidoso con sus manos, reparaba todo tipo de objetos antiguos, estatuas y hasta muebles, para el anciano coleccionista. El Sr. Darantiere había sido coleccionista de antigüedades la mayor parte de su vida, y había llenado los apartamentos de su hotel con obras de arte, datadas desde la más remota antigüedad hasta principio del siglo XIX. Era un impresor que trabajaba de forma tradicional, con gran calidad, especializado en editar libros lujosos de arte y de poesía. También imprimía para diseñadores de alta costura, restaurantes, actores famosos, etc. Necesitaba alguien que lo representara y se convirtiera en su intermediario en el mundo del lujo de París. El anciano impresor me encargó que fuera su representante y acepté, ya que no tenía ingresos en esos momentos.

Un día, me llamó a su oficina y dijo apresuradamente, con voz entrecortada que revelaba estar bajo mucha presión: "Léonard, necesito que me ayudes, es urgente. Si te diera, en modalidad de venta o devolución, algunos objetos antiguos y te dijera lo que quiero por ellos, ¿podrías salir y vendérmelos? ¿Por ejemplo, en el Rastro de Clignancourt?"

"Sí", respondí al instante, siempre dispuesto a ayudar, sin darme cuenta de que, desde ese momento, estaba empezando una nueva carrera profesional que se convertiría en mi profesión principal durante los siguientes 30 años. Asumí el desafío y me preparé para convertirme en un vendedor ambulante.

Toby me ofreció amablemente una hermosa alfombra persa, antigua y deteriorada, sobre la que presentar los objetos preciosos. También, él y mi hermano, me prestaron algunas piezas interesantes, con el mismo tipo de acuerdo que M. Darantière, venta o devolución. Adquirí la complicada documentación, que cualquier persona francesa necesita, para obtener la licencia que otorga el derecho legal de vender en la calle

Una vez en regla con la ley, mi hermano me prestó amablemente su

Fiat 500, y durante varias semanas entré y salí del Hôtel Mansart y comencé a familiarizarme con las antigüedades de gran valor que llenaban la propiedad, parecida a un museo, de M. Darantiere. Se llenaba de orgullo describiendo con mucha elocuencia la historia de cada pieza y cómo la había adquirido, olvidando por completo el reloj, pero enseñándome mucho sobre los objetos en ese proceso. Ahora me estaba entrenando, y acostumbrando inconscientemente, a reconocer la calidad artística de las obras y objetos de arte. También mi formación como artista me daba, probablemente, buen ojo para diferenciar los originales de las falsificaciones.

Léonard vende las antigüedades del señor Darentiére, Paris 1962

Hacía frío y humedad cuando empecé por vez primera, muy temprano, un sábado por la mañana a finales de noviembre. Me instalé sobre la acera en la calle Paul Bert en Clignancourt, el amplio mercado de segunda mano y antigüedades, llamado mercado de las Pulgas. Sobre el pavimento húmedo y brillante, coloqué una delgada lámina de plástico debajo de la hermosa y vieja alfombra persa, teniendo el cuidado de poner una pesada piedra en cada esquina, para evitar que las erráticas ráfagas de viento enviaran todo a volar. Con gran cuidado, desplegué los preciosos objetos como si estuviera componiendo un cuadro, asegurándome que la vista pudiera circular libremente y que ningún objeto pudiera tapar a otro. Una vez satisfecho con la presentación, me senté detrás sobre el cajón de madera que había usado para embalar los artículos, y encendí un cigarrillo sintiéndome feliz con mis esfuerzos. No habían pasado ni cinco minutos cuando un empleado del ayuntamiento, jovial y sonriente, vino a cobrar el alquiler del espacio que ocupaba y me pidió la documentación de la licencia para vender. Todo estaba en orden y me dijo que, en el futuro, debía cambiarme tres espacios más abajo a la calle Paul Bert, donde acababa de quedarse una plaza vacía. Le pagué la cuota, que era muy razonable, y él me entregó un recibo de colores brillantes que parecía más un billete de lotería.

Eran solo las siete menos cuarto de la mañana y ya había comenzado el Rastro. Los compradores de antigüedades, mirando las aceras, que se habían convertido temporalmente en escaparate de exhibición, escudriñaban rápidamente los puestos para encontrar el objeto raro que terminaría en los escaparates de sus tiendas. El gran Rastro parisino estaba compuesto de cinco mercados de tamaño similar, cada uno con puestos cerrados que eran como pequeñas tiendas. En total, aparentemente había dos mil quinientos comerciantes incluyendo a los más pobres, como yo, que vendían directamente en la calle sobre la misma acera.

Capté rápidamente el vocabulario de este extraño mundo: los visitantes que llegaban temprano en la mañana eran llamados "marchantes", al menos por aquellos de nosotros que trabajaban a nivel de suelo. Tiene que haber sido muy raro encontrar antigüedades de alta calidad directamente en contacto con el pavimento ya que, muy pronto, los compradores mañaneros de mirada estresada se apilaban alrededor de mi alfombra, tomando mis objetos y preguntándome, todos al mismo tiempo, por sus precios. Eran muy toscos regateando, pero poco sabían que podía ver por la luz en sus ojos su interés en poseer los objetos que sostenían en sus manos. Pronto aprendí a elevar mis precios ligeramente para darme el margen correcto que necesitaba para ganar.

Sobre las siete y media de la mañana, las tres cuartas partes de mis preciosos objetos se había vendido. Tuve una sensación de confianza reconfortante, cuando sentí el montón de billetes de banco en los bolsillos de mi abrigo de lana negro. Rápidamente, reordené sobre la alfombra los objetos que habían quedado sin vender, lo cubrí todo con un plástico fino y transparente y lo aseguré con las pesadas piedras. Una lluvia fina había empezado a caer mientras cruzaba la calle hacia el Café Paul Bert pintado de amarillo y burdeos.

Entrar fue como llegar a un mundo totalmente nuevo. El aire estaba denso con calor y humedad mezclados con los olores de croissants, café caliente y humo de cigarro, que emanaba del ruidoso gentío. La cacofonía era extrema; era como si todos se conocieran, reían y hablaban entre ellos, sin importar si podían entender lo que el otro decía. El ambiente era ciertamente agradable y también era evidente que todos disfrutaban de estar allí. Haciéndome paso hacia la barra, me di cuenta de que el suelo estaba cubierto de serrín y había colillas de cigarrillo esparcidas por todas partes.

CAPITULO 4

Mientras sorbía el bienvenido café negro y comía un croissant, cada vez que se abría la puerta delantera, miraba rápidamente a través de la apertura en dirección a mi alfombra, para comprobar si algún cliente me esperaba. Mi mente y mis sentimientos estaban llenos de nuevas impresiones; percibí que me gustaba esta atmósfera, loca y viva, donde todos estaban perdidos en su propio mundo de autointerés sin ser, aparentemente, conscientes del otro. Supuse que también yo estaba en mi propio mundo.

Me di cuenta de algo totalmente nuevo para mí: realmente estaba disfrutando la parte de "venta" de mi nuevo trabajo. Esto se debía probablemente, al hecho de que, en mi ascendencia paterna, había habido excelentes vendedores y muy buenos hombres de negocios; y divertido pensé: "¡Mi querida madre no puede vender nada sin perder algo en el trato! ¡No hay duda de que el vendedor feliz viene de la familia de mi padre biológico!"

Y así, me involucre rápidamente en el mundo de los comerciantes de antigüedades y coleccionistas de arte. Una vez que liquidé mis deudas con mi hermano Rainier, con Toby y con M. Darantiere, pude invertir algunas de las ganancias en más artículos para vender.

El Rastro estaba abierto tres días a la semana, desde el sábado hasta el lunes. Eso me dejaba tiempo para estar con mi familia en Champigny sur Marne uno o dos días, para encontrar las antigüedades que necesitaba para el fin de semana y también para visitar a M. Darantiere a fin de recoger más antigüedades. Le pagaba por sus objetos previamente vendidos y escogía otros nuevos para vender. Era muy difícil para mí saber cuáles escoger. A veces él gritaba desde su dormitorio para ser oído en el amplio apartamento: "¡Coge lo que te guste, confío en ti, no cojas solo las piezas insignificantes, también otras más importantes, no tengas miedo!"

Hice todo lo que pude para escoger las antigüedades que no dejaran huecos en su maravillosa y única colección. Me centré sobre todo en los dibujos de maestros, grabados, aguatintas, cerámicas de los siglos XVII y XVIII, libros, trabajos en metal como cerraduras y llaves, pequeñas tallas en madera policromada, fragmentos de antiguas telas de tapicería, damascos y sedas.

Pronto, Toby y mi hermano se quedaron sin objetos para vender, pero el anciano todavía necesitaba desesperadamente dinero en efectivo. Obviamente estaba viviendo por encima de sus posibilidades, y aunque le llevaba dinero en efectivo semanalmente, no era suficiente para lo que parecía una necesidad cada vez mayor de fondos. Seis meses más tarde, se debilitó, enfermó y finalmente terminó postrado con un cáncer de desarrollo rápido. Unos meses más tarde, M. Darantiere murió y toda su colección se puso a la venta discretamente en una sala de ventas de algún lugar del norte de Francia.

Me hice conocido por ser el primer comerciante de antigüedades en el Rastro que vendía mercancía de gran calidad directamente en la acera. Cada sábado por la mañana, siete u ocho marchantes estaban ya esperándome, y tan pronto como estacionaba mi 2CV en la parte posterior de la amplia acera, se concentraban con extrema curiosidad en los artículos que desenvolvía lentamente de los papeles de periódico que los protegían.

"¿Cuánto por esto?", preguntaban los compradores apresuradamente.

"Bueno, realmente, es verdaderamente una hermosa pieza y en perfecto estado... ¡Quiero tanto por ella!", contestaba, sabiendo que sería el comienzo de una larga negociación. Mi fortaleza en estos tratos era que sabía el margen entre lo que yo había pagado por la pieza y el precio en que los compradores podían revenderla. Pronto averigüe que el arte de vender estaba en comprar: un artículo de calidad bien comprado siempre se vende bien.

Un extraño incidente que sucedió unas semanas después de mis comienzos, ayudó mucho a difundir mi nombre entre los compradores del Rastro, como experto en los campos de la cerámica y la porcelana antiguas. Una mañana al inicio de primavera, un marchante llamado Jean especializado en cerámica francesa, española y de Delft de los siglos XVII y XVIII, vino a mi puesto con un plato de cerámica bajo el brazo.

"Léonard, si es tan amable, me interesaría saber su opinión sobre la procedencia de este plato", dijo con un inquisitivo fruncimiento de ceño, mientras desenvolvía el periódico que contenía un plato hondo policromado del siglo XVIII. Yo era muy nuevo en este oficio, y a pesar de ello este experto en cerámica europea pensó que podía ayudarlo a resolver el misterio de este artículo.

Sostuve el delicado objeto con ambas manos y miré el intrincado diseño que decoraba el borde moldeado, pintado a mano en amarillo ocre, rojo ferroso y verde pálido, con motivos de hojas y volutas. En el centro había un pequeño medallón que mostraba una escena rural. Mi mente estaba en blanco, inactiva; y en el silencio, oí mi voz lentamente pronunciar claramente cada sílaba: "St Jean du Desert".

La reacción del marchante fue inmediata y dijo secamente, mientras arrancaba el plato de mis manos: "¡No, no, no! ¡Si no tienes ni idea, por qué no te callas!" Y desapareció.

Pensé, reprochándome: "¿Por qué he dicho eso? Tengo que ser más cuidadoso y no dar una respuesta si realmente no sé. Después de todo, él es el experto en cerámica europea, ¿no?"

Curiosamente, dos sábados más tarde reapareció Jean en mi puesto con una gran sonrisa y vino directo a mí, tendiendo su mano para estrechar la mía, sus ojos de un azul pálido expresaban respeto y admiración. "Sabes Léonard, ¡tengo que pedirte disculpas, porque eres mucho más experto de lo que pensaba!"

"¿Sí?", exclamé verdaderamente sorprendido por el comentario.

Lo que dijiste el otro día sobre el plato me irritó mucho en ese momento, pero reflexionando pensé que era mejor ir al museo y comprobar. ¿Sabes que diste en el clavo? Es de St Jean du Desert; ¡tienen uno que es prácticamente igual al mío!"

Desde ese momento, se extendió la noticia por todos los mercados de anticuarios, de que yo era el experto a consultar sobre cerámica europea de los siglos XVII y XVIII.

Lo interesante fue cómo los comerciantes especializados y los coleccionistas, no solo en cerámica, sino también en muebles, hierro fundido, vidrio, tapicería, tejidos y alfombras, a través de su predisposición a exhibir sus conocimientos los compartían inconscientemente conmigo, diciéndome apresuradamente lo que consideraban de un artículo. Habitualmente estaba de acuerdo con su evaluación histórica del objeto, eso les hacía sentir muy satisfechos, lo que reforzaba la estima que pudieran tener por mí. Así, poco a poco, a través de su conocimiento especializado, me instruyeron y me informaron hasta convertirme en un comerciante de antigüedades bastante astuto.

Me gustaba mi nueva profesión, ya que estaba descubriendo partes de mí mismo que antes no sabía que existían. El latihan estaba continuamente presente dentro de mí, guiándome con todo tipo de formas inesperadas y trayendo una dimensión más amplia a mi vida. Por ejemplo, la practica espiritual entrenó a mi conciencia a moverse más allá de mi ego y de mi propio interés. Esto hacía posible, en mi trabajo, ver los objetos, el cliente o los comerciantes con una objetividad que me daba una visión general de la situación. Mi prioridad, como comerciante era ser absolutamente justo en el trato, a fin de que el cliente se beneficiara y se sintiera feliz con su compra. Me sentía satisfecho cuando un cliente se marchaba de mi puesto confiado en que, el objeto no solo no era una falsificación, sino que el precio había sido completamente justo.

Encontrar objetos genuinos no era cosa fácil; los bienes que buscaba eran raros en esos días tal como lo siguen siendo hoy, y mientras me desarrollaba como comerciante de antigüedades, descubrí que usar mi intuición era una buena manera de encontrar los artículos que me interesaban, fundamentalmente del siglo XVII. Antes me preguntaba: ¿Qué sala de subasta visitar? ¿Qué dirección tomar? ¿Qué camino tomar? ¿En qué pueblo encontraría la rara alfombra caucasiana o el poco habitual plato de Delft? Pero pronto dejé de pensar así, en su lugar me dejaba guiar, escrutando desde mi interior los paisajes y siguiendo los impulsos mientras conducía. Por supuesto, mucha gente que no practica el latihan también reconocerá en sí misma lo que acabo de describir. El cazador depende mucho de sus instintos para encontrar el escondite del animal deseado; cazar antigüedades no es diferente, el objeto toma el lugar de la presa escondida. Trato de poner en práctica la escucha y entonces confiar en la voz que viene de las profundidades, en lugar de las voces que brotan de mis muchos egos y deseos.

Como resultaba difícil encontrar muebles del siglo XVII en Francia a principio de los sesenta, a veces iba a Inglaterra en mi 2CV, y unos días más tarde regresaba con el vehículo cargado con la mercancía deseada. Pronto me acostumbré a las carreteras inglesas que conducían a las tiendas y comerciantes donde encontraba lo que estaba buscando.

Aunque mi nuevo oficio nos estaba dando un ingreso razonable, Mélinda y yo, ahora con tres hijos, decidimos mudarnos a Inglaterra para educar a los niños; encontrábamos que el sistema educacional francés era algo restrictivo y arcaico, con lagunas en las artes creativas y los deportes.

El traslado al Reino Unido

En la primavera de 1965, seis meses después de haber tomado la decisión de mudarnos, como caída del cielo, recibimos una carta de Judith, una amiga que conocimos cuando Mélinda vivía en Coombe Springs.

CAPITULO 4

Se ofreció a alquilarnos la planta superior de su casa en Kingston upon Thames. Aceptamos y en dos semanas había vaciado mi puesto en el Rastro y vendido mi pequeño stock de antigüedades; y los cinco, con todo lo que poseíamos y 300 francos en los bolsillos, partimos en nuestro 2CV por la carretera hacia Calais. Nuestro hijo más pequeño, Richard (de14 meses) iba en una hamaca colgada a lo ancho del vehículo con sus dos hermanas sentadas atrás sobre mantas, entre nuestras pertenencias.

Nos instalamos en el apartamento de dos dormitorios del primer piso en Manorgate Road, Kingston-on- Thames. Al siguiente día, temprano, ya estaba a la caza de algún artículo raro en el que invertir las 30 libras que era todo nuestro capital… Conduje al sur de Kingston y me encontré metido en un gran atasco de tráfico a lo largo de rio Támesis. En esos días mi visión era extremadamente aguda, y mientras esperaba que el tráfico adelantara, me entretuve mirando los dos escaparates de una tienda que vendía reproducciones de muebles antiguos de caoba.

¿Estaba equivocado? Me parecía que la mesa grande de patas torneadas y alas abatibles, del escaparate, era una pieza de finales del siglo XVII. Concentré mi atención y deduje que la madera parecía ser nogal. Tenía que ir a investigar, y tan pronto como el tráfico se desbloqueó un poco, conduje mi 2CV unos cuantos metros y estacioné en un camino lateral.

Ya había aprendido que cuando entraba en una tienda de antigüedades, o de segunda mano, era mejor ignorar la pieza que más me atraía y dar la impresión de estar interesado en otras piezas insignificantes. Al abrir la puerta de cristal, que hacía sonar un timbre estridente, observé la mesa de alas abatibles a mi izquierda, y un sentimiento cálido invadió mi corazón. ¡Sí, era una mesa de nogal de ocho asientos, de dobles alas abatibles, de finales del siglo XVII, en perfecto estado! ¡Nunca había visto antes una tan hermosa!

Un hombre bajito e hirsuto apareció en la parte de atrás de la tienda a través de una cortina gruesa de terciopelo color borgoña. Vestía una bata ocre oscuro, cubierta de manchas, como sus grandes manos, con lo que parecía ser una mezcla de betún francés y tinte para madera de color caoba.

"¿Buenos días, puedo dar un vistazo?", dije afirmativamente.

"Por favor", contestó mientras sacaba de su bolsillo una caja de lata de tabaco Holborn muy usada y se enrollaba un delgado cigarrillo.

Di vueltas alrededor de la tienda, me detuve ante una o dos piezas, como si me interesaran, y caminando ya rumbo a la salida dije con aire despreocupado, señalando la mesa de alas abatibles del escaparate: "A propósito, ¿qué pide por esta mesa vieja?"

"Treinta libras señor, es una buena reproducción y en buen estado, como usted mismo puede ver".

Aunque podía haberla comprado por ese precio, más que razonable, necesitaba cinco libras para pagar la renta del apartamento esa misma tarde, por lo que atrevidamente ofrecí: "¿Acepta veinticinco libras? "¡Temo que es todo lo que puedo permitirme!"

Sintiéndose satisfecho con mi oferta que por fin iba a permitirle deshacerse de su vieja mesa, el comerciante aceptó sin vacilación.

El anciano, nervioso, no podía esconder su satisfacción por el dinero en efectivo, y con entusiasmo, me ayudó a llevar la mesa fuera y ponerla en el maletero de mi 2CV, que no pude cerrar.

Me sentía tremendamente agradecido, con el corazón ligero y feliz; por haber encontrado un artículo tan raro en mi primer día de "caza" desde la mudanza, lo sentía como una confirmación de que mi familia estaba siendo cuidada por la gran fuerza de vida.

Había en Inglaterra un anticuario llamado Robin Thompson, que hacía negocios desde su casa privada en las afueras de Alton. Pensé que sería el cliente adecuado para esta mesa de nogal de alas abatibles. Mientras conducía a lo largo de los encantadores caminos del sur de Inglaterra, pensaba sobre el precio que pediría por ella.

"Calculo que puede vender semejante pieza entre 600 y 800 libras, por lo tanto, debería pedirle cerca de 450 libras. Su ganancia sería excelente y también lo sería la mía". Conduje a través de las verjas abiertas hacia la zona de grava del estacionamiento de la casa de Robin, y estacioné asegurándome de que el maletero de mi vehículo pudiera verse desde la puerta principal. Entré a la sala de exposiciones, que había sido previamente una sala de estar con una imponente chimenea del siglo XVI.

"¿Hay alguien aquí?", grité, sabiendo que Robin estaba probablemente en la parte trasera de la casa ya que era un jardinero aficionado. Finalmente apareció con un par de guantes de cuero y unas tijeras de podar y dijo dándome la bienvenida: "Ah, si es Léonard, dichosos los ojos, estaba en el jardín a punto de cortar algunas rosas para hacer un ramo para la tienda. ¿Cómo estás?" Entonces añadió, ya que sabía lo que yo habitualmente buscaba: "Desafortunadamente, en este momento no tengo taburetes de roble, pero tengo algunos herrajes raros que podrían interesarte".

Sentí que no era justo hacerle creer que tuviera intención de comprar, por lo que rápidamente le dije que en verdad hoy estaba vendiendo. "Realmente Robin, acabo de mudarme con mi familia a Inglaterra, y espero continuar haciendo negocios con el mismo tipo de mercancías. ¿Estarías interesado, por casualidad, en comprar una mesa de nogal de alas abatibles... de ocho o diez asientos?"

Advertí que una chispa de interés iluminó sus ojos cuando contestó: "Acabo de vender una mesa grande de comedor de roble, en verdad tengo espacio, no se pierde nada por verla, ¿No es así?"

Fuimos fuera y cuando levanté la puerta del maletero, miré su cara para observar su reacción. No pudo contener su entusiasmo y preguntó con ansiedad mientras sacábamos la mesa del vehículo al patio de gravilla para inspeccionarla: "¿Cuánto...?"

No pude evitar hacer durar un poco más este momento excitante.

"Examínela bien para estar absolutamente seguro de que está satisfecho con ella". Lo dejamos en 425 libras. Él sabía que yo conocía el precio por el que podía revenderla, y por eso no intentó regatear y firmó rápidamente un cheque. Al día siguiente pude ir a la oficina local del Banco Lloyds a abrir una cuenta; aproveché la oportunidad para preguntar al director del banco cómo obtener una licencia para vender artículos desde mi vehículo, o en un mercado de segunda mano.

Sorprendido por mi pregunta contestó: "¿Una licencia? ¿Y para qué? Aquí en Inglaterra puedes hacer los negocios que quieras, siempre que al final del año declares tus ingresos al inspector local de impuestos". Me di cuenta de que las políticas del gobierno inglés facilitaban el comercio, haciéndolo asequible a cualquiera que quisiera comenzar un negocio.

Y así me convertí en lo que entonces se llamaba un 'corredor' y comencé a comerciar desde mi vehículo. También alquilé un garaje frente al pequeño apartamento, en el que comencé a restaurar muebles de roble y nogal del siglo XVII, que me confiaban los dueños de tiendas especializadas en antigüedades que conocía en Londres.

Me adapto a la demanda

Un día me encontré entrando a una tienda de antigüedades y

decoración de interiores en la calle Welbeck. Miré alrededor de la estancia y no vi nada que me pudiera interesar, por lo que pregunté al dueño si tenía algún cuadro, talla, o marcos de espejos viejos, de los que quisiera desprenderse.

No tenía, pero me preguntó: "¿Hablando sobre viejos marcos tallados, por casualidad sabe de alguien que pudiera dorar algo para mí?"

Desapareció en un cuarto trasero y trajo un elegante sillón francés Carlos X que había perdido la mayor parte de su dorado. El sillón estaba hecho de madera de haya, probablemente era de alrededor de 1830, la parte de atrás, el asiento y la parte alta de los apoyabrazos estaban tapizados. Lo examiné cuidadosamente y me oí decir: "Si, podría hacerlo para usted, si quiere".

El señor, muy agradable, aceptó mi propuesta al instante. Yo había visto una vez a Toby dorando uno de los cofres de cuero del siglo XVII de M. Darantiere para repararlo, y sabía más o menos lo que conllevaba el trabajo. Con el desafiante sillón en la parte de atrás de mi vehículo, conduje hacia la calle Charlotte, la calle de las herramientas y útiles de carpintería, donde había visto antes varias tiendas de suministros que tenían dorado.

Seis semanas después el sillón estaba reluciente, listo para entregarlo al dueño de la tienda. Me llevó mucho tiempo porque solo podía trabajar por las noches ya que, durante el día, con los niños a mi alrededor, no era posible manejar las volátiles hojas de oro, puesto que, al más mínimo movimiento, o bocanada de aire, se elevaban volando.

El comerciante de la calle Welbeck, encantado con mi trabajo de dorado, pagó sin chistar y me preguntó si repararía y doraría un marco de madera tallada para él. Había añadido otra cuerda a mi arco.

Nuestra primera propiedad

He aquí una experiencia, que me ayudó a comprender dos realidades: la realidad material y la inmaterial que es, de hecho, la realidad espiritual.

Después de meses buscando una casa para alquilar en el sur de Inglaterra, me encontré finalmente en Tunbridge Wells. En ese tiempo había tres condiciones para la gente que quería alquilar una vivienda: no se permitían animales, ni negros, ni niños. Recuerdo haber estado recorriendo varias agencias inmobiliarias en la calle principal sin poder entrar a ninguna de ellas. ¿Acaso no podía enfrentar el humillante

CAPITULO 4

sentimiento de admitir que tenía niños, como si fuera algo malo tener descendientes?

Tenía un pesado sentimiento de desesperación en mi pecho mientras subía la empinada colina. De repente, al llegar a la cima, el sentimiento desapareció por completo e inesperadamente me encontré entrando a la oficina del director de Parris & Quirk, la agencia inmobiliaria más elegante de la ciudad. Su director, un hombre agradable, nos ofreció una gran casa antigua en la colina de la famosa Pantiles de Royal Tunbridge Wells, con un jardín de buen tamaño, en la parte de atrás. Las Pantiles era una zona peatonal con suelos de losas de piedra plantada de tilos. La parte más antigua, la parte superior, fue construida a mediado del siglo XVII, los edificios de la parte de abajo se construyeron durante el período de la Regencia Inglesa. Era una parte agradable del pueblo donde uno podía disfrutar mirando por las distintas tiendas de ropa, sombreros y antigüedades, o bien detenerse para tomar té con pastas en las antiguas casas de té. Había hasta un pequeño balneario de aguas ferruginosas que eran buenas, aparentemente, para curar problemas estomacales.

Aunque la renta mensual era alta para nosotros en ese tiempo, conociendo la dificultad de encontrar una casa no vacilé en firmar el contrato. Nos mudamos con mucha alegría y un sentimiento de gran alivio: ¡al fin habíamos asegurado un techo sobre nuestras cabezas! El jardín delantero de esta elegante casa estilo georgiano daba al número 19 de Frant Road. Habiendo buscado un lugar donde asentarnos durante algo más de año y medio, esta atractiva propiedad era toda una bendición del cielo.

¿Qué me había hecho entrar en la que aparentaba ser la agencia mobiliaria más cara de la ciudad? Normalmente nunca hubiera hecho eso. ¿Qué había liberado esta propiedad de todas las condiciones restrictivas, para que toda la familia pudiera mudarse en seguida?

Con sus cuatro habitaciones

19 Frant Road, Tunbridge Wells

161

arriba y cuatro abajo, la casa les parecía inmensa a nuestros hijos que hasta ahora habían estado acostumbrados a espacios pequeños. Tenía un garaje de buen tamaño, un jardín delante y otro atrás grande, con un invernadero, un viejo manzano de la variedad bramley y un trozo cuadrado de césped verde bien cortado, rodeado de rosales grandes que se apoyaban en una valla de madera cerrando el perímetro. Los niños corrían encantados en todas direcciones investigando cada rincón de la casa. Aunque en mis adentros me preguntaba cómo me las arreglaría para pagar el alquiler, de alguna manera sentía que podría hacerlo. Mi pequeña familia estaba feliz y segura en esta hermosa casa; ahora podía concentrarme en cómo ganar dinero mientras Mélinda organizaba los estudios de nuestros hijos.

¿Qué había hecho que el anciano y caballeroso agente inmobiliario aceptara a un joven artista obviamente sin empleo y padre de cuatro niños, como inquilino de una de sus mejores propiedades? Pasó mucho tiempo antes de que me diera cuenta del hilo positivo de acontecimientos que se desarrollaron ininterrumpidamente desde nuestra mudanza inicial, cuando salimos de la Costa Azul. Desde ahí, las situaciones relativas a encontrar casa para la familia siempre ocurrieron en las formas más raras, pero cualquiera que fuera nuestra situación financiera, sabía que siempre tendríamos un techo sobre nuestras cabezas.

La experiencia me mostró que el miedo y la ansiedad que residían en mi ego habían estado invadiendo mi búsqueda de una casa, aunque mis necesidades vinieran de la razón, aparentemente noble, de un padre que necesitaba una casa para su familia. Descubrí que, con mi corazón y mi mente atadas a un ego lleno de miedos y dudas, mi visión era extremadamente limitada. Esto me llevó finalmente a darme cuenta de que el campo de posibilidades se hace más grande cuando el ego y las necesidades se apartan, para dar lugar a la necesidad real. No la necesidad que las carencias y deseos te hacen creer que tienes que tener, sino la necesidad que surge de una comprensión del alma.

Es cuando lo espiritual guía realmente a lo material, cuando la conciencia inmaterial puede encontrar un camino a través de esta red complicada y frecuentemente confusa del mundo material ordinario.

La familia ahora se había establecido en Tunbridge Wells; los niños iban a la escuela; mi nueva empresa, una tienda de antigüedades en Pantiles, se estaba convirtiendo en un negocio más y más regular y nuestra vida por fin tenía un ritmo armonioso.

Dos años más tarde, de nuevo se presentó algo inesperado. Mientras caminaba por la calle principal de Tunbridge Wells, sentí un impulso extremadamente poderoso de entrar en la oficina inmobiliaria Paris & Quirk, que nos había alquilado la casa. Pedí ver al director, y mientras esperaba preparé lo que iba a preguntarle. Tenía ahora claro que nos gustaba la casa en la que vivíamos, era conveniente porque estaba cerca de la tienda y quizás pudiéramos hacerle saber al propietario que pudiéramos estar interesados en comprarla.

"Si, por supuesto, puedo escribirle al propietario, pero ¿cuál es su oferta?", preguntó el amable director.

Aunque mi tienda comenzaba a prosperar con las ventas de antigüedades, mis finanzas eran escasas y no tenía reservas de ningún tipo, por lo que dije: "Como sabe, soy un hombre que compra y vende antigüedades. ¿Y cómo sé cómo vender mis antigüedades?, porque sé lo que pagué por ellas. El Sr. Johnson seguro sabe cuánto pagó por su casa y cuanto querrá por ella". El agente inmobiliario estuvo de acuerdo en escribir al Sr. Johnson, que vivía en Singapur, y preguntarle si deseaba vender su casa, y a qué precio. Dos semanas más tarde recibí una carta del agente inmobiliario diciendo que sí, ciertamente, el Sr. Johnson había estado pensando en vender su casa de la calle Frant Road, ya que pronto regresaría a Inglaterra con su familia. El precio que quería por su casa era de 5.500 libras. Quería que le dijéramos, lo antes posible, si estábamos interesados.

En ese momento, las casas en ese sitio de Frant Road se estaban vendiendo entre 12.000 y 14.000 libras. Me entusiasmé mucho por la oferta y decidí responder de inmediato; ofrecí 5.250 libras al agente inmobiliario, que de inmediato contestó al dueño con mi oferta.

Mientras tanto, fui a mi banco y hablé con el director sobre esta oportunidad estupenda. Estuvo de acuerdo en que el precio era más que razonable, para la calidad y situación de la casa, y añadió que el banco prestaría hasta el 95% del total siempre que yo encontrara el 5% restante.

Llegó el gran día de la firma y el Sr. Johnson vino, especialmente desde Singapur el día antes, para firmar los documentos de venta. Firmamos el acuerdo e intercambiamos unas pocas palabras, tenía prisa ya que su vuelo de regreso a Singapur salía esa misma tarde. Era de hablar suave, amable y parecía un hombre bondadoso. Me dijo que estaba casado con dos hijos y que esperaba regresar a Inglaterra pronto.

Llegué a casa a la hora del almuerzo sintiéndome totalmente eufórico y entré en lo que ahora era nuestra casa, abracé con afecto la gruesa puerta y grité: "¡Esta es nuestra casa! ¡La hemos comprado!"

Mélinda vino corriendo hacia mí desde la cocina y dimos vueltas bailando llenos de felicidad. Era nuestra primera casa.

Pasaron dos meses cuando una tarde recibí una llamada telefónica del Sr. Johnson. Su voz era fría y enojada. Explicó que había regresado a Inglaterra para vivir con su familia en las inmediaciones de Aldershot y se había encontrado con que los precios de las propiedades en esa parte de Hampshire eran aproximadamente el doble de lo que nos había vendido su casa. Y colgó el teléfono abruptamente. Me sentí desolado por esta noticia, ¿qué podíamos hacer? El pobre hombre había estado fuera del país doce años y no se había mantenido actualizado con el precio de la propiedad en el Reino Unido.

Dio la casualidad de que esa misma tarde había latihan en nuestra propiedad Subud, una iglesia metodista en Pembury. Con un peso en el corazón comencé mi latihan y enseguida me encontré en el piso sollozando. Me pregunté internamente: "Dios mío, ¿por qué has privilegiado a mi familia? No es correcto que el Sr. Johnson y su familia no tengan casa. Por favor, muéstrame el camino". La oración fue escuchada, e inmediatamente me aquieté profundamente, y todo el dolor se desvaneció junto con mi ego y autocompasión. Después de algún tiempo, mi voz interior resonó claramente en mi cabeza: "Ayuna durante 10 días".

Así que ayuné. El ayuno tuvo el efecto de mantenerme completamente conectado a mi ser interno, alejado de mi ego, corazón y mente. Usé mi mente, por supuesto, para mi trabajo y para los asuntos cotidianos, pero no la conecté a ninguno de los problemas emocionales. Esto no quiere decir que no fuera consciente del Sr. Johnson y de su familia, al contrario, cada vez que la situación aparecía en mi conciencia, sentí mi alma abrazándolos con afectuoso amor.

Exactamente diez días después el teléfono sonó y era el Sr. Johnson. Su voz era esta vez cálida y suave, casi alegre; explicó que había estado conduciendo por la región, buscando desesperado una casa, cuando vio aparecer la cabeza de un anciano detrás de un seto que estaba cortando. Detuvo su vehículo y le preguntó si conocía, por casualidad, alguna casa que estuviera en venta en el distrito.

Esa misma mañana el anciano había estado conversando con su esposa y habían decidido que la casa y los jardines eran ahora demasiado grandes para ellos; que debían venderla y retirarse a un hogar de ancianos que conocían y que les gustaba. Habían decidido que 5.250 libras era el precio en que querían vender su propiedad.

El Sr. Johnson dijo: "¿No es sorprendente? ¡Exactamente la misma cantidad que la casa que me compraste!"

El Sr. Johnson y su familia tenían su casa, nosotros teníamos la nuestra, y sentí una inmensa gratitud hacia la Fuente de Vida por habernos enseñado nuevamente el camino.

Así que, compramos nuestra primera casa y, en lugar de pagar un alquiler, pagué al banco los intereses sobre el préstamo más un porcentaje del principal; sentí que estaba pagándome el alquiler a mí mismo. Qué sentimiento tan poderoso de seguridad dio a la familia. No más presiones ocultas de quizás tener que mudarse a algún otro lugar desconocido. Ahora también sentimos que pertenecíamos a la ciudad de Tunbridge Wells, y los niños, aunque las escuelas estaban lejos de ser ideales, se sentían seguros yendo a ellas desde su casa.

En total estuvimos en el 19 de Frant Road doce años: doce años en los cuales tuve tiempo para desarrollar y transformar el negocio de antigüedades, en uno de diseño, decoración de interiores, arquitectura y pintura de murales.

Adquisición de la tienda en The Pantiles

Unos años antes, justo después de mudarnos al número 19, una anciana llamada Sra. Spear, que tenía una tienda de antigüedades y baratijas en la parte baja en The Pantiles, me dijo que quería traspasar el arrendamiento de su tienda. Siempre a la caza de un artículo raro, una pieza de las primeras cerámicas de Delft, una alfombra antigua, una pintura rara, o cualquier cosa que me atrajera y donde viera una ganancia, había entrado a la tienda de la anciana. Durante nuestra conversación, mencionó que quería mudarse y traspasar el arrendamiento de su establecimiento, que realmente pertenecía al municipio. La parte oriental del gran edificio de la Regencia daba a un pequeño callejón sin salida. La tienda de la Sra. Spear estaba en la esquina y tenía cuatro pisos, además de un amplio sótano que daba a un jardín posterior del tamaño de un pañuelo de bolsillo. Ella vivía en un pequeño apartamento en el tercer piso. El edificio era muy luminoso: al lado del escaparate de exhibición de la tienda había tres escalones que daban al salón de exposición de la planta baja. En el primer piso había otros dos salones de exhibición, uno de los cuales daba a un balcón desde el cual se dominaba The Pantiles. El lugar era atractivo y pensé que podía hacer algo interesante con él.

"¡Me temo que quiero 4.000 libras por el traspaso del arriendo!", dijo a la defensiva, mientras parpadeaba con sus párpados arrugados, pintados de un pálido azul persa.

No tenía ni un penique en ese momento, nuestra mudanza al 19 de la calle Frant Road absorbía la mayor parte de mis magros ingresos, pero, como empujado por un viento de intuición, días más tarde entré en la oficina de mi abogado y le pedí que hiciera una oferta a la Sra. Spear de 3.000 libras por el traspaso del 21 The Pantiles

Estaba empezando a escuchar y seguir estos raros sentimientos

21 The Pantiles, Tunbridge Wells

espontáneos que no venían de mi pensamiento racional. Estaba empezando a confiar en ellos y ver cómo se desarrollaban. Si venían de la fuente de mi alma, resultarían positivos para toda la familia. Supongo que el latihan me estaba enseñado a reconocer la diferencia entre los impulsos que venían de mis pasiones, necesidades y deseos, y los que se originaban desde un lugar más profundo dentro de mí mismo que, en ese momento, a mi mente no le parecían racionales.

Unos meses después de mi visita al abogado, mi querida abuela GG falleció inesperadamente (como describo en el capítulo 3). Mi madre había venido desde el sur de Francia para el funeral; nos dijo a Mélinda y a mí lo difícil que se había vuelto su vida en Vallauris y cómo echaba de menos estar cerca de sus nietos. Así que le mostré el 21 The Pantiles y le dije que había hecho una oferta para alquilar la propiedad, explicando que, aunque no tenía el dinero, sentía que era lo correcto que había que hacer. Si mi sueño se materializaba, entonces reservaría el piso superior para ella.

CAPITULO 4

Aproximadamente tres meses más tarde llegó una carta de mi abogado diciendo que la Sra. Spear había aceptado la oferta y que, si podía, fuera a su oficina el miércoles siguiente para firmar el contrato. En la Amañana de ese asombroso día, llegó una carta de mi madre desde Francia conteniendo un cheque por 3.000 libras. Seguro y sintiéndome lleno de gratitud, caminé hacia la oficina de mi abogado para firmar todos los papeles necesarios y obtener el arrendamiento. Telefoneé a mi madre y le dije con entusiasmo: "¡Lo logramos! Tu cheque llegó justo a tiempo para la firma del alquiler. Prepararé tu apartamento encima de la tienda y puedes mudarte tan pronto estés lista

¡Fue un momento muy emocionante redecorar y amueblar este edificio tan elegante! ¿Pero cómo encontraría dinero para surtir la tienda? Sabía, en mi interior, que mi primera obligación era tener listo el edificio y no preocuparme innecesariamente por cómo lo surtiría.

Dos meses más tarde, de forma totalmente inesperada, llegó otro cheque de mi madre por correo, esta vez por 1.500 libras esterlinas, que era el mínimo que necesitaba para encontrar suficiente mercancía para abastecer la planta baja de la tienda y comenzar a negociar. Ella junto con Marcel, su esposo provenzal, se mudaron al apartamento a fines de la primavera de 1967.

La tienda se llamó "Antigüedades de Léonard Lasalle" y se convirtió en la piedra angular de nuestra estabilidad material y de nuestro crecimiento. Pronto descubrí que no podía estar en la tienda y comprar al mismo tiempo, porque la tienda necesitaba abastecerse de muebles ingleses y europeos del siglo XVII, y ese tipo de mercancía era, incluso en esa época, difícil de encontrar. Contraté una secretaria a tiempo completo que se encargaba del correo, del teléfono, y también de cuidar de la tienda en mi ausencia.

La compra de la Casa de Lúpulo de Bassett

Espero, querido lector, que mi continuo salto en el tiempo a través de diferentes historias no sea demasiado confuso; como ve, estoy tratando de mantener algún tipo de secuencia...

A principio de la primavera de 1979, Mélinda se había recuperado totalmente de su enfermedad y expresó su deseo de mudarse a una casa en el campo con un jardín grande. Sentía que necesitaba más espacio y alejarse de la ruidosa carretera. Por pasadas experiencia, sabía lo beneficioso que me resultaba el ayuno para ayudarme a encontrar mi camino a través del mundo material; por lo tanto, decidí ayunar con la intención de encontrar una casa en el campo. Normalmente, habría ido a ver a los agentes inmobiliarios de la ciudad, que eran muchos, para que me enseñaran todas las casas de la región hasta 10 millas al sur de Tunbridge Wells. Pero no hice eso, simplemente hice mi ayuno habitual y continué con mi negocio sin pensar o planear como conseguir hacer realidad la necesidad de mi esposa de mudarse.

Parece que hace falta aproximadamente diez días de ayuno para que las puertas de lo imprevisible se abran. Por lo general, me iba a dar un paseo durante las horas del almuerzo para estirar las piernas y respirar algo de aire fresco. Un día, cerré la tienda a la una de mediodía y caminé con energía al aire frío, con un estado mental en calma. Mis piernas, me llevaron directo a una pequeña calle llamada Chapel Place y hacia High Street, cuando de repente mis pies giraron rápido a la derecha y me llevaron a una agencia inmobiliaria llamada Bracketts.

"Lo siento señor, ya estamos cerrando. Por favor regrese esta tarde", dijo la joven y eficiente secretaria".

Traté de explicar lo que estaba buscando y ella contestó que conocía todos sus archivos y estaba absolutamente segura de que no tenía una propiedad así en sus registros. Insistí e, irritada por mi insistencia, se levantó enojada, fue hacia un armario de archivos y procedió a ojear negligentemente las casas en la gama de precios que le había dado.

¡Lo siento! ¡Pero, como ve, no hay nada en su rango de precios!" Exclamó, esperando que esto resolviera el asunto. Pero insistí, mientras me preguntaba en mis adentros cómo podía ser tan descortés.

Me pidió que abandonara la agencia, pero respondí preguntando si podía ver al jefe. Exasperada por mi tenacidad, tocó dos veces a la puerta frente a su escritorio, y sin esperar una respuesta, la abrió y entró en la oficina del jefe.

"Hay un hombre aquí que insiste sobre una propiedad que piensa que tenemos. Dice que quiere verlo". Obviamente estaba enfadada. Dejó abierta la puerta de la oficina y abandonó sin demora la agencia.

Caminé hasta la puerta de la oficina, él se levantó y vino hacia mí, ofreciéndome su mano para estrecharla. Le dije exactamente lo que estábamos buscando: una casa lo suficientemente grande para una familia de más de nueve, y si fuera posible con un pequeño

CAPITULO 4

apartamento adjunto. Buscaba cuatro o cinco hectáreas de terreno, a unos quince minutos por carretera de Tunbridge Wells.

Sorprendido por mi descripción, contestó: "Qué extraño. Estuve en el bar anoche con un amigo actor. Me dijo que quería vender su casa cerca de Wadhurst y aproximadamente satisface lo que está usted describiendo. Si está de acuerdo, puedo organizar una visita para mañana". Yo estaba encantado y al día siguiente fuimos a ver la propiedad.

Se llamaba Bassett's Oast House (La Casa de Lúpulo de Bassett). Estaba situada al final de un largo camino rural y, obviamente, había sido parte de un gran complejo agrícola. Para nuestra satisfacción la propiedad tenía tres espléndidos edificios de secado de lúpulo circulares, uno de los cuales aún tenía su capuchón de madera original que se movía con la dirección del viento. Llamamos a la puerta de entrada, pintada de blanco, que daba al primer secadero. Un hombre, con barba corta, unos cincuenta años y aspecto agradable, abrió la puerta. En la expresión de sus ojos, vi inmediatamente que le gustó Mélinda. Se llamaba Sr. Spice y nos llevó al vestíbulo de su atractiva propiedad, la característica principal era la alineación de tres secaderos redondos que le daban la apariencia de un pequeño castillo.

A la izquierda del vestíbulo había una gran sala de estar, a la derecha una habitación pequeña, un baño y un apartamento. Justo enfrente, en el secadero del centro, había una sala y una cocina; a través de una pequeña estancia se llegaba a un cuarto de baño con inodoro y ducha. Subiendo la estrecha escalera de madera, un descanso daba acceso a cinco dormitorios y un baño. Los jardines eran espaciosos, incluyendo un gran prado rodeado de robles adultos. Tanto a Mélinda como a mí nos gustó la propiedad y decidimos comprarla. El Sr. Spice estaba

Bassett's Oast House

encantado con la idea de vendérnosla y nos dijo que había encontrado una posible propiedad en Lansdowne Park Road en Tunbridge Wells. Antes de irnos, le mencioné al Sr. Spice que sería bienvenido si quería darle un vistazo a nuestra propiedad, ya que podría interesarle.

Al Sr. Spice y a sus dos hijas les gustó más nuestra casa que la que habían visto, y la compraron por 10.000 libras menos que lo que nosotros le pagamos por la de Bassett. El trato directo de venta de nuestras casas nos ahorró los honorarios de los agentes inmobiliarios. Nos mudamos al Secadero de Bassett y vivimos allí felices durante los siguientes doce años. Por las buenas cualidades de la propiedad, pudimos pedir prestado suficiente dinero para comprar, también, una pequeña granja provenzal desde la cual estoy escribiendo hoy este libro.

Unos años más tarde, invitamos a mi madre y a su pareja, Marcus Hamilton, a vivir permanentemente con nosotros en el apartamento contiguo.

Consigo establecerme y descubro otros talentos

Un día, recibí una carta de la Asociación Británica de Comerciantes de Antigüedades, pidiéndome que llamara a su oficina en Londres. Acordé una cita y fui a encontrarme con ellos, intrigado, preguntándome por qué querrían verme. El secretario me guió a la oficina del presidente. "Hola, Sr. Lassalle, ¿cómo está?", dijo, y sin darme tiempo para contestar continuó: "Muchos de nuestros miembros nos han hablado sobre la excelencia de su tienda de antigüedades en Royal Tunbridge Wells, la calidad de los artículos que vende le han dado una buena reputación en nuestra profesión. ¿Aceptaría la invitación para convertirse en uno de nuestros miembros? Sería el primer extranjero en unirse a nuestra Asociación".

Me sentí encantando por los halagos, pero no tenía interés en unirme a un club de comerciantes de antigüedades, sabía también, por experiencia, que pertenecer a la Asociación Británica de Comerciantes de Antigüedades (BADA) no era garantía de honestidad. Di las gracias al presidente y le dije que le respondería en unos días.

Tras sopesar los pros y los contras, decidí finalmente aceptar la oferta y convertirme en miembro, lo que aportaba muchas ventajas a mi negocio. Poco después recibí la prestigiosa insignia redonda de vidrio dorado con la imagen del artista italiano Cellini que, rápidamente, coloqué en el escaparate de mi tienda

Para atraer el interés e incrementar las ventas, decidí montar una exposición de un interior de la época anterior a Carlos II de Inglaterra. Usaría el salón de exhibición de la parte de arriba, que tenía una chimenea y dos ventanas francesas que daban al balcón. Necesitaría encontrar paneles de revestimiento de madera de roble del siglo XVII para cubrir las paredes, una cama estilo isabelino con dosel, cortinas del siglo XVII y todos los objetos que amueblarían una habitación de ese período. Envié 500 catálogos de invitación a clientes y distribuidores y la anuncié en Country Life y otras revistas de arte y decoración. Dos semanas antes de la apertura lo había encontrado todo, excepto los paneles de revestimiento de madera de roble. Delante de una pinta de cerveza amarga en el bar St. George, que se encontraba justo frente a mi tienda, le pregunté a un amigo anticuario si sabía dónde podía encontrar ese tipo de paneles.

"Pero Léonard: ¿no me dijiste que una vez fuiste pintor? ¿Por qué no pintas un mural isabelino sobre las paredes? Tengo un amigo que tiene una casa rural del siglo XVI, en Kent, en la que hay una habitación totalmente decorada con maravillosas flores y plantas, perfectamente conservada". Lo que mi amigo decía resonaba muy bien en mi pecho y aguijoneó mi dormida creatividad artística.

La amable señora de la granja, contenta de compartir su tesoro artístico, me llevó enseguida a ver el dormitorio isabelino que, por cierto, tenía una condecoración de conservación del National Trust. Comencé frenéticamente a dibujar sobre mi libreta de notas A3, inspirado en los pintores viajeros de esa época del siglo XVI; tomando notas, página tras página, de los hermosos detalles del mural inspirado en las flores del campo inglés.

De regreso a la tienda, busqué una fórmula de pintura en un viejo libro, que tenía todas las recetas de pintura de los grandes maestros del pasado. Escogí la técnica del "fresquo-secco", que solo necesitaba yema de huevo, aceite de linaza puro y agua destilada. Tenía el aglutinante, hoy lo llamamos el medio; me faltaba añadir los pigmentos naturales que encontré en la tienda de arte de Cornelissen en Londres.

El día anterior a la apertura seguía, con prisa, dando los últimos toques al mural. El efecto era sensacional. Las pesadas cortinas "crewel-work" (tejido de lino bordado con lana gruesa y puntos largos), mantenían la luz diurna fuera de la habitación, que estaba iluminada por muchas velas colocadas en palmatorias (candelabro de una sola vela y bajo) de la época, de cobre y hierro forjado, y un candelabro flamenco de bronce. Un gran cesto de juncos de Norfolk, lleno con troncos de roble, alimentaba el fuego al rojo vivo, acunado en un cesto de hierro fundido, que descansaba en dos piezas de hierro forjado del siglo XVII; una alfombra, especialmente diseñada para la exposición, que olía a hierba seca, cubría el piso de pared a pared. Había encontrado un cubrecama, de la época, de seda bordada y hasta un delicioso cojín, bordado a petit point, mostrando a Carlos I de Inglaterra caminando junto a su reina en un bosque.

La exposición fue un gran éxito, y no solo vendí muchos de los artículos, sino que también adquirí una nueva profesión: me había convertido en pintor de frescos. Tres o cuatro clientes, atraídos por los murales isabelinos, me preguntaron si podía hacer la decoración interior de sus casas y pintar frescos isabelinos en las paredes. Todo era muy excitante y satisfactorio, ya que estaba usando mi talento artístico en una forma nueva y completamente inesperada.

Desde Anglia oriental hasta el suroeste de Inglaterra, me pedían pintar murales y rediseñar el interior de viejas casas rurales. En el proceso, diseñé muebles, muebles de jardín, paisajes de jardines y finalmente arquitectura; tuve que emplear a un arquitecto para que aprobaran los permisos de construcción. Cada vez que me preguntaban si podía hacer algún trabajo, no decía "No", sino "¡Sí, por supuesto! El latihan me daba la necesaria imparcialidad para poder ver el campo de mis capacidades.

Diseñar es jugar con la distribución del espacio, la armonía de líneas, el color y la forma; sin olvidar, por supuesto, la importancia del aspecto práctico y funcional de lo que se diseñe.

Encontré expertos que siempre estaban dispuestos a compartir sus conocimientos. Si necesitaba diseñar para el interior de una sala de exposiciones de una tienda, un plan para la distribución eléctrica, de agua y drenaje, de gas, o cualquier otra cosa; los expertos en los diferentes campos me proporcionaban voluntariamente los diagramas y símbolos que necesitaba para dibujar un plano arquitectónico legible.

La oficina del 21 de los Pantiles era un hervidero de creatividad y actividad. Adquirí una vieja mesa de dibujo de arquitectura sobre la cual realicé los numerosos dibujos que se necesitaban para los diferentes trabajos. Antes de comenzar a dibujar, lo primero que hacía era sentir las necesidades del cliente, su naturaleza y carácter, y el espacio que tenía que crearse para armonizar los alrededores. Sosteniendo un lápiz de grafito en la mano, en primer lugar, me aquietaba interiormente y, cuando lo había logrado, permitía que mi mano dibujara. Habitualmente solo aparecía una propuesta y la desarrollaba hasta que estaba lista para mostrarla al cliente, que siempre parecía aceptar lo que le presentaba.

La etapa siguiente, consistía en trabajar los diseños escogidos para convertirlos en una realidad material. Me encontré pronto dando instrucciones a albañiles, ebanistas, carpinteros, tapiceros, fabricantes de cortinas, electricistas y fontaneros. Yo mismo pintaba los frescos, con la ayuda de mis hijos adolescentes para preparar las paredes. Previamente había descubierto cómo lograr efectos especiales con la pintura, y cómo mezclar los pigmentos naturales con aglutinantes, a la manera de los pintores antiguos, para lograr los colores deseados.

Además de todo esto, estaba continuamente en busca de antigüedades y obras de arte para abastecer la tienda y amueblar los interiores de mis clientes.

Para ilustrar cómo lo material y lo espiritual pueden trabajar en armonía entre sí, he aquí otra historia de un trabajo que me llevó a Noruega. Llamaré a este cliente el Sr. S, ya que sé que a él no le gustaría que su nombre se mencione por razones de privacidad y seguridad. Un sábado por la mañana, en otoño, el Sr. S me llamó para preguntarme si estaba listo para ir Noruega y diseñar para él el interior de un apartamento de dos pisos y trece habitaciones, que acababa de comprar, en un lujoso edificio recién construido en las colinas detrás de Oslo, al oeste de la famosa rampa para saltos de esquí de Holmenkollen.

Percibiendo que iba a aceptar el trabajo, añadió sin esperar: "Pediré al arquitecto suizo, que diseñó el edificio, que le envíe los planos hoy mismo".

"Pero Sr. S, tengo que ver y sentir la propiedad in situ antes de llegar al diseño. Quisiera armonizarla con el paisaje que la rodea."

Había trabajado lo suficiente con el Sr. S para saber que, una vez que tomaba una decisión, todo se convertía en instantáneamente urgente y tenía que realizarse en el menor tiempo posible. Nuestra conversación continuó: "He organizado una reunión con los albañiles, el arquitecto, los electricistas y los fontaneros en Oslo, el próximo miércoles a las diez de la mañana. Quiero que presente su diseño de proyecto completo y lo explique a estos señores. ¡Ah!, a propósito, pagaré sus billetes, gastos y tiempo, por supuesto".

Por suerte, un amigo íntimo Subud, que es arquitecto, había construido su propia casa cerca del lugar y sabía que, en ese tiempo, su esposa Catharine,

Interior de la tienda en la sala de exposición del segundo piso

que es noruega, estaba viviendo allí. Catharine aceptó amablemente recogerme en el aeropuerto y ocuparse de mi durante mi corta estancia. Mi vuelo llegó a Oslo el lunes por la tarde, y al aterrizar, me di cuenta de que todas las luces de la ciudad ya estaban brillando en la nieve, aunque aún eran solo las cuatro de la tarde, recordándome que la mayor parte de Noruega está situada al norte del paralelo 60. Salí temprano a la mañana siguiente para encontrar el nuevo bloque de apartamentos de lujo. Catharine había preparado amablemente algo de té caliente y sándwiches para mi almuerzo; los metí en mi cartera de cuero, junto con mi cuaderno de dibujo, lápices, cinta de medir y una cámara de fotos.

A las ocho de la mañana aún estaba oscuro, y la mayor parte de la luz venía de los reflejos de la nieve. La temperatura era de menos 15oC. Cuando mis ojos se acostumbraron al medio, me di cuenta de que la carretera sobre la cual caminaba estaba siguiendo las curvas del lado empinado de una alta montaña. Mi corazón se hundió en un estado de depresión, cuando vi lo que habían llamado 'un lujoso edificio'. En la tenue luz, todo lo que pude ver eran altos bloques, de hormigón en bruto, formando una gigantesca escalera de ocho peldaños, que bajaba siguiendo el ángulo descendente del abrupto terreno. El inacabado edificio se encontraba en el borde inferior de la carretera de la montaña. Dos grandes puertas metálicas de garaje, sin pintar, se presentaron desafiantes frente a mí. Justo a la derecha había una pequeña puerta pintada de verde botella con un timbre codificado. Llevaba a un amplio espacio, que era un estacionamiento cubierto para, al menos, diez vehículos. Sobre la pared posterior había cuatro ascensores, uno para cada apartamento, aunque aún no estaban funcionando. A la derecha una escalera de hormigón, sin terminar y sin rampa, llevaba abajo. El Sr. S había comprado los dos niveles inferiores.

La instalación eléctrica era provisional, con la luz absolutamente mínima; el techo de cada cuarto tenía en su centro una pequeña bombilla de luz tenue, colgando directamente de oscilantes cables de alimentación. Como el frio, húmedo y penetrante, era intenso, mientras seguía caminando, descubriendo la distribución de los cuartos, me mantuve caliente sorbiendo el agradable té de Catharine.

Mi creatividad artística nunca había estado sometida a tal desafío. Cuarto tras cuarto todos eran oscuros, grises y sin inspiración: Ni en el vestíbulo en L, ni en el pequeño cuarto que había en la esquina de la L, había ventanas para dejar entrar la luz natural. "¿Qué tenía en mente el arquitecto cuando diseñó ese espacio? ¿Quizás un cuarto oscuro para un fotógrafo?", pensé, intentando poner un poco de humor para combatir el creciente pesimismo que me invadía.

En frente, una puerta daba a un espacio casi cuadrado, al final del cual había una ventana grande que permitía que la tenue luz del invierno noruego penetrara en el cuarto. La vista era asombrosamente hermosa, y estuve algún tiempo absorbiéndola. Más abajo, pude distinguir lagos helados rodeados de oscuros bosques de pinos; en la lejanía, hasta donde la pobre luz me permitía ver, una cadena de colinas. El edificio miraba al suroeste.

"Este cuarto será su oficina", pensé, mientras caminaba a través de otra puerta a la izquierda de la ventana grande, que daba a un enorme espacio. Me mantuve allí por un momento, escaneándolo sin pensamientos. Toda la pared a mi derecha estaba compuesta de puertas deslizantes de doble cristal, que daban a un amplio balcón que recorría el suroeste del edificio; bajo el cual presumía, estaba la otra parte del apartamento.

Inmediatamente a mi izquierda había un hoyo de dos metros en el piso de hormigón. Había una destartalada escalera de mano que me tentaba a bajar. Hacia el extremo izquierdo, a lo largo de la pared que miraba al noreste, estaba lo que pensé era la cocina del área, ya que en su esquina derecha había una chimenea pequeña y semicircular a la altura de las rodillas. Bajé con gran cuidado la creativa escalera de mano, sujetándome del borde circular de hormigón hasta que, finalmente, tuve que saltar para llegar al piso de abajo. En el extremo derecho estaba la habitación principal, con servicio sanitario y baño adyacentes. Cruzando el salón, una puerta daba a un cuarto estrecho, que pensé podía ser el cuarto de los juguetes. A su derecha, las puertas deslizantes de cristal daban a una terraza excavada fuera en la ladera.

Ahora tenía en mi mente el concepto completo del apartamento y subí a la planta de arriba, me agaché y miré ausente el espacio virgen que me rodeaba. Con cierta ansiedad, descubrí que no tenía inspiración y después de estar diez minutos en una especie de tierra de nadie, decidí adentrarme en mi conciencia interior abandonando mi ansiedad y mis miedos sobre el proyecto. Cerré los ojos y entré en un espacio apacible, donde los sentimientos no eran positivos ni negativos, solo había espera...

Al cabo de un rato, surgieron los sonidos más deliciosamente armoniosos desde la profundidad de mi Ser y los dejé salir hacia el hormigón gris y poco acogedor. Sentí, gradualmente, como si estuviera envuelto en un estado angelical de paz completa, junto con una conciencia aguda de la razón por la cual estaba allí.

Abrí los ojos lentamente y miré a mi alrededor para observar el diseño completo del espacio en el cual me encontraba, los colores, los materiales, las formas y todos los elementos que convertirían el lugar en un espacio armonioso. Todo lo que necesitaba ahora era convertir esta realidad espiritual en una realidad física.

Con gran cuidado, casi como un cazador que no quiere perturbar a su inmóvil presa, mis manos encontraron el cuaderno de dibujo y el lápiz, que acomodé sobre el suelo delante de mis pies. Posé mi mirada neutra sobre el enorme hoyo circular frente a mí y vi, y comprendí en un instante, el concepto completo de lo que sería la escalera en espiral. Mi mano comenzó a dibujar rápidamente y con precisión, anotando los detalles prácticos de la construcción y los colores a medida que avanzaba materializando, en una realidad bidimensional, la información básica necesaria para que cada una de las personas implicadas entendiera el concepto.

Mi mirada se dirigió al suelo gris e inanimado de cemento y, de repente, cobró vida; lo vi cubierto de parqué hecho de paneles de 60 por 70 centímetros. Si pueden visualicen un panel de piso de pino natural de 4 cm de grosor, con una pieza central en color encuadrada por planchas de 20 cm de ancho en su color original de pino. Cada parte central teñida de un color diferente: de nogal oscuro para la sala, de ocre amarillo para la cocina y el vestíbulo y de ocre rojo en las otras estancias. El patrón repetitivo daría un efecto de tablero de ajedrez. El marco y el panel central se encolarían directamente a una gruesa base de madera contrachapada en la fábrica, y luego serían cortados y ajustados in situ antes de pegarlos directamente sobre el cemento. El Sr. S me dijo un año más tarde que, cuando la casa estuvo terminada, el dueño de la fábrica que hizo los paneles del piso se entusiasmó tanto con la idea y el concepto, que los industrializó para venderlos en el mercado abierto.

Y así continúe dibujando, anotando toda la información, incluyendo las medidas que necesitaba para hacer los bocetos de trabajo. A eso de las 4:30 p.m., estaba totalmente congelado, cansado pero satisfecho, porque tenía suficiente información para trabajar, sobre la mesa de arquitectura de mi amigo, y transformar los croquis en dibujos claros de tamaño A2. Dejé los lúgubres bloques de hormigón y bajé, feliz de moverme y de volver a calentar mi entumecido y rígido cuerpo. Después de un baño caliente y una buena comida, amablemente preparada por Catharine, estaba listo para preparar los dibujos que necesitaba presentarle al Sr. S al día siguiente. En el profundo silencio de la noche noruega dibujé, página tras página, hasta que todo el concepto estuvo expresado claramente sobre el papel. El reloj daba las 4 a.m. y, satisfecho porque todos los aspectos estaban cubiertos, me sentí alegre de poder entregar mi mente y mi cuerpo a la diosa del sueño.

El timbre sonó puntualmente a las 9 a.m. "Buenos días, ¿estás listo, Léonard? Te recojo e iremos a desayunar al pueblo", dijo el Sr. S en su manera abrupta y directa. Echó rápidamente una ojeada a mis dibujos y dijo: "Todo esto parece que está muy bien, ahora vamos a hacer 10 copias de cada uno...no tenemos mucho tiempo, la reunión es a las 10 a.m.". No era un hombre acostumbrado a hacer cumplidos, pero pude sentir que aprobaba el proyecto ya que, en lugar de hacer preguntas, sonreía mientras miraba los planos.

Ocho profesionales de la construcción, con aspecto serio, ya estaban sentados alrededor de una mesa de conferencias oval, de caoba barnizada. Primero debían mirar mis dibujos para, después, expresar sus pensamientos, opiniones y sugerencias. Fue impresionante. El Sr. S se sentó en un extremo de la larga mesa, yo en el otro, mientras los expertos devoraban mis proposiciones. La sala cayó en un profundo silencio mientras arquitectos, carpinteros, electricistas y fontaneros, algunos con sus asistentes, estudiaban mis dibujos. Interiormente me sentía tranquilo y sereno, confiado en que lo que estaba proponiendo era absolutamente factible.

Mi proposición fue un éxito; todos aceptaron el proyecto. Para mi satisfacción, no hubo cambios que hacer y pude establecer un programa para la materialización de lo que había visto, durante el angélico

momento de creatividad, en el edificio sombrío y gélido sobre la montaña Holmenkollen.

Unos nueve meses después, mi secretaria de esa época, Hannah, me pasó el teléfono: "Es de Oslo, el Sr. S al teléfono".

"Hola, Léonard; estoy sentado aquí en mi oficina de Oslo, mirando la hermosa vista. Quería decirte que cuando estamos en esta casa, parece que mi esposa y yo no discutimos. Lo mismo pasa con nuestros hijos. Es como si el lugar estuviera cuidado por ángeles".

La escalera del apatamento del Señor S. en Oslo

Durante 24 años al frente de "Antigüedades Léonard Lassalle", he experimentado muchos ejemplos de que, a través del latihan, las cosas que no parecían posibles ni a mi mente ni a mis sentimientos ordinarios, realmente se lograban, aunque siempre de formas inesperadas.

Aprendizaje a través de una experiencia dolorosa

Una incongruente, extraña y de alguna manera dolorosa historia, que pasó un día mientras estaba tratando con antigüedades, muestra, como en la situación del interior de la casa de Oslo, mi lucha para reconocer y separar las acciones egoístas, basadas en mis necesidades y deseos, de las acciones iniciadas por la desinteresada sabiduría del alma.

No era nada fácil encontrar los muebles anteriores al siglo XVIII necesarios para alimentar mi hambrienta tienda. Un día, a final de la tarde, conducía hacia casa, cansado y desalentado por no haber encontrado algo, realmente interesante, para amueblar mis salones de exposición. Había estado peinando las tiendas de muebles de segunda mano y de antigüedades del sur de Inglaterra, y solo había encontrado un florero de delft, de finales del siglo XVII; y un par de soportes para el fuego, de hierro fundido, del siglo XVIII.

Volviendo de mis divagaciones, de repente, me di cuenta de que regresaba a casa por un camino diferente del que mi mente hubiera escogido, y pensé: "¿Me pregunto por qué estoy regresando por este camino? Es un poco más largo". Pero lo acepté y continué...

Pasé por delante de una destartalada tienda de un pequeño caserío cuando, de repente, me dije: "¡Valdría la pena echarle un vistazo!" Y dando la vuelta estacioné en frente del viejo y ruinoso edificio.

Al empujar la puerta principal y entrar en la diminuta tienda, oí un fuerte sonido, proveniente de una pequeña campana de bronce fija a un muelle serpenteante. El lugar era un caos de baratijas, con objetos que daban la sensación deprimente de haber sido rechazados y abandonados por sus dueños.

Un señor anciano y lleno de polvo, salió desde una puerta trasera y me miró en silencio por encima de sus lentes bifocales. Después de una rápida mirada alrededor de la estancia, pregunté mecánicamente: "¿No tendría algo más, por casualidad, cualquier otro mueble viejo?"

Estaba a punto de salir del viejo edificio cuando oí su voz chirriante decir: "Bueno, en realidad, tengo algunos muebles más aquí almacenados si los quiere ver". El anciano dio la vuelta y pasó por la misma puerta por la que había aparecido. Lo seguí a otra sala más grande, abarrotada con todo tipo de muebles cubiertos de polvo. Me detuve en el umbral y entré en el estado especial de atención aguda que usaba cuando buscaba alguna posible pieza rara. La bombilla de 15 vatios que iluminaba la sala no facilitaba la tarea, especialmente, porque la pata de una mesa colocada al revés, en equilibrio, sobre una cómoda, entorpecía su luz. Pero, justamente al lado de mi brazo izquierdo, vi lo que me pareció un aparador de roble de mediados del siglo XVI, una pieza rarísima. No podía creerlo, mientras mi mano acariciaba ya su superficie lisa, usada y polvorienta, para obtener la primera información.

Al hacer girar la mesa ligeramente, para desviar la sombra de su pata, el aparador comenzó a verse bien. Tenía aproximadamente 1,50 m de altura, 60 cm de profundidad, y 1,40 m de ancho. El aparador, de dos pisos, estaba hecho con paneles bordeados de molduras. Los paneles laterales y las dos puertas centrales estaban tallados con motivos en doble arco gótico. Los motivos decorativos de los paneles, estaban perforados con un diseño que permitía la circulación del aire sobre los alimentos. Noté que mi corazón se aceleraba; la emoción del hallazgo había cambiado el ritmo de sus latidos. Las bisagras con forma de mariposa, clavadas a cada lado izquierdo de las puertas, parecían de la época; al abrir la puerta, la de arriba cayó ligeramente, lo que mostraba su comprensible y evidente uso. Para reforzar sus elegantes patas, habían colocado un listón arqueado y biselado, tipo gótico, como guía en su armazón inferior y en los lados; lo que le daba una apariencia noble.

"¿Cuánto por este viejo aparador?", dije con un tono de voz neutro que no revelaba ninguna excitación.

"Quiero 90 libras por él, señor", respondió el anciano.

No hubiera sido justo regatear y lo compré a ese precio, para el deleite de su dueño. En el camino hacia casa, todo mi ser estaba lleno con el tipo de alegría material que surge cuando se consigue un objeto valioso y raro. Estaba proyectando exhibirlo en mi escaparate, colocado sobre una fina alfombra caucasiana, al lado de una antigua vasija de cobre, del renacimiento veneciano, con tres lirios blancos. ¿El precio? Bueno, tendría que pensarlo más tarde. Sería mejor hacer primero una investigación, pensé, queriendo disfrutar de la pieza antes de pensar en su valor y en su venta.

Mi tienda estaba ya cerrada cuando llegué. Eran las casi las siete de la tarde. Estacioné mi Citroën CX Safari al lado del edificio y con mucho cuidado, usando mantas protectoras, bajé, deslizándolo desde el portaequipaje del vehículo, el precioso y pesado aparador y lo entré en la tienda, donde lo dejé en la parte posterior para hacer una inspección minuciosa. No había acabado de arrodillarme para comenzar mi examen, con el fin de estar absolutamente seguro de que la pieza era original, cuando el timbre de la puerta me sacó brutalmente de mi concentración y excitación.

Olvidé pasar el pestillo para cerrar y la puerta se abrió de repente; un reconocido comerciante en muebles antiguos ingleses, que llamaré Sr. W, se alzaba sobre mí, con los ojos fijos en el aparador. "Léonard, ¿cuánto? ¡Dime!" Su voz fría llegaba cortante, como un cuchillo afilado entrando en mi vulnerable estado.

Mientras me levantaba, mis sentimientos estaban confusos; sentí pánico dentro de mí. "Oh, hola Sr. W, acabo de llegar con este aparador; la tienda cierra normalmente a esta hora…", respondí tratando de darme tiempo para pensar.

"¿Cuánto por el aparador?, preguntó de nuevo, autoritativamente. Mi mente estaba zumbando en todas las direcciones. Perdí el control y pensé rápidamente: "Bueno, pagué 90 libras por él, 600 libras me darían una buena y justa ganancia." ¡Y antes de que encontrara espacio para estar de acuerdo conmigo mismo sobre el precio, mi boca y mi lengua ya habían divulgado mis pensamientos!

Como si saltara sobre su presa, el Sr. W casi gritó: "¡Es mío!, aquí está el cheque. Tráigalo a mi tienda mañana por la mañana con el recibo". Y se fue, tan furtiva y rápidamente como apareció. Sentí como si un demonio hubiera entrado en mi tienda y en mí mismo, riéndose con crueldad.

Estaba enfadado. ¿Por qué vender tan rápidamente? Sabía muy bien que uno nunca debe dar un precio enseguida; siempre se debe dejar uno o dos días para investigar antes de tomar una decisión. Pensaba que había entendido completamente esta realidad. ¡Pero no!, no había seguido el que sabía era el modo correcto de actuar. No continué examinando el aparador, que estaba tumbado en el suelo sobre la alfombra.

Reflexionando, estimé el valor del aparador más probablemente sobre las 20.000 libras, por ser tan raro. Me sentí apesadumbrado y confuso. Miré por el marco de la alta ventana hacia el cielo gris de la tarde y dirigí mi pensamiento al Universo: "Gracias por darme esta oportunidad de encontrar este aparador de roble único, para poder alimentar a mi familia, ¡pero mira! Aquí estoy, ¡mira mi estupidez! ¡Lo di al Sr. W, por casi nada, cuando él solo tiene que cuidar de él mismo y de su esposa!"

Me sentí enojado conmigo mismo por haber sido débil y permitir que el Sr. W me presionara para vendérselo. Traté de salir de la perturbación y alcanzar la paz, pero no podía encontrarla en mí mismo; me sentí cómo un corcho llevado por un fuerte viento moviéndose a la deriva en un océano salvaje.

Decidí compartir mi angustia con Toby, que tenía una tienda de antigüedades en Londres y comerciaba con artículos similares. "Si el aparador es lo que dices, entonces, sí, efectivamente, es estúpido venderlo en ese precio", comentó Toby, y añadió: "Como no has cobrado el cheque, ¿por qué no tratas de recuperar el aparador? Inventa algún tipo de historia. Iré a ver mañana por la tarde.

Toby me ayudó a decidir intentar readquirir el aparador. Elaboré una historia factible, que decía así:

"La señora de la finca a quien le compré la pieza, me ha llamado temprano esta mañana para decirme que cometió una terrible equivocación vendiéndome el aparador, ya que su esposo, e hijos, estaban furiosos con ella y totalmente en contra de que lo vendiera, pues formaba parte de la colección familiar.

Lo primero que hice a la mañana siguiente, fue cargar el pesado aparador sobre el techo de mi vehículo y, después de asegurarlo cuidadosamente, conduje hacia la tienda del Sr. W, que estaba a solo media hora. Tratando de disminuir los malos sentimientos que me estaban consumiendo, continué recordándome a mí mismo: "¡Pero Léonard, solo estás tratando de alimentar a tu familia! Le devolverás el cheque, él no habrá perdido nada, ¿no es verdad?"

Hasta donde recuerdo nunca antes había actuado deshonestamente, y sentí como si, de repente, hubiera perdido todo respeto por mí mismo. Con disgusto, sentí mi propia suciedad.

Estacioné mi gran vehículo fuera de su tienda, dejé el aparador sobre el portaequipaje del vehículo y entré en la galería.

"Estoy arriba, sube", gritó. Dentro de mi temblaba como una hoja en la brisa de otoño; mientras subía pesadamente por los peldaños alfombrados, sentí nauseas. El Sr. W me saludó con una ligera sonrisa que era excepcional en él. "Mira, lo colocaremos justo aquí, en primera posición, exactamente frente a la escalera".

Era injusto para ambos permitir que esta situación se prolongara, por lo que dije enseguida: "Sr. W, me siento muy avergonzado al decirle que la señora de la finca, que me vendió el aparador de roble, telefoneó esta mañana, justo antes de salir, para decir que debía devolvérselo. Que había cometido una terrible equivocación y que toda su familia estaba furiosa con ella por la venta. Aquí le devuelvo su cheque con mis disculpas".

Dije todo esto en un solo suspiro. Un silencio glacial descendió, inmovilizando nuestros sentimientos; observé la cara del Sr. W, estaba tensa y crispada por la infernal noticia que le había traído. No podía encontrar sus palabras que estaban bloqueadas por su ira y el insoportable pensamiento de tener que separarse de este raro artículo. Finalmente, sus fríos ojos azul pálido giraron lentamente para mirarme. Después de lo que pareció una eternidad, señaló con su dedo índice a mi pecho y dijo, con voz que denotaba ira contenida: "¡De nadie más en el mundo, habría aceptado esa historia loca! ¡Pero viniendo de ti, Léonard, tengo que aceptarla, porque eres el único comerciante a quien respeto y en quien siento que puedo confiar!"

Sonreí tímidamente. El tsunami había llegado y me dejó completamente roto, cansado, sin fuerza, con solo la suficiente energía para mantenerme de pie. Sentí que retiraron el cheque abruptamente de mi mano. Le agradecí su confianza y murmuré un adiós apenas audible mientras salía de su tienda.

No es difícil imaginar cómo me sentí durante el trayecto de retorno a casa. Había mentido por dinero. Era realmente un ejemplo de estar poseído por las fuerzas materiales. ¿Dónde estaban mis cualidades humanas? ¿Cómo podía haber hecho algo así? Ahí estaba, aún con el aparador y una horrible situación, que nunca habría podido imaginar que fuera posible. ¿Cómo podría limpiarme y borrar esa apestosa oscuridad?

Oculté el aparador detrás de las gruesas cortinas de terciopelo borgoña que separaban el pasillo de los salones de exposición. Telefoneé a Toby para hacerle saber lo que había pasado en la mañana, y al final de la tarde llegó de Londres. Ambos, con nuestra respectiva pericia, examinamos cuidadosamente el 'raro' mueble. Era muy hermoso, casi demasiado bueno para ser verdad, pero ahí estaba, y a nuestros ojos parecía ser un original y por lo ende valer una buena suma de dinero. Sentí que ahora no podía venderlo en mi local, también que Toby tendría mejores contactos entre sus clientes y coleccionistas de Londres; por lo que decidimos que lo llevaría a su tienda en Westbourne Grove, lo colocaría allí en su antecámara y solo lo mostraría a unos pocos clientes escogidos. Cargamos el aparador en el techo de su vehículo.

Pero el sentimiento de vergüenza persistía. Conté la historia a Mélinda cuando regresé a casa; no juzgó mis acciones, lo dejó totalmente en mis manos para que lo resolviera. Ella me amaba igual y no se sintió arrastrada por el peso de mi corazón que se había convertido en plomo.

Esa misma tarde, conduje hasta la sala de Subud en Pembury, a unos pocos kilómetros de Tunbridge Wells, para hacer latihan y tratar de reconectarme con mi alma. Ciertamente, desde que había aceptado la decisión de mentir al Sr. W, había perdido esa conexión trascendental que era tan preciosa para mí. Me sentía perdido dentro de mí mismo. El sufrimiento, y mi orgullo herido, me estaban aislando de mi amada familia. ¿Cómo era posible, después de tantos años haciendo latihan, actuar así? Pero el hecho era ese, había mentido solo por dinero. El latihan comenzó y, al abandonarme en total entrega a mi creador, me derrumbé en el suelo y sollocé y sollocé; el fluir de las lágrimas fue limpiando gradualmente mis sentimientos confundidos hasta que me sentí internamente muy tranquilo.

En el silencio interior me dirigí a la Fuente de la existencia y la sabiduría: "Dios mío, por favor, perdóname por ponerme en esta situación y, por favor, muéstrame el camino para salir de la oscuridad en la que me encuentro. ¿Cómo puedo reparar el daño que he hecho?" Prestando atención a mi conciencia, en completa receptividad interior, y con sinceridad total, me encontraba en un espacio donde solo había 'Ser'.

"Tienes que ayunar durante 10 días", oí claramente la voz tranquilizadora y amorosa proveniente de las profundidades de mi alma.

Durante diez días ayuné. Mientras se desarrollaba el ayuno, se disipaban gradualmente la pesadez en mi corazón y la confusión en mi mente y sentimientos; para el noveno día me sentí de nuevo plenamente conectado con mi alma. Al décimo día, Toby me telefoneó desde Londres. "¡Léonard, he estado mirando y mirando este aparador y ahora pienso que es falso! ¡Ven tan pronto como puedas!" Salté a mi vehículo y conduje a Notting Hill Gate, sintiendo mi corazón ligero.

Pusimos el aparador patas arriba y lo inspeccionamos de nuevo completamente, detalle a detalle, y llegamos a la misma conclusión: era una falsificación extremadamente buena; probablemente hecha de roble viejo a inicios del siglo XIX. Mientras nos reíamos de la situación, sentí una oleada de amor y gratitud hacia Toby. Ahora que los dos estábamos seguros de que era una falsificación, ¿qué podíamos hacer?, ¿ponerlo en una sala de subastas? No, eso no era sería prudente, ya que el Sr. W podría descubrirlo. Finalmente, Toby pensó que podría encontrar un coleccionista privado, que no pudiera permitirse pagar un aparador auténtico del siglo XVI, y pudiera ser que estuviera contento de comprar éste, del siglo XIX, como una imitación extremadamente buena.

Unos días más tarde, Toby me telefoneó para decirme que había vendido el aparador como una reproducción, por 1.800 libras, al coleccionista que tenía en mente desde el principio. Me maravillé por el poder del ayuno y la solución de esta historia, que tiempo atrás parecía totalmente insoluble.

Si el reputado comerciante de antigüedades que era el Sr. W, hubiera descubierto que era una falsificación, o lo hubiera vendido a uno de sus coleccionistas como un original, y la verdad se hubiera descubierto más tarde, nunca me hubiera perdonado. Al retomar el aparador, había salvado, inconscientemente como saben, al Sr. W de una posible situación embarazosa, y lo que en su momento parecía ser una situación imposible, se había convertido en un resultado positivo para todas las partes.

Por supuesto, el hecho permanece como una cicatriz: Mentí al Sr. W, presionado por mi deseo ciego de ganar dinero, pero gracias al proceso de limpieza del ayuno, pude perdonarme y encontrar de nuevo el respeto a mí mismo.

Aprendí mucho de esta experiencia sobre los diferentes aspectos de mí mismo y de lo falible que soy. Es tranquilizador saber que es posible reparar mis faltas. Y que pude, a través de total abandono de mi ego, permitir que una acción negativa se convirtiera en una situación positiva. Los diez días de ayuno debilitaron mis necesidades, pasiones, deseos y ego confundido; después mi conciencia, sintiéndose más libre, pudo trascender el ser interno más profundo, reconectándome con mi alma. La armonía se restableció no solo dentro de mí mismo, sino también reparando el daño que pudiera haber causado por mi egoísmo.

Una nueva conciencia estaba comenzando a surgir en mi Ser. Me sentía capaz de desviar mi conciencia a diferentes partes de mi propio universo. Para encontrar esta libertad, tenía que abandonar mi ser egocéntrico y encontrar el espacio dentro del cual hay una paz total y, entonces, seguir los movimientos de mi alma. Para poner una analogía más visual, imaginemos un pájaro blanco, como alegoría de mi alma, libre de la gravedad de las influencias materiales, volando ingrávidamente a todas las partes de mi espacio interior y llevándome a partes de las que antes no era consciente.

Encuentro el lenguaje espiritual indo-javanés de Bapak tan accesible para expresar las realidades estructurales de la vida, que frecuentemente lo uso como una forma de comunicación, no solo con los demás sino, especialmente, conmigo mismo cuando estoy usando el lenguaje para entender lo que está pasando dentro de mí. Para dar una versión simplificada de este código de expresión, Bapak usaba un vocabulario fácilmente reconocible para diferenciar los niveles de las fuerzas de vida que constituyen toda nuestra existencia. Es decir, la fuerza de vida material, la vegetal, la animal, la humana, la angélica y la arcangélica. No entraré en los otros posibles niveles ya que están fuera de mi campo directo de experiencia y comprensión en este momento en que escribo.

Con la práctica del latihan, mi conciencia ha sido capaz de llegar a liberarse, por lo que puede trascender todos los niveles de conciencia de mi mundo interior. Parece que cada fuerza de vida, en cada nivel, contiene las partes potenciales de todas las otras partes, pero cada vez dentro de las limitaciones de su nivel original. Soy consciente de que estas fuerzas constituyen las energías necesarias que permiten a mi alma experimentar esta vida terrenal y que son necesarias para su crecimiento, que evoluciona a través de sus interacciones.

Para poner otra analogía: el cursor que podemos mover a voluntad sobre la pantalla de nuestra computadora responderá libremente a nuestro mando para alcanzar todas las partes del mundo virtual que ésta ofrece. De forma similar, gracias a la práctica del latihan, ahora puedo mover el cursor, mi conciencia, a las partes más ligeras y agradables de mi ser o a los lugares más oscuros.

Pero no continuaré con esta forma de expresión simbólica. Mejor continuar con las historias que ilustran la realidad de cómo la acción del latihan ha influido en nuestras vidas, lo que, por supuesto incluye a la familia, ya que no me es posible separar mi propio desarrollo espiritual de los de mi esposa e hijos. Aunque es evidente que la interacción de nuestra vida en común ha tenido un impacto en cada uno de nosotros, nuestras conciencias individuales son totalmente libres e independientes unas de las otras.

Testigo de los poderes del mundo material

En su libro, Susila Budhi Dharma, Bapak describe y explica el papel de las fuerzas de vida que influyen en nuestras vidas diarias. Estas fuerzas de vida son fácilmente reconocibles en nosotros mismos, en nuestro ambiente y sus influencias pueden notarse a través de nuestro comportamiento. La fuerza de vida material, la vegetal, la animal y la humana, son con las que estoy más familiarizado. Además de estas cuatro fuerzas básicas, hay otras fuerzas que son ciertamente activas, pero para acceder a ellas se necesita pasar por nuestros sentimientos más sutiles. Hablar sobre estos sentimientos más sutiles

CAPITULO 4

es difícil porque su realidad está más allá de las palabras y, por lo tanto, solo puedo esbozar vagamente una descripción de su verdad.

Mi comprensión de las poderosas influencias de las fuerzas materiales en mi vida creció mucho en la época en que adquirimos el Centro Anugraha en Windsor Park, cerca de Londres. En pocas palabras trataré de dar al lector una simple descripción histórica de cómo la hermandad espiritual Subud adquirió lo que se llamó Dell Park.

A principio de los 80, durante una reunión en Kenfield Hall, cerca de Canterbury, Bapak nos había hablado sobre la importancia de hacer grandes empresas que pudieran apoyar y financiar un centro mundial Subud. Aparte de las grandes empresas que había iniciado en Indonesia, ningún otro proyecto se había iniciado en otro lugar del mundo. Sí, algunos de nosotros habíamos iniciado nuestras pequeñas empresas individuales, pero lo que él quería decir era algo realmente grande, que pudiera recibir a miles de personas. Bapak había sugerido que Inglaterra sería un buen lugar para comenzar un proyecto así. No había muchos de nosotros presentes durante esa interesante tarde, pero él sentía que era el momento para crear un equipo que echara la pelota a rodar. Entonces procedió a escoger, entre la gente que había en la sala, el primer núcleo que comenzaría el ambicioso proyecto. Recuerdo haber pensado, en ese momento, que era muy interesante que Bapak escogiera solo de entre la gente presente en esa reunión.

"Y vamos a necesitar un arquitecto", concluyó, mirando en dirección a mi buen amigo Lambert Gibbs.

No voy a entrar en los detalles de esta tremenda empresa, ya que sería un libro grande en sí mismo. Así que perdónenme por ir directo al punto donde su crecimiento y desarrollo despliega mi conciencia para experimentar, a veces con gran dolor, la acción de las fuerzas materiales dentro de mí mismo y sobre los dispuestos y trabajadores miembros que habían asumido responsabilidad directa en el proyecto.

Se necesitaba un nombre para registrar la empresa, y el joven equipo escogió provisionalmente Amanco. Con mucha energía y entusiasmo, comenzaron a buscar un lugar para construir nuestro centro internacional. Después de unos pocos meses de intensa búsqueda encontraron, cerca de Windsor, una gran propiedad llamada Dell Park. Era una propiedad impresionante en un hermoso parque con césped, grandes árboles y arbustos en flor. Había sido construida en el siglo XIX por una familia de banqueros alemanes, que eran también coleccionistas de arte. La calidad de la construcción y los detalles decorativos daban a la propiedad su importancia y su categoría.

Todos estábamos agitados por el proyecto y la junta de directores pronto elaboró un plan financiero factible, mientras el arquitecto trabajaba día y noche para entregar un concepto maravillosamente diseñado a partir del cual podrían estimarse los costes del edificio.

El proyecto se le presentó a Bapak que dio su aprobación, renombrando la propiedad, Dell Park, 'Anugraha', que significa, explicó, 'el inesperado regalo de Dios'.

Anugraha Ltd. fue rápidamente registrada a fin de recaudar los fondos necesarios para comenzar el trabajo de construcción. Los cinco directores, junto con el arquitecto, ofrecieron una presentación del proyecto a los miembros Subud. Yo asistí a esa reunión, en Egham, ya que estaba muy interesado y atraído por lo que se proponía.

Anugraha debía ser un hotel tres estrellas con 120 habitaciones y centro de conferencias, incluyendo un restaurante gourmet. La atractiva estructura de ladrillos rojos y el imponente edificio cuadrado se mantendrían intactos; sin embargo, su núcleo cambiaría radicalmente, sería vaciado totalmente y se convertiría en un centro de conferencias circular. Una cúpula transparente cubriría totalmente todo el espacio y su opacidad se controlaría apretando un botón, por lo que, por el día, si fuera necesario, por ejemplo para proyectar una película, el espacio se oscurecería por completo.

Maqueta de Anugraha

Los directores estaban sentados en una mesa larga cubierta por una tela de fieltro verde. El arquitecto estaba de pie, al lado de un tablero que mostraba los dibujos y planos de la propuesta, mientras el presidente explicaba el esquema. Ciertamente era interesante; más que eso, era cautivante. Sentado tranquilamente en mi silla, todo oídos, absorbía la seductora información cuando, de repente, con gran sorpresa, me di cuenta de que los directores no estaban solos y que había mucha actividad a su alrededor, sobre el fieltro verde y sobre sus cuerpos, especialmente alrededor del orador. Reconocí a los pequeños seres que había encontrado en otras ocasiones, incluyendo Heathrow, como una manifestación de las fuerzas materiales en acción, cuando intentan asumir el mando de nuestra inspiración y creatividad. Cada criatura no era mayor que una manzana grande, y podía ver que estaban disfrutando lo que el orador describía tanto como yo. Asentían con sus expresivas caras peludas cuando aprobaban lo que el orador decía, y a veces, lo empujaban con sus diminutas manos para animarlo si vacilaba en el flujo de su discurso.

El presidente continuó: "En Anugraha, podremos escoger entre tener una sala grande o dos más pequeñas. El piso circular podrá elevarse para formar dos espacios independientes o bajar para formar un área muy espaciosa. Cada asiento del salón de conferencia estará equipado con micrófono y audífonos, para que cada asistente pueda comunicarse con la audiencia. Además, el Congreso que se celebre en Anugraha podrá verse al mismo tiempo en otras ciudades del mundo. Una pantalla grande mostrará las caras de los oradores.

A estas alturas, los pequeños seres tenían una fiesta y bailaban frenéticamente sobre el fieltro verde, expresando su gran satisfacción. Aunque encontraba la escena sumamente divertida, me perturbó profundamente. ¿La pasión, la ambición y el deseo de ser los primeros en las últimas tecnologías, habían sido prioritarios sobre las necesidades básicas de nuestro centro internacional? ¿Acaso el proyecto era demasiado ambicioso? ¿El costo de toda esta tecnología experimental no era demasiado enorme para nuestros medios? Me sentí tan preocupado que, cuando se terminó la reunión, en mi ingenuidad, fui junto al presidente, que era un buen amigo mío, para compartir lo que había experimentado y la ansiedad que había despertado en mí.

"No te preocupes, Léonard, ¡todo está bien! Tenemos bastante control sobre las fuerzas materiales", trató de tranquilizarme mientras soltaba una carcajada. Recuerdo haber deseado, en ese momento, haberme callado.

Unos meses más tarde, mencioné esta experiencia y las preguntas que me vinieron a la mente a Lambert Gibbs, el arquitecto, y contestó: "Tiene gracia lo que dices. Me he preguntado a veces si no hemos sido demasiado ambiciosos en algunos aspectos del proyecto".

El desarrollo del proyecto Anugraha fue un camino largo y difícil, en buena parte debido a la inexperiencia de las personas involucradas. A través de mi propia participación, aprendí mucho sobre mí mismo, y cómo el poder de las fuerzas materiales tuvo un efecto perturbador en todo mi Ser. Se produjeron muchos problemas técnicos durante la construcción y, comparados con la previsión inicial, los costes aumentaron considerablemente, y por lo tanto también el montante del préstamo.

Finalmente, las modificaciones del hermoso edificio se terminaron y el hotel y centro de conferencia se convirtieron en una realidad. Se escogió un gerente de hotel, éste formó su equipo de trabajadores, y el proyecto se inició con éxito.

Aunque la dirección del hotel estaba haciendo un trabajo excelente, también gestionando el centro de conferencias, la junta de directores descubrió pronto que los ingresos, del hotel y el restaurante, estaban muy lejos de ser suficientes para cubrir siquiera los intereses de los préstamos.

Había nacido un precioso ogro y se necesitaba encontrar más dinero para mantenerlo bien alimentado. Su hambre crecía constantemente. Los directores dimitieron, y se nombraron otros, mientras, el camino se hacía más y más áspero. Se escogió un nuevo presidente ejecutivo y unas semanas más tarde la junta de directores se reorganizó para crear otro equipo.

En ese momento mi vida ya estaba muy llena. Tenía 47 años, y Mélinda y yo teníamos una familia numerosa de siete hijos, y un negocio de antigüedades y decoración de interiores que sacar adelante. También era ayudante nacional en el Reino Unido, por lo que todos estos compromisos ocupaban la mayor parte de mi tiempo. El nuevo director ejecutivo me propuso unirme a la junta de directores. Después de algunas dudas, acepté y le expliqué que no podía ser a tiempo completo, pero que estaba dispuesto a asistir a todas las reuniones y darles todo el apoyo que pudiera, sin abandonar mis otros compromisos.

Durante los próximos dos años, desde el inicio de 1984 hasta el inicio de 1986, asistí a las frecuentes reuniones de la junta y no tardé mucho tiempo en entender que la situación en la que nos encontrábamos era en extremo precaria. Los intereses de los préstamos excedían, con mucho, los ingresos que podían conseguirse con el centro de conferencias y el hotel. La administración del hotel estaba trabajando bien y las habitaciones tenían un porcentaje de ocupación de alrededor del 85%, que es un promedio esplendido para cualquier hotel. Pero ni siquiera ocupadas al 100% hubiera sido suficiente para pagar la creciente deuda.

La presión era alta, y el dedicado equipo estaba trabajando las 24 horas para encontrar vías de respuesta a todos los problemas que estaban creciendo con rapidez. Después de haber estudiado concienzudamente las alternativas, y de detener la infernal espiral de la creciente deuda, llegamos a la desagradable conclusión de que tendríamos que deshacernos de la propiedad. Fue una toma de conciencia extremadamente dolorosa, porque muchos miembros Subud alrededor del mundo habían puesto sus esperanzas en este noble proyecto.

Un escandinavo, cliente mío, había sugerido que contactáramos con una compañía sueca de inversiones, que estaba buscando proyectos similares en los que invertir. La junta de Anugraha se puso en contacto con ellos y, después de unas semanas de negociaciones, llegamos a lo que parecía una oferta aceptable: comprarían la propiedad Anugraha Hotels Ltd., pero mantendrían el equipo de trabajo, que continuaría dirigiendo el hotel y el centro de conferencia y permitirían que los miembros Subud los usaran para celebrar sus eventos. Además, ésta era la parte interesante del trato propuesto, nos darían la opción de comprar de nuevo la propiedad después de cinco u ocho años. En otras palabras, podíamos continuar usándolos, mientras nos daba tiempo, una vez descargados de la deuda, de tener la posibilidad de readquirirlos en una fecha posterior.

La junta acordó unánimemente que esa era la mejor opción y, antes de cerrar el trato, organizamos una reunión extraordinaria con los accionistas para explicarles nuestra decisión. La gran mayoría de los miembros Subud, no solo en el Reino Unido, sino también alrededor del mundo, llevaban Anugraha muy profundo en sus corazones. A todos nos encantaba el lugar. El edificio y su decoración interior eran preciosos, y el parque que lo rodeaba, con los árboles centenarios, le daba una presencia majestuosa. Sentíamos que era nuestro centro internacional, aunque en verdad, financieramente, pertenecía a los bancos y a algunos inversores ricos.

Cuando se enteraron de que la junta había tomado la decisión de vender Anugraha, se formó rápidamente un equipo de oposición. Sintieron que habíamos dejado fuera a los miembros Subud, y estaban decididos a no permitirnos continuar con nuestra decisión de vender.

Los últimos meses fueron extremadamente duros; la presión material sobre la junta de directores creció, ¡y un día me di cuenta de que no me había reído durante los últimos tres meses! Mis hijos me hicieron la observación de que, durante ese tiempo, mi pelo se había vuelto gris y que ya no era el padre feliz que solía ser. Hasta me resultaba difícil entregarme completamente en mi latihan. Me sentí atrapado, como si estuviera cubierto de una melaza gruesa y pegajosa. Durante un latihan, me puse frente a una poderosa fuerza negativa y me pregunté: "¿Cuál es la mejor actitud que puedo tener para no ser engullido por este ogro de las fuerzas materiales?"

Me vi de pie, completamente desnudo, con los brazos abiertos, diminuto frente a un coloso que se había detenido a muy corta distancia. Un potente canto salió de mi garganta y de mi pecho en su dirección, mi conciencia se amplió y me llevó a un espacio de serena paz, mientras me sentía lleno de luz. Me di cuenta, en ese momento, de que mi compromiso con Anugraha había sido demasiado para mi corazón, y que las fuerzas materiales habían enraizado en él y habían consumido lo mejor de mí. Empecé a reír, ya que la situación era, en cierta forma, graciosa. Ahí estaba, desnudo frente a este horrible monstruo que, con su gran peso y poder, podría aplastarme como una pulga inútil, pero se había detenido y comenzó a descomponerse haciéndose más y más pequeño, mientras yo me sentía más y más ligero... La experiencia completa, duró algún tiempo, y después del latihan me sentí ligero, claro y desprendido de mis responsabilidades como director de Anugraha.

Recuerdo haberme sentido infinitamente agradecido a la Fuente de Vida con la que Bapak nos había puesto en contacto. Ahora sentía este contacto cerca de mí. No solo había aclarado mis miedos y ansiedades, sino que también me había conectado de nuevo con mi alma. En los tres meses que estuve en la junta, había perdido el contacto con mi alma: estaba absorbida por el mundo material con todos sus problemas confusos y dificultades.

Sintiéndome vivificado, como si hubiera sido renovado por este latihan, pude ver que muchos miembros Subud estaban atrapados por una especie de síndrome de la catedral. Vieron a Anugraha como su catedral y estaban decididos a dar todo lo que poseían, incluyendo sus casas, para tratar de salvarla. Su entusiasmo para 'salvar Anugraha' los había cegado a la realidad material de que sus casas se perderían dentro del gran agujero negro en que se había convertido la deuda. Una profunda tristeza se apoderó de mí cuando fui testigo de las diferencias que había entre nosotros. Lamenté que este, inicialmente, noble proyecto, pudiera crear tanta amargura entre los miembros Subud.

Al final de una tarde, después de una difícil reunión de la junta donde algunos de los organizadores del grupo opositor habían venido a tratar de convencernos de no seguir adelante, había ido a hacer latihan en la Sala grande. Me sentía pesado cuando me arrodillé en el suelo, la frente tocando la alfombra de lana; ¿cómo podía ser que la armonía entre nosotros se hubiera perturbado tanto? ¿Cómo no podían ver que la situación había llegado a un punto en que perderían sus casas? Dijeron que era nuestra falta de fe la que había creado el problema, que si hubiéramos puesto nuestras casas como garantía hubiéramos tenido suficiente seguridad para pedir prestado más a los bancos y llevar el proyecto a cabo. Pero yo sabía, por mis observaciones, que esto solo incrementaría el sufrimiento y la confusión entre nosotros.

Las lágrimas rodaban por mis mejillas hasta la gruesa alfombra; nuevamente me sentía completamente desconectado de mi alma y solo en mi dolor, deprimido y vacío, respirando a duras penas, como si flotara en un lugar pequeño, estrecho y oscuro. Después de veinte minutos, noté una presencia que estaba arrodillada a mi lado; imperceptiblemente al principio, un sentimiento de delicado amor comenzó a envolver mi Ser, especialmente alrededor de mi cabeza y de mi corazón. Abrí lentamente mis ojos internos para ver una enorme luz y una mano luminosa que estaba acariciando amorosamente mi cabeza como diciendo: "No te sientas tan perdido, mi amigo, no estás solo …"

Mi conciencia se estaba conectando de nuevo suavemente a mi alma, y comencé gradualmente a sentirme completo otra vez. Mi innata curiosidad me llevó a seguir la mano grande. Pertenecía a un Ser de luz enorme que llenaba la sala de latihan, y sentí en mi interior una vibración angelical.

Era tarde cuando dejé a Anugraha para conducir de vuelta a casa esa noche, y el dolor en mi pecho, la tensión en mi garganta, y la triste sensación creada por la desavenencia entre los miembros Subud, habían desaparecido completamente. Me sentí centrado y tranquilo mientras conducía por la M25.

Todo mi Ser estaba lleno de vida, lleno de la realidad de ese momento maravilloso de reconciliación entre mi ser externo e interno. Supongo que es cierto que cada persona, al oír o leer una palabra entiende esa palabra según su propia experiencia sobre ella. Así que, si trato de expresarlo en palabras escritas, diría sencillamente que la mano grande, que me había consolado con afecto, pertenecía a un Ser que habitaba el nivel angélico de mi conciencia. Este nivel particular de conciencia, así lo entiendo, solo puede alcanzarse a través de mí Ser, ya que forma parte de mi paleta espiritual interior.

Finalmente, llegó el desafiante día de la reunión entre los dos grupos de Anugraha; la reunión se celebró en la sala grande. Era un día maravilloso, un día soleado al inicio de la primavera, y asistieron muchos accionistas y otros miembros Subud. El director administrativo, también presidente de la junta, abrió la sesión explicando por qué la junta había llegado a la impopular decisión de aceptar la oferta del grupo sueco. Entre la audiencia se oyeron muchos ruidos, de enfado y decepción, cuando habló el presidente. Era evidente que muchos miembros no estaban convencidos de nuestra decisión.

El líder de la oposición cogió el micrófono y con mucha elocuencia, dramatismo y determinación, dio un empujón final para convencer, a los aun indecisos accionistas presentes, de que su vía para salvar a Anugraha era la única solución posible: "Veamos este proyecto como si estuviéramos construyendo nuestra propia catedral. Ofreciendo nuestras casas como garantía podemos recaudar suficiente dinero para sacar adelante nuestro proyecto de centro internacional..." En ese momento, sus emociones le desbordaron y se produjo un aplauso entusiasta.

A la luz de lo que acababa de pasar, era obvio que la actual junta tenía que dimitir, y eso fue lo que hicimos. Se formó una nueva junta con miembros del grupo de oposición. Sentí que era mi responsabilidad coger el micrófono para reafirmar que, según mi opinión, las cifras de las cuentas nos mostraban, sin lugar a dudas, que usar las casas privadas como garantía para recaudar más fondos, las pondría en alto riesgo y el problema no se resolvería. El grupo 'catedral' estaba ahora gritando tan alto que era inútil tratar de seguir haciendo mi razonamiento y, con calma, pasé el micrófono a otro orador.

Durante las turbulencias de la reunión, aún mientras hablaba, noté lo tranquilo, imparcial y ligero que me sentía. Nuestra junta renunció, la nueva junta se reunió y fue aprobada, y hubo un sentimiento reavivado de esperanza entre la mayor parte de la audiencia. Nuestra junta había seguido lo que pensó era el mejor camino con toda sinceridad y con mucha devoción. La nueva junta había tomado el asiento del conductor con toda su sinceridad y con igual devoción. El director administrativo de nuestra junta permaneció en ella durante un período de tiempo, hasta que la nueva junta tuvo todos los hilos de la empresa en sus manos, y aprendió a usarlos para cumplir sus esperanzas

Unos años más tarde perdimos completamente Anugraha, dejándonos a cada uno de nosotros, los que habíamos estado implicados emocional y financieramente en el proyecto, aclarar por nosotros mismos los problemas creados por nuestra implicación. Sinceramente espero que cada uno haya aprendido algo de ello, por el bien de nuestro propio desarrollo individual interno y externo. Esta poderosa experiencia me enseñó mucho sobre cómo reconocer y manejar la acción de esta fuerza material dentro de mí mismo, para no ser afectado por ella en mis sentimientos y en mi visión.

Después de la muerte de Bapak, 1987

A veces me preguntaba cómo sería para los miembros Subud de todo el mundo cuando Bapak muriera; habían sido testigos de su inspiradora presencia, para bien, durante más de 30 años. En lo profundo de mí, me sentía sutilmente conectado con él, y siempre esperaba con alegría sus visitas a Inglaterra. Para muchos de nosotros, fue un verdadero padre espiritual, siempre dispuesto a explicarnos las cosas de forma amable y clara cuando había alguna confusión. Tomaba todas las decisiones importantes relativas a la estructura de nuestra organización, escogiendo al presidente, aprobando los nuevos ayudantes y testando para seleccionar a los nuevos ayudantes internacionales para cada período siguiente de cuatro años.

También nos animó a comenzar grandes empresas, así como individuales, dando su ejemplo; había iniciado varios proyectos grandes: un banco, un hotel y un gran edificio comercial y de negocios en Yakarta.

Extrañamente, cuando Bapak murió me sentí extremadamente ligero y feliz por dentro, aunque mi ego quería estar triste, como suele ser el caso cuando uno pierde a alguien a quien quiere mucho. De repente sentí como si me hubiera convertido en un adulto espiritualmente responsable. En cierta forma, mi conciencia se amplió y, hasta hoy, cuando me aventuro en mi espacio interior, siento la presencia de Bapak cerca de mí.

Fue en Anugraha donde conmemoramos los cien días de la muerte de Bapak. Algunos de los organizadores de la ceremonia de conmemoración vinieron a visitarme a mi tienda de antigüedades, Léonard Lassalle Antiques Ltd., para preguntarme si estaría dispuesto a decir algo sobre la vida de Bapak al final de la ceremonia. Un imán debía comenzar, seguido por un rabino, a continuación un sacerdote anglicano, después probablemente Sharif Horthy, que había sido el secretario privado de Bapak durante muchos años, y finalmente yo mismo. Acepté la petición, pero después me sentí muy nervioso pensando en qué diría.

Así que, durante las dos semanas siguientes, cada momento libre lo empleé preparando lo que iba a decir. Pensé que el imán, el rabino y el sacerdote harían la parte religiosa y espiritual con oraciones y todo lo que acostumbran en sus respectivas religiones. En cuanto a Sharif, no tenía ni idea de qué diría, pero pensé que estaría relacionado con su papel como secretario de Bapak. Así que preparé un tipo de esquema con puntos claves, comenzando en Coombe Springs en 1957, y luego desarrollando una historia de los siguientes 30 años de existencia activa de Bapak difundiendo el latihan alrededor del mundo. También hablaría sobre los muchos proyectos que Bapak había comenzado, o que nos había inspirado a desarrollar.

Finalmente llegó el día de la conmemoración. Los dos pisos del salón circular de conferencia de Anugraha estaban totalmente llenos. Llegué justo a tiempo, a propósito, para no encontrarme con nadie que pudiera distraerme de mi concentración. Me pidieron que me sentara detrás de las cortinas, al fondo del escenario, a la derecha de la audiencia, y esperara mi turno para hablar. Solo había cuatro sillas y me pidieron que me sentara en la última. Sorprendido pregunté: "¿Dime, no somos cinco para dirigirnos a la audiencia? ¿Dónde está Sharif?"

La respuesta fue breve: "En Indonesia, Léonard."

Así que me senté y esperé tranquilamente mi turno. Todas las luces del gran salón circular estaban apagadas; solo se mantenía un foco iluminando el atril. Cada uno de los representantes religiosos era un miembro Subud, y disfruté escuchando sus ceremoniosos discursos. Cuando el sacerdote anglicano terminó de hablar, pensé que era mi turno y empecé a levantarme... Sentí una mano descansando sobre mi hombro izquierdo y uno de los organizadores dijo: "No, Léonard, Sharif primero; tú vas después".

Y antes de que pudiera sentarme de nuevo, oí la voz clara y suave de Sharif resonar en todo el espacio del salón... No sabía que Sharif no había regresado de Indonesia, y lo que estábamos escuchando era una grabación del discurso que había dado el día del funeral de Bapak en Yakarta 100 días antes.

Escuché con sorpresa, que lo que decía cubría, punto por punto, el discurso que yo había preparado con tanto cuidado. Era extraordinario; probablemente porque estoy cerca de Sharif en mis sentimientos, como si fuera mi propio hermano. ¡Lo que dijo era tan similar a lo que yo había pasado preparando dos semanas! Me gustaba lo que decía, y se adaptaba bien a lo que yo hubiera dicho... ¿Pero ahora? ¿De qué iba a hablar yo?

La voz grabada de Sharif llegó a su fin y era mi turno de levantarme e ir al atril. Me sentí nervioso al ponerme en pie frente a una audiencia que no podía ver, porque el foco dirigido al atril era muy brillante. Sosteniendo fuertemente los lados del atril, mirando hacia abajo, luchando por entrar en mi silencio interior, me sentí de repente apaciguado por la presencia de Bapak que me envolvía completamente. Miré hacia arriba y me sentí confortado al ver a un enorme Bapak que parecía llenar todo el espacio del salón. Lo miré y le pregunté desde dentro: "Bapak, por favor ¿sobre qué debo hablar?"

Sonrió y oí su voz decir: "Léonard, habla sobre tus experiencias con el latihan."

"¿Pero, ¿cuál de ellas, Bapak?" Pregunté.

"Ya sabes, sobre los Profetas", dijo sonriendo. Y tan sorprendentemente como había aparecido, desapareció.

A partir de ahí, no hubo más dudas, y les conté la sombrosa historia de los profetas tal como se la he contado a ustedes, queridos lectores. En la medida en que las palabras salían fácilmente de mi boca, podía ver que el público se sentía uno conmigo, atentos a lo que se estaba diciendo y emocionados por la historia; era la primera vez que compartía mis realidades espirituales en público, aunque fueran miembros Subud.

A veces durante la historia algunas personas lloraban, tan emocionados como lo estuve yo la primera vez; y cerca del final de la historia, cuando el kretek de Bapak dio la pequeña explosión, toda la audiencia estalló en carcajadas liberadoras.

Hubo un largo y profundo silencio después de terminar la historia. Todos estábamos unidos en un sentimiento profundo, pacífico y reflexivo.

Algunas personas se acercaron después, a darme las gracias por haber contado la historia que aportaba luz a una realidad oculta que sospechaban. Uno de ellos, un sacerdote jesuita, me dijo que había estado preguntándose durante mucho tiempo quien era Bapak en realidad, cómo situarlo en la perspectiva de los Profetas de la Biblia. Ahora, después de mi historia, estaba claro para él que todos los Profetas eran, en verdad, un solo Ser espiritual enviado para ayudar a la humanidad en diferentes épocas de su historia espiritual. Bapak los encarnaba y nos había traído el latihan para darnos un contacto directo con nuestra fuente y conectarnos con nuestra propia realidad espiritual, concluyó dándome las gracias.

Capítulo 5

El latihan en giras internacionales

Primera visita a Java

El chirrido del turborreactor del avión que nos había elevado a través de las nubes a gran altitud, se convirtió en un ronroneo tranquilizador. Respiré profundamente mientras cerraba los ojos, abandonando mis pensamientos a la deriva. Era el otoño de 1970 y había decidido pasar el mes de Ramadán en Indonesia, en realidad en Cilandak, Yakarta, donde Vivian Bapak, su familia, y muchos de nuestros amigos más íntimos.

Durante años, Mélinda y yo habíamos hecho el ayuno anual. Ambos obteníamos grandes beneficios con su práctica; actuaba como un freno al flujo interminable y turbulento de la vida que, de otra forma, hubiera estado en movimiento continuo y hubiera invadido todo nuestro espacio interior sin detenerse. Aunque los musulmanes no ayunan mientras viajan, al no ser musulmán (no practico ninguna religión) decidí no perder ni un solo día para hacer los 30 días de ayuno completos.

Era la primera vez que estaba lejos de mi familia y mi primer vuelo de larga distancia. Sintiéndome profundamente en paz, observé mi mente vagar suavemente a través de las actividades de los días previos. ¡Había tanto que hacer antes de irme! Peter, un joven diligente que estaba interesado en el comercio de antigüedades, junto con mi secretaria, mantendrían abierta la tienda durante mi ausencia. Mélinda, mi madre Olivia y Ellen, nuestra maravillosamente eficiente au pair holandesa, mantendrían la casa y cuidarían de los niños.

Cuando cerré los ojos, fluyeron sentimientos de amor hacia mi esposa, mi madre y nuestros seis hijos. Todos tan diferentes de carácter y aspecto, que me recordaban un ramo de flores silvestres, cada uno con su belleza particular. Sonreí cuando mi conciencia se centró en la barriga de Mélinda para abrazar a nuestro número siete, en gestación, que debía nacer el próximo mes de abril.

Sin embargo, había en mi corazón, una pregunta turbadora: ¿viviría Marcel hasta mi regreso? Marcel Laroche se había casado recientemente con mi madre, y se había mudado de Cannes para vivir con ella en el apartamento encima de la tienda. Estaba obeso (más de 120 kg) y solo tenía una pierna, lo que demandaba a su pierna, y a su corazón, un gran esfuerzo para subir los pisos. En dos ocasiones durante los meses previos, tuve que devolverlo a la vida tras violentos ataques cardíacos. En ambas ocasiones estaba en mi oficina cuando sentí que, dos pisos arriba, algo grave estaba pasando. Subí las escaleras de dos en dos y lo encontré en su sillón, incapaz de respirar y desfigurado por el dolor de los ataques. Primero, lo sujeté por ambas muñecas y lo levantaba y dejaba caer, después hice un bombeo de reanimación sobre su corazón con ambos puños. Funcionó. Él no recordaba haber perdido la conciencia y se sorprendió cuando le dije lo que había pasado. Sabiendo que ni mi madre ni Mélinda serían lo suficientemente fuertes como para ejecutar esta resucitación física, me preguntaba si viviría aún a mi regreso.

Seguro de haber dejado mis responsabilidades cubiertas de la mejor manera posible, me relajé profundamente en un sueño semiconsciente. Nuestro avión paró para repostar en Rimini, Dubai, Karachi y Calcuta, y finalmente aterrizamos en el aeropuerto de Kuala Lumpur, donde embarqué en otro avión hacia Yakarta. Desde el aeropuerto de Luton, el vuelo había durado 36 horas y me sentía muy cansado cuando, finalmente, aterrizamos en el aeropuerto caluroso y húmedo de Yakarta.

Cilandak era como una pequeña aldea, donde todos sus habitantes practicaban el latihan, dando al lugar una atmósfera muy especial. Llegar al complejo era como entrar a un espacio familiar. Me sentí instantáneamente en casa y acogido por las caras sonrientes que encontré. Antes de visitar a mis numerosos amigos de Europa y los Estados Unidos, que vivían allí permanentemente, fui a la oficina internacional de Subud para registrar mi llegada y averiguar donde debía alojarme. Unas 50 o 60 personas habían llegado de diferentes partes del mundo para hacer el Ramadán en Cilandak, y la oficina estaba ocupada registrando y dirigiendo a los recién llegados a sus alojamientos.

Durante el ayuno la vida en Cilandak tenía lugar principalmente por las noches, ya que después de una cena, alrededor

Con Mas Sudarto en Cilandak, 1970

de las seis y media de la tarde, la mayoría de nosotros permanecía levantado hasta el desayuno, que lo hacíamos entre las tres y media y las cuatro y media, antes del alba. Antes, cuando había ayunado, siempre había tenido que atender el trabajo diario y a la familia. Pero aquí, lejos de casa, todo el tiempo era mío.

Después de dormir tres o cuatro horas, me levantaba y salía a dar largos paseos por el campo, llevando conmigo mi block de dibujo y mi caja de acuarelas. Todo era nuevo para mí: la fauna, los búfalos, la vida animal, los habitantes locales y sus aldeas. Encontrarme en un país donde no me podía comunicar con palabras sino solo con mis manos, sonrisas y expresiones, era una experiencia nueva. A veces, para hacerme entender, usaba dibujos que rápidamente bosquejaba sobre mi cuaderno para deleite de los numerosos niños risueños que parecían estar permanentemente a mi alrededor,

Al año siguiente el Congreso Mundial Subud se iba a celebrar en Cilandak, y el trabajo había comenzado ya para construir una gran sala de latihan. Mientras tanto hacíamos nuestro latihan en una cabaña grande construida, a bajo costo, unos años antes.

Era excepcional no estar bajo la presión del tiempo y las responsabilidades, tengo que hacer esto o tengo que hacer aquello, como normalmente se está, bajo las órdenes exigentes del mundo material. Por lo que, después de la cena, entraba al salón de latihan y me abandonaba por completo, sabiendo que no tenía que regresar a lugar alguno para nada en especial. Simplemente podía dejar fluir y desarrollar el latihan libremente hasta alcanzar un profundo sentimiento de paz que me indicaba que había llegado al final.

El día 19 del ayuno el latihan me llevó a través de una experiencia poco común, durante la cual mi conciencia alcanzó una dimensión espiritual, no solo de mi propio espacio físico sino también de una realidad cósmica. Sentado, con mis pies metidos bajo mi cuerpo y mis antebrazos y manos descansando sobre mis rodillas, oí un chisporroteo, como si algo se estuviera quemando estimulado por una fuerte corriente de aire.

Abrí los ojos para comprobar que no había fuego en el salón de latihan y, tranquilizado, cerré mis ojos nuevamente y miré hacia dentro al tomar conciencia de que el fuego estaba realmente quemando algo en mi cabeza. Las llamas azules crepitaban en una cámara circular de color rojo oscuro; estaba dentro de mi cráneo y sentí que las llamas estaban realmente limpiando mi mente pensante. La parte superior de mi cuerpo se estaba balanceando suavemente, siguiendo el movimiento circular de las llamas en mi cabeza. Sentí mucho dolor, aunque no estaba ligado a su intensidad. Después de algún tiempo, como si el fuego no tuviera más combustible para alimentarse, se apagó gradualmente, llevándose el dolor con los chisporroteos.

Sentí una gran sensación de alivio dentro de mi cráneo, como un enfriamiento refrescante. Mi conciencia flotaba fuera de mi cuerpo y residía en el recipiente de mi alma. Podía ver, allí abajo, mi cuerpo aún arrodillado sobre el piso del amplio salón donde algunos estaban haciendo su latihan. Sentí mi alma expandiéndose y, mientras se expandía, estaba por encima de la sala de latihan, y vi todo el complejo Subud con sus luces titilando. A medida que mi conciencia crecía vi, como en una ascensión en globo, toda Yakarta y sus alrededores. La expansión continuó, y sentí la necesidad de mirar hacia el firmamento.

Poco a poco fui consciente de que estaba entre las piernas gigantescas de Bapak, y al mismo tiempo era consciente de la vida activa abajo; mi alma, llena de un poderoso sentimiento de amor que parecía venir de Bapak, alcanzó un nivel de conciencia que apenas podía contener. Ahora me estaba acercando al lugar donde las piernas se unían al cuerpo, sabiendo que no era capaz de ir más allá, porque mi recipiente no estaba lo suficientemente desarrollado para contener más conciencia. Fui consciente de que hacia arriba estaba el resto del cuerpo espiritual de Bapak, desapareciendo más allá de la Vía Láctea.

Tardé algún tiempo en regresar a mi ser físico. Mi latihan terminó en silencio, la experiencia había sido muy intensa y, aunque me sentía extremadamente bien y despierto, no tenía ganas de estar con nadie; por lo que caminé en la noche sin luna por los estrechos senderos de los jardines, de los que emanaba una fuerte fragancia tropical. Estaba llorando, no de tristeza, sino por una especie de alegría mezclada con un poderoso sentimiento de reverencia y agradecimiento. Acababa de ser consciente de la dimensión espiritual de Bapak.

Años más tarde comprendí el significado de esta experiencia. Las llamas azules ardiendo fieramente dentro de mi cráneo eran como una purificación de mi mente, que con el tiempo se convirtió en una herramienta más obediente de mi alma, en lugar de ser el empleado de mis pasiones, necesidades y deseos, tal como había sido durante la mayor parte de mi vida hasta ese momento.

Aunque vi a Bapak en su cuerpo físico cuando me cruzaba con él en el complejo Subud o durante las muchas charlas que nos dio, en el plano espiritual comprendí, internamente, que su amplia conciencia trascendía mucho más allá de la Vía Láctea hacia la fuente del Universo.

Después de los 30 días de ayuno, me quedé otra semana en Cilandak antes de comenzar el largo regreso al aeropuerto de Luton, cerca de Londres. La nieve cubría Inglaterra y, aunque era de noche, no podíamos ver ninguna luz centelleante. Nuestro avión tuvo que volar en círculos sobre el aeropuerto apagado, durante algo más de una hora, antes de que se le permitiera aterrizar. Una doble línea de luces amarillas parpadeantes apareció sobre la pista, y procedimos a aterrizar. Debido a una huelga general en el sector de la electricidad, todo el país estaba en total oscuridad.

Había muchas historias que contar a la familia y regalos que distribuir cuando llegué a casa. El tercer ataque cardíaco se había llevado a Marcel. Mélinda y Olivia habían tenido que enviar el cuerpo a Cannes donde había tenido lugar el funeral.

Cambios en mis responsabilidades espirituales

Como el número de personas haciendo latihan en el mundo creció, Bapak sintió que era necesario dar a Subud la base de una estructura simple para ayudarnos en la organización. En primer lugar, para atender a nuestras necesidades materiales; es decir, espacios para hacer latihan y dinero para sufragar los gastos de los viajes de los miembros con funciones internacionales y también para organizar nuestros congresos cada cuatro años. En segundo lugar, equilibrar lo material con lo espiritual, Bapak necesitaba ayuda de los miembros con más experiencia en el latihan, para llevar el entrenamiento espiritual a todas las partes del mundo donde hubiera una petición.

A los miembros encargados de esa tarea les llamó Ayudantes Internacionales; y cada cuatro años, en nuestros congresos mundiales, se seleccionarían los nuevos a través del test por los ayudantes internacionales salientes. Lo mismo era válido para la selección del presidente del Comité Internacional. De esa forma todos los miembros con una responsabilidad internacional se renovarían completamente en cada ciclo. Esto evitaría crear una jerarquía dentro de la organización.

Creo haber mencionado anteriormente que el latihan es una experiencia que no se repite, así que cada vez que lo práctico, paso por algo diferente. Con frecuencia, lo que se experimenta en el latihan es como un entrenamiento que te prepara para lo que está por llegar.

A mediado de los 80, durante un ejercicio espiritual en Tunbridge Wells, estaba haciendo mi latihan junto a unos cuantos hombres, cuando me di cuenta de que estaba de pie en el fondo de un gigantesco océano. Mis ojos, en la línea del agua, eran capaces de ver sobre el agua con el cielo sin fin encima, así como bajo el agua fría de un pálido azul verdoso. Sentí un ritmo profundo y lento, como si el océano estuviera respirando, haciendo que las algas pardas y verdes se extendieran hacia la luz de su superficie y se balancearan al unísono majestuosamente. Comprendí, unos dos años más tarde, el significado de esto a través de otra experiencia poco común, y bastante dramática. En ese momento, formaba parte del equipo de ayudantes nacionales para el Reino Unido; había tenido esa responsabilidad ya, y sabía que, aunque significaba asignar parte de mi tiempo a su función, bien valía la pena, porque eso ampliaba mi experiencia en el aspecto humano y espiritual de la vida. También tuve el placer de trabajar en equipo con otros que representaban las diferentes partes de Inglaterra, Escocia y Gales. Los equipos de ayudantes, tanto nacionales como internacionales, estaban compuestos por un número igual de ayudantes hombres y ayudantes mujeres.

Nuestro amado Bapak había fallecido en 1987, y el próximo Congreso Mundial debía celebrarse en Sídney a principio de 1988; iba a ser nuestro primer Congreso Mundial sin la presencia física de Bapak y todos nos preguntamos cómo funcionaría. No era fácil encontrar candidatos dispuestos a asumir las responsabilidades de convertirse en Ayudantes Internacionales; se me habían acercado varias veces con la propuesta, pero la había rechazado por mi trabajo en la tienda y el poco tiempo que ya tenía para dedicar a mi gran familia. Mélinda y yo decidimos asistir a este Noveno Congreso Mundial junto con cuatro de nuestros hijos, Lucianne, la mayor (que solía ser Laura), Richard, Hermas y Dahlan, más Liora, la pequeña hija de nueve meses de Lucianne.

Era la primera vez que estaba en esta parte del hemisferio sur, donde la pureza del aire, el calor ardiente de un sol intenso, y la increíble diversidad de la flora, eran arrebatadores. Deseosos de bañarnos en el Océano Pacífico, para nosotros aún desconocido, unos pocos decidimos ir a la playa al final de la mañana del día siguiente a nuestra llegada.

Condujimos hasta una pequeña cala entre zonas de césped verde, plantadas de pinos gigantescos, que llevaban a una playa de brillante arena blanca; la majestuosa belleza era muy impresionante. El sonido profundo y musical de las grandes olas rompiendo y retirándose llenaba todo el espacio sonoro. Un salvavidas alto, de color cobre, con los pies acariciados por las olas, y un gorro de baño de caucho rojo sobre su pelo rubio, observaba atentamente a los bañistas. Hermas y yo dejamos a las mujeres con nuestras pertenencias e, inocentemente, caminamos hacia el extremo derecho donde había menos personas en la playa. Con nuestra impaciencia por disfrutar de las atractivas aguas color verde pálido, ambos nos sumergimos en la ola que se aproximaba justo antes de que se estrellara sobre la arena. La inmediata sensación del agua fresca envolviendo nuestros sobrecalentados cuerpos fue deliciosa. Enseguida me di cuenta de que, aunque estábamos junto a la playa, mis pies no podían tocar el fondo y que una fuerte corriente por debajo nos llevaba hacia el mar abierto. Levanté la cabeza sobre el agua preguntándome si podría ver a mi hijo... Sí, estaba allí, un poco más lejos, aparentemente disfrutando flotando sobre su espalda. Al nadar en su dirección sentí que me arrastraban hacia abajo por los pies, y necesité mucho más esfuerzo que el normal para mantenerme cerca de la superficie.

Hermas estaba ahora cerca y le pregunté: "¿Estas bien?"

Sonrió y contestó tranquilamente: "Sí, pero no sé por qué me siento un poco cansado, voy a volver.

Cuando nos volvimos hacia la playa, nos dimos cuenta de lo lejos que parecía estar. Yo también me sentía bastante cansado, ya que resistir el incesante arrastre del agua era agotador. Recuerdo haber pensado en una historia que contaba un amigo de Indonesia: que a la Reina de los Mares del Sur le gustaba arrastrar de los pies a los hombres y llevarlos a su reino submarino. Por hermosa que fuera esa joven reina, la idea de ser arrastrado no era muy agradable y la alejé de mi mente para concentrarme en mi lento regreso a la playa.

Empezaba a sentirme realmente muy débil y cansado. Mi cuerpo no parecía querer flotar. Podía respirar a duras penas, pero no lo suficiente como para alimentar a mi cuerpo apropiadamente con el oxígeno necesario. Me sentí preocupado por mi hijo y me pregunté dónde estaba;

también por mi familia en la playa, probablemente preguntándose dónde estábamos. Sintiendo que pudiera estar perdiendo mi batalla para sobrevivir, me volví hacia al creador dentro de mi ser y pregunté: "¿Es esta tu voluntad? ¿He venido hasta Australia para ahogarme?"

La respuesta llegó enseguida y absolutamente clara: "¡Claro que no! Sencillamente asume la responsabilidad de convertirte en Ayudante Internacional".

Me sentí como si estuviera siendo chantajeando: "¿Quieres decir que, si no acepto, iré directo al reino azul de la Reina de los Mares del Sur?"

"Es tu elección; tienes que decidir."

Nunca me había sentido tan débil, era como si toda la energía de mi cuello, brazos, piernas y cuerpo hubiera desaparecido, y pensé: "¿Cómo puedo regresar cuando no me queda energía?" Entonces hice un contrato interiormente: "¡Está bien, estoy de acuerdo, pero tienes que llevarnos seguros a mi hijo y a mí de vuelta a la playa!" Ese fue mi trato.

En un último esfuerzo, que vino más de mi mente que de mi cuerpo, me las arreglé para sacar mi cabeza del agua y buscar a Hermas... Bien, estaba justo detrás de mí, no demasiado lejos, también flotando. De pronto, viniendo desde el mar abierto, unas olas más allá, vi una ola gigantesca acercándose a nosotros y grité: "Hay una enorme ola que viene hacia nosotros. ¡Mírala! ¡Rápido, debemos usarla para volver a la playa!"

Al sentir la vibrante energía de la majestuosa ola cogerme a su paso, encontré suficiente fuerza para nadar junto a ella y noté, con gran alivio, que mi querido hijo también se estaba beneficiando del milagroso paseo. Con un estruendoso chapoteo, nuestros cuerpos, exhaustos, fueron entregados salvos a la arena húmeda como brillantes algas sin vida.

Los dos estábamos allí tirados, demasiado cansados como para movernos. Abrí los ojos y vi a Hermas mirándome a unos pocos metros de distancia. Me dirigió una sonrisa radiante, y dijo con voz débil: ¿Estás bien, Papá? Esta vez estuvo cerca, ¿no? asentí con la cabeza y le conté mi pacto con El Creador: "Propondré mi nombre como candidato a Ayudante Internacional".

Cuando recuperamos suficientes fuerzas para regresar a nuestro campamento en la playa, le conté a Mélinda y a Lucianne mi decisión. La reacción de Mélinda fue: "Ah, bien. Siempre he sentido que deberías proponer tu nombre en la candidatura".

Condujimos de vuela a la Universidad de Sídney donde se estaba celebrando el Congreso; llegamos un poco tarde para el latihan de hombres de las seis de la tarde y, al acercarme al salón, pude oír el latihan comenzando. Me quité las sandalias y entré al enorme gimnasio. Estaba totalmente lleno de hombres, cada uno con los ojos cerrados, abandonándose independientemente a los movimientos de sus almas. Debía haber al menos quinientos o seiscientos. Me deslicé hacia el otro extremo donde había un pequeño escenario de madera, al que subí para encontrar un poco más de espacio. Puse mis sandalias contra la pared y me volví hacia el gran salón en estado de completa paz y atención. Oí el sonido cacofónico de los hombres haciendo latihan, me recordó el sonido del océano y me dejé acunar por él.

Recordé la experiencia que había tenido en el salón de Tunbridge Wells, cuando me encontré frente al vasto océano. Mis ojos se abrieron lentamente. Desde el estrado donde me encontraba pude ver a los hombres que parecían moverse de manera similar a las algas, y a la vida marina, respondiendo a las corrientes de las profundidades. Sentí amor y unión con ellos, dándome cuenta al mismo tiempo de la unidad de la humanidad. Todos estos hombres, cada uno con su propia individualidad, tan diferentes entre sí, al entregarse al movimiento de sus almas, se habían convertido en uno, en un todo armonioso. Como dirigidos por un director de orquesta invisible, cada individuo de la sala llegó al final del latihan, y un silencio profundo y reverente se apoderó del lugar.

Me acerqué al grupo de Ayudantes Internacionales que estaban charlando en voz baja y les sonreí diciendo: "Si todavía están escasos de candidatos, estoy dispuesto a que mi nombre entre en la lista". Esa misma tarde, después de un breve latihan, el test confirmó que era bueno para mí asumir las tareas de Ayudante Internacional los próximos cuatro años.

El primer latihan de Janusz en un ático de Varsovia

Trabajamos en equipo de seis (tres mujeres y tres hombres) para cada área del mundo, dividido en tres áreas:
- Asia, el sudeste de Asia y el Pacífico incluyendo Australia y Nueva Zelanda.
- Europa y África incluyendo el Medio Oriente.
- Las Américas.

Así que, en total, dieciocho Ayudantes Internacionales que tenían la tarea de visitar los grupos y a los miembros aislados de las nueve zonas, tres por cada área.

Nuestra Área Dos, está formada por Europa Occidental y el Medio Oriente, Europa Oriental incluyendo partes de la antigua Unión Soviética, y toda África. Las tres mujeres con las que trabajaríamos eran Lusiyah Bassi de Italia,

Rosalind Williams y Kadariyah Gardiner, ambas del Reino Unido. Los hombres, además de yo mismo, eran Reibrand Visman de Holanda y el Dr. Hernando Cacho de España.

Durante los próximos cuatro años y medio, los seis nos reuníamos dos veces al año a fin de organizarnos para los seis meses siguientes. Reunirnos y compartir historias de donde habíamos estado y a quienes habíamos conocido fue siempre un momento encantador. A dónde iríamos cada uno de nosotros se decidía siempre a través del test. Desde ese lugar de quietud, cada uno de nosotros recibía claramente si era correcto, o no, visitar un país determinado. Era interesante ver lo armonioso de nuestro recibir, y cómo estábamos generalmente de acuerdo con lo que nuestras compañeras habían recibido, pues los hombres y las mujeres hacían los tests en habitaciones diferentes.

Uno de los primeros países que el nuevo equipo de Ayudantes Internacionales decidió visitar fue Polonia. Kadariyah y yo hicimos un viaje de dos semanas. Volamos a Varsovia donde Daniel Holt, un miembro antiguo, nos recibió y llevó con Anna Szeliska, que había estado haciendo latihan durante años. Los miembros Subud en Varsovia habían estado bajo el poderoso

Kadariyah, Lusiyah y Rosalind, ayudantes internacionales, 1989

Reinbrant, Léonard y Hernando, ayudantes internacionales, 1989

dominio de la URSS y bajo el comunismo habían aprendido, para su propia seguridad personal, a no comunicarse entre ellos. El resultado fue que la mayoría de los miembros en la ciudad no sabían de nuestra presencia. Sin embargo, logramos reunirnos con una docena de miembros y hacer el latihan con ellos. También, les hablamos de nuestros planes para visitar las ciudades de Gdansk, Grudziadz, Olsztyn y Torun, donde nos estaban esperando miembros aislados y gente interesada.

Polonia acababa de liberarse de la opresión del dominio ruso, y el transporte era difícil de organizar, por lo que decidimos alquilar un taxista local que, además de llevarnos de un sitio a otro, pudiera ser nuestro intérprete. Nos encontramos con Kasimir y su viejo Mercedes al día siguiente. Enseguida nos gustó y negociamos un precio para toda nuestra estancia en Polonia; él nos llevaría a todos los lugares que necesitáramos visitar y traduciría para nosotros cuando fuera necesario. Kasimir estaba al final de los cuarenta. Su poderoso cuerpo y voz grave nos proporcionó un sentimiento de protección, y pronto averiguamos que era un hombre amable y comprensivo. Su inglés era bueno y nos permitía comunicarnos libremente. Comprendió con rapidez lo que era Subud, el latihan y el objetivo de nuestro viaje.

En Varsovia era difícil encontrar un lugar lo suficientemente grande para hacer un latihan de grupo. Una miembro llamada Natasha, que vivía en la periferia de la gran ciudad, propuso que usáramos el ático de su apartamento. Ryszard, que en ese momento era presidente de Subud Polonia, se unió a nuestro grupo. Estacionamos el vehículo al lado de una circunvalación, cruzamos hacia un edificio alto de ladrillos rojo oscuro, y nos reunimos alrededor de la entrada mientras Natasha buscaba las llaves. De repente se oyó un gran ruido, que sonó como un accidente serio de automóvil; se escuchó más arriba, en la carretera, e hizo que Kasimir saliera a investigar mientras subíamos al quinto piso para tener nuestra reunión y hacer latihan. El apartamento del ático era mucho más pequeño de lo que habíamos previsto. A Ryszard y a mí nos llevaron a un pequeño lugar polvoriento del ático, que servía de almacén, mientras que las ocho mujeres usarían la única habitación para su latihan.

El ángulo del techo era muy agudo y no dejaba más de un metro de espacio entre nuestras cabezas y las vigas que, en forma de telaraña, soportaban el peso del techo. Quitamos unas pocas cajas de cartón para tener un poco más de espacio, y al mirar hacia abajo mis ojos se sorprendieron al ver un viejo uniforme y un casco de soldado alemán que yacían olvidados, posiblemente, desde la Segunda Guerra Mundial.

Mire a Ryszard e intercambiamos unas leves sonrisas irónicas, nos quedamos de pie hasta tener una quietud interna completa, y comenzó el latihan. Lo primero que noté fue el sonido de la calle que parecía hacer eco bajo las tejas de pizarra del techo y el extraño olor a moho del lugar. Penetré en lo más profundo en mi Ser y las canciones comenzaron a salir de mi pecho. Sonaban como antiguas melodías nórdicas que me llevaron a una refinada esfera de sensibilidad. Esto duró algún tiempo, hasta que sentí como si alguien demandara mi atención.

Lentamente abrí mis ojos interiores y vi, como si estuviera mirando a través del techo del ático, a un hombre joven, rubio, desnudo y cabizbajo, que parecía totalmente perdido. Estaba sentado en la orilla de la carretera de dos direcciones, sus codos descansando sobre las rodillas. Sorprendido miré un poco más allá en la carretera y vi su joven cuerpo destrozado, yaciendo en el asfalto en un charco de sangre; tres socorristas lo estaban cubriendo con una gruesa manta gris. Los restos de su moto destrozada permanecían allí tirados.

Yo estaba de pie al lado del joven y le pregunté suavemente su nombre. "Janusz Petrovsky. ¿Qué hago ahora? Mi cuerpo está destrozado, todo ha terminado", respondió alzando su cabeza con elegancia y mirándome con sus grandes ojos azul pálido. Al ver su cara, imaginé todo su origen, el tipo de persona que era, sus padres y el fuerte apego a su único hijo, estudiante de arquitectura en la universidad. También se me reveló toda su naturaleza interior y sentí amor hacia él y hacia su familia.

"¿Te gustaría comenzar el latihan y ayudar a liberar a tu alma para que puedas continuar libremente tu camino espiritual?" Dije en tono alentador.

"Sí, me gustaría", respondió Janusz.

Mi conciencia regresó al ático; el latihan de Ryszard era profundo y tranquilo; lo llamé suavemente por su nombre. Ryszard lanzó una mirada interrogativa, algo sorprendido, ya que no es normal detener a alguien en su latihan.

"¿Estarías de acuerdo en unirte a mí para asistir al primer latihan de un joven que acaba de morir en un accidente de tráfico allí abajo?" Ryszard sonrió y asintió con la cabeza. Dije las palabras habituales de introducción antes de comenzar el primer latihan y comenzamos.

El latihan duró unos 20 minutos. Fue intenso y, en un momento determinado, sentí una onda musical de vibraciones finas elevándose a través de mi cuerpo hacia los cielos: Sabía que nuestro joven amigo había comenzado su nueva travesía. Lentamente, nuestra practica espiritual se aquietó hasta llegar al final. Manteniéndome cerca de mi alma, miré hacia abajo para confirmar que Janusz había abandonado la orilla, y solo su cuerpo inanimado y destrozado permanecía aún sobre la carretera, con mucha gente arremolinada a su alrededor.

Después de este latihan poco usual, Ryszard y yo nos sentimos extremadamente ligeros y felices, y abandonamos el oscuro habitáculo para unirnos en la habitación del ático a las mujeres para tomar té y bizcocho de chocolate. Cuando nuestro taxista informó al regresó sobre el accidente, confirmó exactamente lo que yo había visto mientras hacía el latihan

Una visita astral durante el latihan

Visité Polonia en varias ocasiones con Rosalind, Kadariyah o Lusiyah, y en cada oportunidad sucedieron cosas inesperadas. Esta historia es extraña, pero sin embargo muy real. Ryszard y su comité nos pidieron que visitáramos la ciudad universitaria de Grudziadz, ya que allí había algunos estudiantes que estaban interesados en Subud. Organizamos una reunión con ellos una tarde, en un edificio de la universidad, para explicarles sobre el latihan. Muchos asistieron a la reunión, la mayoría jóvenes estudiantes, pero también cinco o seis personas mayores. La reunión se realizó sin problemas, se hicieron muchas preguntas que fueron debidamente respondidas y, finalmente, hicimos una lista de los que deseaban comenzar el latihan al día siguiente.

Me fijé en un hombre con un grueso bigote, curvado hacia arriba en los extremos, que no paraba de mirarme durante la reunión. Sus risueños ojos azules y su boca sonriente tenían un toque de cinismo; obviamente lo sabía

Kasimir noa lleva de visita al Parque de Varsovia

211

todo y me dio la sensación de que realmente no escuchaba lo que vestábamos diciendo. Me acerqué a él cuando se terminó la reunión, y me presenté. Su nombre era Stanislas; había servido dieciocho años en el ejército polaco y era oficial. Me dijo que estaba muy interesado en lo que llamó asuntos espirituales relacionados con el astral. Me preguntó si podíamos vernos de nuevo y le dije que organizara el encuentro con Ryszard, nuestro presidente.

A la mañana siguiente, Kasimir nos condujo, a Rosalind y a mí, a un alto bloque de apartamentos que se alzaba sobre una colina barrida por los vientos. Cogimos el ascensor hasta el sexto piso donde un hombre llamado Roman, y una señora amiga suya, nos esperaban. El apartamento era espacioso, con grandes ventanas en el comedor que daban a la ciudad y a un rio algo más allá.

Habiendo estado en tantas casas privadas como comerciante de antigüedades, siempre a la caza de alguna rareza, mis ojos escanearon mecánicamente la habitación. Reparé de inmediato en una vitrina de cristal a mi derecha, en la cual había muchas antigüedades, la mayoría egipcias. Sobre la pared había varias impresiones en blanco y negro, enmarcadas, de diferentes signos jeroglíficos, que comprendí representaban la vida después de la muerte y el cosmos. Una voluminosa cruz de Osiris egipcia, en bronce, conocida como la cruz de la vida, colgaba majestuosamente de la pared. Por la atmosfera general de la habitación podía ver que había un interés muy intenso en la magia blanca.

Oímos el timbre de la puerta y Stanislas entró sonriendo. Ignorando a todos los demás, vino directo hacia mí con su regordeta mano extendida. Después de un rápido estrechón de manos todos nos sentamos, Stanislas a mi izquierda, Kasimir y Rosaling frente a mí, y nuestro anfitrión a mi derecha. Había una extraña sensación en la habitación ya que el oficial polaco ignoró a mis amigos por completo. De forma embarazosa, sus ojos azules estaban clavados en mí, tratando de captar mi atención. Me aquieté y me pregunté: "¿De qué va todo esto?"

La señora amiga de Roman nos sirvió té y galletas, mientras Stanislas, que no podía aguantar más su lengua, estalló en polaco con una voz fuerte y ronca. Mis ojos se volvieron a Kasimir, que parecía totalmente sorprendido y anonadado por lo que estaba oyendo. La velocidad a la que las palabras salían, la intensidad con la que hablaba, y el comportamiento de Stanislas hacia mí, me indicó que lo que estaba diciendo era tremendamente importante para él, y que yo era, según él, alguien muy especial. Miré de nuevo a Kasimir.

Había estirado su brazo con la mano hacia arriba. en dirección al oficial, como diciendo: "¡Para! ¡Es suficiente!" La voz ronca paró de repente. Kasimir, ahora enfadado y desconcertado, me dijo: "¡Esto es una complete locura! ¡Este tipo está diciendo cosas completamente locas, no pienso siquiera que deba traducirlas! Sonreí ampliamente a mi amigo, y le dije: "Está bien. Simplemente traduce automáticamente, como una máquina, y no trates de entender lo que está diciendo. Solo traduce. Gracias Kasimir".

Mi cariñosa sonrisa lo tranquilizó y comenzó a traducir. Era verdad que, para alguien no preparado, lo que Stanislas decía era totalmente estrafalario, pero en su contexto, viéndolo desde el mundo del oficial, tenía sentido. Según él, yo era un Ser muy elevado en la jerarquía del cosmos, y tenía que ir a una reunión que se celebraría al día siguiente en Varsovia, en un lugar al que Stanislas tenía el honor y la responsabilidad de llevarme. Allí encontraría a otra Entidad muy elevada que estaba, en ese preciso instante, viajando por el cosmos para estar presente en esta reunión tan importante. Con la cálida expresión que Kasimir mostraba en sus ojos verdosos, parecía excusarse por lo que estaba comunicando a través de su traducción.

"¿Quiere decir que debo encontrarme con Pluma Blanca, mañana por la mañana en Varsovia?" Dije con una ligera ironía en mi voz, sabiendo que la mención del gran jefe indio haría saltar de su silla a Stanislas.

Unos años antes, había acompañado a mi amigo Lambert Gibbs a ver a un viejo curandero Cockney en el sur de Londres, para curarle los cálculos renales. Había visto sobre la pared una foto magnífica de un jefe indio y cuando le pregunté después de la sesión quien era, contestó que era "Pluma Blanca", el guía espiritual del curandero.

Algo en mí se había conectado con la esfera de comprensión de Stanislas cuando escuchaba su mensaje. De hecho, que yo pareciera saber sobre el jefe indio le había impresionado, pero le confirmó las razones de su admiración y reverencia hacia mí. "Esta es una reunión secreta de la mayor importancia para el mundo… Ves Léonard, sabía que eras la persona adecuada, ahora tengo la prueba", dijo Stanislas en voz baja.

Eché un vistazo a Rosalind. Estaba incómoda y parecía preocupada; le sonreí antes de girar mi cabeza hacia Stanislas. "Oigo lo que está diciendo, que está en una misión importante, y por supuesto le gustaría que encajase en la escena de sus creencias. Pero no se hace cargo de que estoy aquí con Rosalind para facilitar el acceso al latihan a las personas polacas que deseen recibirlo. De ninguna manera quiero estar en Varsovia mañana, ya que tenemos otros planes", dije.

Stanislas insistió, como si no me hubiera oído, poniendo bruscamente un pequeño libro negro bajo mis ojos. Rápidamente sus dedos encontraron la página con la que esperaba convencerme de cambiar mi decisión. El libro tenía cálculos astrológicos, mezclados con lo que reconocí como símbolos templarios. El oficial, golpeando con su dedo sobre la página, esperaba defender su petición mostrándome lo que él veía como la prueba de la importante reunión en Varsovia. ¡Todas las señales apuntaban a ello!

Cogí el libro con suavidad, lo cerré y se lo acerqué, diciendo en voz baja: "Stanislas, ¿no es verdad que estás siguiendo lo que crees es la misión más importante de tu vida?" Se tradujo y él asintió con la cabeza, aún lleno de esperanza.

"Pues, realmente pasa lo mismo conmigo. Mi alma me indica un camino y yo lo estoy siguiendo, y ciertamente no quiero desviarme de él; no sería correcto".

Fue suficiente. Teníamos que reunirnos con otras personas antes del latihan de la tarde en la universidad, y nos fuimos del apartamento.

Catorce jóvenes estudiantes, ocho chicos y seis chicas, nos esperaban cuando llegamos. Fue refrescante y me dio una sensación positiva ver a todos estos jóvenes deseando comenzar el latihan. Seguí al pequeño grupo de personas a lo largo de un pasillo. Al pasar delante de una pequeña aula, cerca de la habitación donde haríamos el latihan, vi a Stanislas sentado en un viejo y usado butacón a través de una ventana que daba al pasillo. Inmediatamente pensé: "Qué bien, tiene que haber venido para el latihan".

Abrí la puerta del aula y pregunté: "¿Viene con nosotros?" Pero no se reunió con nosotros para comenzar el latihan.

Después de pronunciar las palabras de Bapak para aquietarnos antes de un primer latihan, penetramos en nuestros mundos individuales y en la cuna de nuestras almas. Me sorprendió ver lo fuerte que era el latihan. Todos los ocho jóvenes parecían estar recibiendo sinceramente; algunos gritaban, otros cantaban, uno reía; me sentí transportado por su fortaleza juvenil. De repente, noté que me llamaban y busqué con mis ojos interiores para ver, no sin asombro, a Stanislas cruzando mi campo visual, cabalgando en una nave con forma de cigarro y mirándome sonriente, moviendo sus manos como diciendo un "Hola ahí abajo".

Me pregunté interiormente: "¿Qué quiere decir todo esto?"

Entonces vi a Stanislas en una concentración profunda, sentado en el viejo sillón en la misma aula en la que lo había visto al pasar. Comprendí que Stanislas estaba haciendo, a través de su concentración, lo que algunos llaman viaje astral, y que estaba viajando en la esfera espiritual del mundo material. Me sentí en ese instante inmensamente agradecido, al darme cuenta de que la entrega en el latihan nos libera del mundo material, dando a nuestra conciencia el acceso a otros mundos a través de la trascendencia.

Al día siguiente, en el pequeño apartamento que nos habían prestado amigos de amigos, desperté temprano y fui a la cocina a preparar el desayuno. Kasimir, que estaba alojado en un hotel cercano, entró llevando su periódico diario de Varsovia. Lo vi entrar a la sala y sumergirse en las últimas noticias del mundo. Yo estaba preparando la mesa del desayuno cuando oí fuertes gruñidos provenientes de la sala. Era Kasimir que parecía excitado, y entró en la cocina señalando con el dedo índice algo en su periódico.

"Es absolutamente increíble, escuche lo que dice este pequeño artículo que hay, en la esquina inferior derecha de la primera plana del periódico de mayor tirada de Varsovia". Se expresó con entusiasmo y con mucha emoción, y continuó traduciendo el relevante texto. Decía que una reunión, de crucial importancia, se celebraría ese día, en un lugar secreto de Varsovia, donde grandes sabios, reconocidos internacionalmente, llegados de diferentes partes del mundo y del cosmos, se reunirían para intercambiar impresiones sobre asuntos cósmicos de gran importancia para el planeta, etc.

Era algo muy extraño. Para mí, lo que parecía increíble era que un artículo así estuviera en la primera plana de un periódico nacional. Hubiera esperado que este tipo de artículo se encontrara en una revista sobre platillos volantes o fenómenos paranormales.

Kasimir, aparentemente perplejo, y sintiéndose desconcertado, dijo titubeante: "¿Debo llevarlo a Varsovia, Léonard?"

Muy divertido por la situación, me reí y contesté: "Gracias, Kasimir.

Nuestra razón para estar aquí es Subud y el latihan. "¡Mañana tenemos una reunión en Torun a la que no podemos faltar!"

El arcángel

La comunicación era aún difícil en la URSS a principio de los 90, ya que el rígido control del comunismo sobre el país aún no había aflojado cuando llegamos por primera vez a Moscú. Las cartas eran frecuentemente abiertas por las autoridades y había que ser muy cuidadoso con lo que se escribía en ellas. Había sido difícil organizar visitas y los primeros rusos que se unieron a Subud se las habían ingeniado para empezar su primer latihan en el Centro Amadeus, en Londres. Eran dos hombres Sasha P, que era traductor de ruso e inglés y trabajaba en la embajada, y Alexander R, un comerciante del mercado negro que se dedicaba a libros religiosos y esotéricos, ya que su venta estaba prohibida oficialmente en Rusia en esa época. A través de esta red, Alexander había encontrado una traducción rusa del libro del Sr. Bennett "Acerca de Subud", que le había interesado. Sasha, Alexander y su esposa Natasha formaron el primer núcleo que llevó el latihan al bloque ruso.

Oficialmente, no podría formarse ningún grupo, por lo que organizamos nuestra visita con mucha precaución. Rosalind, Lusiyah y yo nos quedaríamos discretamente en un hotel en Moscú, donde solo se alojaban los turistas. Teníamos que ajustarnos a las normas; firmar un registro cuando salíamos y de nuevo cuando volvíamos al hotel, siempre antes de las nueve de la noche. La recepcionista del hotel era amable y comprensiva, y pude convencerla para que nos dejara, en secreto, quedarnos en casa de nuestros amigos en vez de estar en el hotel. El pueblo ruso estaba ansioso de libertad y les agradaba ayudar a los forasteros, aun cuando eso significara incumplir los reglamentos.

Yo estaba agradablemente sorprendido por el calor humano y la amabilidad

Léonard en la Plaza Roja de Moscú

de la gente rusa que estaba pendiente de nosotros y nos cuidaba. Aunque las condiciones materiales eran duras, con un minúsculo espacio para vivir y muy poca comida, eso no impedía su buen humor.

Olga, que se había casado recientemente con Sasha, provenía de una familia de diplomáticos, y había estado muchos años fuera de Rusia. Mencionó Subud a su hermano menor Igor, que era pintor, y se interesó en comenzar el latihan.

El apartamento que nos acogía, estaba en el sexto piso de un edificio de bloques de hormigón, de construcción simple. Consistía en una minúscula cocina, baño y vestíbulo de entrada, de más o menos un metro cuadrado, que daba a la sala de estar. El único dormitorio estaba separado de la sala por una delgada puerta de madera; una cama doble y un armario grande ocupaban la mayor parte de su espacio.

Doce o trece de nosotros nos apiñábamos en la pequeña sala y hablábamos, reíamos y bebíamos té negro mezclado con jalea de ciruela. Había llegado el momento para Igor de comenzar su primer latihan. Alexander y yo nos levantamos y desaparecimos detrás de la delgada puerta de madera, para hacer un pequeño latihan de diez minutos, a fin de llegar a la apertura en un estado de completa quietud interior.

Como ya saben, la manifestación del latihan suele ser percibida por una expresión de sonido y movimiento, al menos para la mayoría de la gente que lo practica. Pero para Alexander, aunque había estado haciendo latihan durante algún tiempo, su latihan estaba todo en su interior, sin señales externas de movimiento o sonido. Parecía feliz de esa manera, y decía que se sentía bien internamente cuando lo practicaba.

Apenas habíamos estado haciendo latihan cinco minutos cuando algo me hizo abrir los ojos, y vi que mi amigo estaba tan blanco como una sábana y rígido como una tabla de madera, estaba cayendo despacio, de lado, hacia un estante donde se encontraba una pesada y antigua máquina de escribir Olivetti, bajo la cual había una mesa de noche. Al instante me lancé hacia adelante para coger la pesada máquina justo a tiempo para salvar la cara de mi compañero.

Estaba tendido en el suelo, aparentemente sin vida, con los párpados semiabiertos que mostraban solo lo blanco de sus ojos y la boca bien cerrada. Noté un poco de sangre que corría por el lado de su mano, que tiene que haber golpeado la esquina aguda de la mesita de noche.

Me arrodillé al lado de su cuerpo; apenas había espacio suficiente entre la pared y la cama doble. Me di cuenta de que no estaba respirando, puse con ansiedad mi oreja sobre su pecho para constatar que su corazón no latía. Todo su cuerpo estaba rígido y sin vida. Presioné mi otra oreja sobre su pecho. No había sonido, ni movimiento... ¡estaba muerto!

Mis piernas y mis pies se doblaron bajo mis nalgas, me senté junto a mi inerte amigo completamente aturdido, sin saber qué hacer. A través de la delgada puerta de madera podía oír las bromas y risas que venían de los bebedores de té que se encontraban en la sala de estar. Un río turbulento de pensamientos ansiosos inundó mi mente: "¿Deberíamos llamar a una ambulancia? ¿Para qué sirve si está muerto? Sí, pero ¿estás seguro del todo?"

Lo miré de nuevo. No había señales de vida. Escuché su corazón una vez más, esperando que, por algún milagro, se hubiera restablecido por sí mismo. Pero no se podía oír latido alguno, los ojos seguían en blanco y su boca y mandíbula permanecían rígidamente cerradas.

Pensamientos sombríos invadieron mis sentimientos: nuestra presencia en este apartamento era verdaderamente ilegal, ya que se nos había dicho claramente que no estábamos autorizados a permanecer en hogares de ciudadanos rusos. Seguramente seríamos arrestados, ¿cómo justificaría que estuviera muerto y la sangre en su mano? ¿Podría haber sido una pelea? La KGB investigaría nuestra presencia en el apartamento, y nuestros amigos rusos probablemente también serían arrestados. ¿Serían enviados a un gulag? ¿Cómo contactaríamos con nuestras embajadas?

Enfrentado a esta situación para la cual solo podía prever salidas negativas, con mi mente ansiosa, mis emociones y mi cuerpo tenso; decidí abandonar totalmente mis pensamientos y mi ansiedad. Cerré mis ojos a fin de alcanzar dentro de mí mismo la vibración inicial de vida. Eso me llevó a una profunda quietud interior y, después de algún tiempo, quizá algunos minutos, oí una voz decir suavemente: "Llámalo por su nombre de pila".

Busqué en mi mente su nombre, pero no quería venir. Era muy extraño, porque lo conocía muy bien. Sabiendo por experiencia que no encontrar un nombre puede crear ansiedad, dejé de buscarlo y regresé a mi tranquilo espacio interior. Aún sentado al lado de mi amigo, comencé a cantar; realmente fue más cómo salmodiar. Fue como si estuviera llamando a los cielos y presentando toda la situación a la Fuente de Vida.

CAPITULO 5

El cántico se amplificó, y presencié como mi alma se expandía fuera de la habitación y después fuera del edificio. Mi conciencia estaba ahora muy por encima de Moscú y vi la presencia de muchos ángeles. Reconocí la muy delicada sensación interna que había experimentado cuando conduje el vehículo de Bapak en la autopista. Entendí que estaban allí para ayudar, mi conciencia se volvió más sutil y oí una voz suave viniendo del espacio puro y profundo decir claramente: "¡Alexander!"

Los cánticos melodiosos y rítmicos que salían de mi voz, ahora incluían su nombre, llamándolo de vuelta a la vida. Después de algún tiempo, me di cuenta de que los ángeles eran solo un paso necesario para abrir el camino a una fuente superior de conciencia. Ahora solo había conciencia, en este refinado orden de conciencia; el 'yo', se había disipado completamente, reemplazado por un estado puro de Ser.

El arcángel Miguel apareció de repente en mi conciencia. El Ser, de gran nobleza, era pura energía y estaba allí gigantesco sobre Moscú, la fuerza de vida llenaba completamente el firmamento. Muchos años antes, en la sala de latihan de Tunbridge Wells, el arcángel Miguel había visitado mi conciencia, inesperadamente, en la forma de un Ser con alas muy grandes, en una armadura de escamas doradas, sosteniendo una espada brillante.

Esta imagen, comprendí en ese momento, era solo un lenguaje simbólico adaptado a mi naturaleza artística. La representación del Arcángel Miguel hecha por Rafael, el pintor del Renacimiento italiano, es la semejanza más cercana que puedo darles, pero es solo una imagen simbólica y personal. Tomar consciencia del Arcángel fue para mí, como un tipo de confirmación del nivel que había alcanzado mi conciencia.

Estoy intentando compartir con ustedes una experiencia poderosa, utilizando palabras, sobre algo que pasó en una realidad más allá de las palabras. Es, probablemente, una razón por la que se ha compartido o escrito tan poco sobre lo que hay en el mundo espiritual.

Todavía en este estado de conciencia angélico, como si mi conciencia se hubiera convertido en una con la fuerza de vida del Arcángel, me vi cogiendo el cuerpo inerte, que parecía no tener peso, lo levanté y coloqué sobre la gran cama, con las rodillas dobladas en el borde. Yo, me mantuve al lado, a sus pies, lleno con un poder de vida y luz inmensos. Sin el uso de palabra alguna, me encontré ordenando internamente que el aliento de vida regresara a Alexander. Sentí un gran flujo de energía envolviéndonos. Después, en el silencio, oí de nuevo la risa a través de la puerta. Estaba de regreso a mi ser terrestre ordinario y miré la cara gris de mi amigo y fui testigo de la vibración de vida que fluía de nuevo dentro de su cuerpo. Sus ojos parpadearon varias veces y luego se abrieron lentamente. Al principio, no miraban a ningún lugar, después miraron alrededor de la habitación y finalmente se posaron en mí. Su respiración, aunque aún imperceptible, estaba regresando y su piel recuperaba el color. Yo, estaba lleno de una inmensa alegría, y de un profundo sentimiento de agradecimiento, por haber sido testigo de lo que los terrestres mortales llamaríamos un milagro. Gracias a lo que acababa de experimentar, me di cuenta de que la trascendencia era la vía para acceder a grados superiores de conciencia, donde lo que parecía imposible puede convertirse en posible.

Miré a mi reloj y vi que habíamos estado treinta y cinco minutos en lugar del latihan de diez minutos anunciado, e inmediatamente me pregunté, después de lo que habíamos pasado, si era aconsejable pedir a Alexander que participara en el primer latihan de Igor. Rápidamente me volví hacia mi alma y la respuesta llegó: "Sí, es correcto". Miré a mi amigo que estaba sentado al borde de la cama, mirando sorprendido la sangre de su mano.

"Durante tu latihan, caíste y tu mano tiene que haber golpeado la esquina de la mesa de noche. ¿Recuerdas algo? ¿Te sientes bien?", pregunté con mucha curiosidad y asombro.

"No, no recuerdo haber caído. Sí, me siento bien, pero un poco cansado", respondió lentamente. Le recordé que era tiempo de ir a buscar a Igor, que estaba esperando para hacer su primer latihan.

Tengo que decirles que nunca hablé con Alexander de lo que fui testigo y experimenté durante ese excepcional latihan. De alguna manera, sentí que no hubiera sido correcto, ya que lo que importaba era que mi amigo estuviera cerca de su propia realidad. Después de todo, lo que he descrito fue mi experiencia; aunque pude cerciorarme de que había muerto y regresado a la vida después de unos treinta y cinco minutos, el mismo Alexander no había sido consciente de ello.

Aun vibrando con el poder de esta experiencia extraordinaria con Alexander, abrí la puerta de la sala en busca de Igor.

"Nos estábamos preguntando qué os pasaba; habéis estado mucho tiempo en el latihan; ¡casi vamos a ver qué estaba pasando!", dijo

Rosalind riendo, acercándose a mí y susurrando en mi oído: "Dime, ¿qué pasó? Estás radiante, lleno de luz; es extraordinario". Le dije que le explicaría más tarde y llamé a Igor para que se nos uniera en su primer latihan.

El latihan de apertura que siguió fue ligero y profundo; noté que mi anfitrión, Alexander, por primera vez se estaba moviendo y emitiendo sonidos, como si algo se hubiera desbloqueado y lo hubiera liberado.

No he compartido esta historia antes, excepto con mi esposa Mélinda, con Rosalind en respuesta a su pregunta, y con mi compañero Ayudante Internacional, el Dr. Hernando Cacho, para ver si medicamente esta historia era creíble. Me dijo que, en ciertas condiciones, los latidos del corazón pueden bajar tanto su ritmo hasta llegar finalmente a detenerse, pero por un período máximo de unos pocos minutos. Un tiempo más largo dañaría el cerebro de forma irreparable. Así que, déjenme decirles que, desde el punto de vista médico, esta historia no sería creíble.

La omnipresente fuerza de vida

Como estoy con el tema de la trascendencia, los ángeles y los arcángeles, les contaré otra experiencia fuera de lo normal que ocurrió una tarde en una visita a Cherkassy, Ucrania.

Al principio de los 90 el pueblo de Ucrania estaba sufriendo, en el plano material, la transición del comunismo al capitalismo democrático. Las necesidades materiales básicas y la comida diaria, que damos por sentadas en Occidente, simplemente no estaban disponibles o si lo estaban, era en muy pequeñas cantidades y a muy altos precios. El transporte, el petróleo y la electricidad, escaseaban y, por las tardes, no había transporte público, las calles estaban a oscuras y no se podía encontrar petróleo fácilmente en las escasas estaciones de servicio, que aún eran propiedad del estado.

Un día, al final de una tarde, nuestros anfitriones y los Ayudantes Internacionales, fuimos a pie desde el centro de Cherkassy hasta un edificio comunal grande que se encontraba a unos pocos kilómetros en las afueras de la ciudad. Había sido una tarde intensa, con latihan general seguido de preguntas y explicaciones. Cuando salimos estábamos cansados, y valoramos la tranquilidad de las calles y el refrescante aire frío de la noche.

Necesitaba estar solo un rato y decidí dejar a mis habladores amigos y tomar otro camino para ir a casa. Nací con un buen sentido de la orientación y disfruté dejando que mis piernas y pies me llevarán a casa. Las calles eran anchas y largas. Me encontraba en una parte suburbana de la ciudad, con unas pocas y pequeñas propiedades privadas, pero, fundamentalmente, con bloques de apartamentos altos y grises, rodeados de amplios espacios de zonas verdes y estacionamientos de automóviles vacíos. A esa hora de la noche la mayoría de los habitantes estaban en cama, y solo unos pocos apartamentos daban suficiente luz como para iluminar el camino.

Llegué al final de la calle, y mis pies rápidamente giraron a la izquierda. Continué sin resistencia; mi conciencia estaba en un profundo estado de paz, mi facultad de pensar inactiva; estaba disfrutando simplemente de Ser. Nosotros, es decir, mis pies y yo, llegamos a un cruce y giré a la izquierda de nuevo. En el silencio de la ciudad oí un lamento, ¿o un gruñido? Continué caminando; a mi izquierda había un montículo cubierto de hierba sobre la cual se encontraba una cerca de alambre oxidado, parcialmente rota, que separaba la acera de un bosque de pinos y macizos de arbustos.

El gemido estaba ahora justo a mi lado. Vi en la semioscuridad a una mujer anciana borracha, sentada, descansando la espalda contra la oxidada cerca y sosteniendo, en la unión de sus piernas cruzadas, a una mujer joven inconsciente. Contra la cadera de la mujer, harapienta y borracha, había una botella vacía de vodka. Estaba llorando, la cara desfigurada por el sufrimiento, probablemente causado por su incapacidad para enfrentar la situación.

Me arrodillé al lado de las dos mujeres y miré de cerca a la mujer aparentemente inconsciente. Tenía unos cincuenta y vestía una chaqueta de punto, finamente tejida, sobre una blusa blanca. Sus párpados cerrados daban la impresión de que sus negras cejas bien delimitadas estaban a punto de salir volando. La piel estaba estirada sobre la redondez de sus prominentes pómulos; sus labios bien definidos, y sin pintar, casi no se tocaban entre sí, como si estuviera a punto de decir algo.

Me di cuenta de que no respiraba. Mi oído contra su corazón reveló que no latía, su cuerpo yacía frío e inerte con las manos cruzadas sobre su plexo solar. Levanté mi cabeza y miré alrededor en la oscuridad para ver si podía encontrar ayuda. No había nadie en los alrededores. A la derecha, cruzando la ancha avenida, había un edificio grande y desde el apartamento de la esquina del primer piso, llegaba un poco de luz. Recordé el incidente en Moscú, la llamada a una ayuda superior, la trascendencia…

Dejando de lado la dramática situación en que me encontraba, entré en el espacio donde no hay más ni menos, solo quietud. Seguí el cántico que llegó desde el interno, y una vez más me llevó a lo que describiré como nivel angélico. Estábamos rodeados por la presencia de muchos ángeles y les pregunté, sin el uso de palabras, simplemente presentando la necesidad: "¿Cuál es su nombre?"

"Anna Maria, Anna Maria, Anna Maria…" mis labios pronunciaron rítmicamente los sonidos en su oído. Me indicaban sostener suavemente su barbilla con mi mano izquierda, con mi mano derecha sobre su gran frente, traté de practicar la técnica del boca a boca, insuflando aire regularmente durante unos minutos, mientras mi conciencia se expandía en un campo más amplio de la realidad. En ese estado, me di cuenta de que Anna María estaba fuera de su cuerpo, como si estuviera esperando; parecía perdida, sin saber a dónde ir. La conciencia se hizo más fina cuando entré de nuevo en el espacio del Arcángel Miguel. Comprendí que este nivel de conciencia era parte del potencial de la conciencia de un Ser Humano; era una fuerza que lo envolvía todo y que da la vida. Ahora de regreso al mundo físico, sentí la sutil vibración de vida filtrándose suavemente dentro del cuerpo de Anna María. Oí voces y me di cuenta de que estaba rodeado de gente. Al mirar hacia arriba y alrededor, reconocí a mi grupo de amigos Subud que habían tomado una ruta más larga. "Léonard, ¿se puede saber qué estás haciendo aquí con estas mujeres? ¿Quién es?" Oí decir a Kadariyah con voz algo alarmada.

"Sé que su nombre es Anna María. ¡Rápido! ¡Por favor busquen a alguien para que llame a una ambulancia! ¿Puede alguien preguntar en ruso a esta querida anciana borracha si sabe quién es la persona que está sosteniendo?'

Un miembro de Cherkassy salió corriendo a buscar ayuda mientras otro trataba de comunicarse con la anciana de la botella de vodka. Escuché el corazón de Anna María latir de forma inconstante y noté que ahora estaba respirando imperceptiblemente. La anciana estaba tratando de levantarse, recostándose contra el poste de la cerca oxidada. No sabía el nombre de la mujer. La había encontrado inconsciente sobre el pavimento y no sabía qué hacer.

Permanecí cerca de Anna María mientras los otros se mantenían tranquilos a nuestro alrededor. La ambulancia tardó veinte minutos en llegar con su luz intermitente. Dos enfermeros sacaron rápidamente una camilla y acostaron en ella a la mujer inconsciente. Otro llegó con una botella de oxígeno y una máscara, que rápidamente puso sobre su nariz y boca. La llevaron al hospital local, aún inconsciente. Al día siguiente Vladimir, que había estado presente la noche anterior, fue a ver a Anna María y le contó la historia de cómo la habían encontrado.

Problemas en el aeropuerto de Kinshasa

Mucho antes de que asumiera los deberes de un Ayudante Internacional, en mi latihan frecuentemente hacía sonidos y bailaba al ritmo de los diferentes grupos étnicos africanos, sintiendo en todo mi cuerpo el movimiento de ser africano. Mi lengua era entrenada para formar los sonidos que expresaran un sentimiento. Realmente, estas experiencias no estaban relacionadas solo con África, sino también con muchas otras culturas e idiomas del mundo, por lo que cuando llegaba a un país lejano, ya sentía como si hubiera estado allí, lo mismo si era Japón, los países eslavos, Indonesia o África del Norte, y por lo tanto sentía familiar su cultura. Esta breve explicación sobre mis experiencias en el latihan les ayudará, eso espero, a comprender mi comportamiento en muchas situaciones diferentes en las que me encontré.

Fue a finales de septiembre de 1989 cuando por primera vez visité lo que entonces se llamaba Zaire, gobernado con mano de hierro por el presidente Mobutu. Mi madre nos había criado a mi hermana y a mí con remedios homeopáticos, y cuando Mélinda y yo comenzamos nuestra propia familia, continuamos con la tradición de no usar la medicina alopática. Así que, antes de salir para Kinshasa, pedí a nuestro médico homeópata que me diera el certificado de salud y que declarara que había recibido las inyecciones necesarias para los trópicos. También me dio diferentes tipos de vitaminas y remedios homeopáticos, incluyendo uno para la malaria, para que los llevara conmigo por si enfermaba. Al obtener mi visado, un secretario de la embajada me dijo que los certificados médicos que poseía eran suficientes para entrar en Zaire, ahora llamada República Democrática del Congo.

Lusiyah Bassi y yo fuimos muy afortunados, en nuestra primera visita a África Central, al tener una extraordinaria compañera con

CAPITULO 5

nosotros que no solo hablaba francés, inglés, español, portugués y muchas otras lenguas, sino que antes también había visitado varias veces Kinshasa y las regiones bajas de Zaire como Ayudante Internacional anterior. Se llamaba Rachmaniyah Bowden y era originaria de Hungría, aunque en ese tiempo vivía en Portugal con su esposo inglés.

Una vez sentado cómodamente en el avión, al lado de mi amiga húngara, escuché con gran placer e interés las muchas historias de su vida y sus aventuras en África Central.

Más o menos una hora antes de que nuestro avión aterrizara, saqué un billete de cincuenta dólares de mi billetera, lo doblé cuidadosamente, y lo deslicé dentro del bolsillo de mi camisa. "¿Por qué hago esto?" Me pregunté sin molestarme en buscar una respuesta. Me detuve sobre la plataforma antes de descender por la escalerilla del avión; el aire era caliente, húmedo y denso, con un olor particularmente rico que encontré difícil de describir. "¡Ah!, debe ser el olor de África tropical", pensé, mientras permitía que todos los poros de mi piel se unieran a él. Recordé la primera vez que llegué al aeropuerto de Yakarta en 1970, donde el aire húmedo llevaba el olor particular de Indonesia, recordándome los cigarrillos de clavo de olor y el olor de fruta tropical dulce y madura. Aquí, era muy diferente. No había dulzura; muy pocas personas fumaban. Se parecía más a hongos que habían pasado del estado comestible. No era desagradable sino intrigante y desconocido.

Pude distinguir en la distancia a un grupo de cerca de treinta hombres y mujeres haciendo gestos de bienvenida y sonriéndonos. Rachmaniyah había pasado la aduana sin problemas, pero un hombre pequeño, vestido con una bata de médico color verde pálido, me detuvo inesperadamente; me pidió mis documentos médicos. Abrí mi pasaporte en el que había dejado mi certificado médico y se lo di. Rápidamente, me lo devolvió diciendo: "¿Qué es esto? ¡Quiero su tarjeta amarilla! ¡Tarjeta médica!", ordenó bruscamente.

Cuando se dio cuenta de que no tenía el documento, me pidió que lo siguiera. Caminó por un corredor oscuro que daba a una puerta de metal, bajamos unos pronunciados escalones que nos llevaron a los laberintos debajo del aeropuerto. Entramos a un pequeño cuarto. A la izquierda había un refrigerador antiguo sobre unas patas altas y torcidas. Alguna vez estuvo pintado color verde Nilo, pero ahora estaba casi cubierto de óxido. Dos desgarbados enfermeros jóvenes, vestidos igualmente con batas desaliñadas color verde Nilo, estaban recostados a cada lado del refrigerador. Sonrieron ampliamente cuando entré en la habitación.

Un escalofrío bajó por mi columna vertebral, por el temor ante el resultado de esta extraña situación. A la derecha había un escritorio de metal oxidado flanqueado por dos sillas de metal. La superficie de trabajo estaba totalmente despejada; el médico de aspecto solemne se sentó y mientras me invitaba a hacer lo mismo dijo: "Sabe, tengo autoridad para devolverlo a Inglaterra en el próximo vuelo. ¡Si quiere entrar a Zaire, tendré que pedirles a mis enfermeros que le pongan las inyecciones necesarias, incluyendo la de fiebre amarilla! Lo dijo muy serio, mirándome con los ojos muy abiertos.

Cuando terminó, el enfermero más alto, con una sonrisa amplia y burlona, abrió la puerta del refrigerador y señaló con su dedo la única jeringuilla que había sobre la rejilla de metal; estaba rodeada por unos pocos y misteriosos frascos color marrón.

"Pero ya me han puesto todas las inyecciones para los trópicos, incluyendo la de fiebre amarilla", protesté enérgicamente, mi garganta se estaba poniendo tensa por la mentira.

Las cosas se me estaban yendo de las manos y decidí buscar la quietud interior. Miré al médico, amablemente. Mi rabia y mis miedos se disiparon y fueron sustituidos por una sensación de paz, por un sentimiento de compasión que inundaba mi corazón al darme cuenta de que, estos tipos, estaban siendo empujados por la necesidad más que por la maldad. Me acordé del billete de cincuenta dólares en el bolsillo de mi camisa. En este bendito estado vi a mucha gente que rodeaba al médico, y comprendí que eran los miembros de su familia y que dependían de él para su subsistencia. Extraje el billete de cincuenta dólares, lo empujé discretamente entre mis dedos índice y medio, y lo doblé en la palma de mi mano, escondiéndolo. Deslizando mi mano hacia el médico, levanté el lado ligeramente a fin de que pudiera ver lo que estaba escondiendo.

"¡Veo que finalmente vamos a llegar a un acuerdo!", exclamó, balbuceando con excitación mientras abría el cajón metálico de su escritorio y sacaba la deseada tarjeta amarilla con un juego de sellos y un tintero. "Pienso que, con esto, los pondré todos, ¿hasta algunos más si así lo desea?", añadió en tono de broma tomando el dinero, cuidando que los enfermeros no vieran la transacción no oficial.

Había luz; una atmósfera positiva y un silencio profundo se

apoderaron de la habitación mientras el médico inscribía cuidadosamente todas las enfermedades y, con gran esmero, ponía el sello de cada vacuna en la tarjeta.

La puerta de la ahora tranquila oficina del médico se abrió bruscamente: ¿Qué rayos estás haciéndole a mi hermano? Gritó el pequeño hombre que acababa de entrar. Se llamaba Ruagasore; lo había conocido en el anterior Congreso Mundial de Australia, donde había sido traductor para el grupo que representaba a los miembros de Zaire. Él era ayudante nacional de su país y estaba dedicado a ese papel, que asumió muy seriamente. Éramos amigos íntimos.

"¿Qué quieres decir? ¿Cómo puede ser tu hermano? ¡Es un hombre blanco!", respondió el médico, explotando en una risa estridente.

Inmediatamente me levanté y fui a abrazar afectuosamente a Ruagasore. Aunque no tenía la apariencia de ser un hombre fuerte, al abrazarlo, pude sentir sus músculos de acero en su cuerpo delgado. El médico inscribió cuidadosamente y acuñó debidamente cada certificado del pequeño libro amarillo, me lo dio y nos permitió salir. De repente me sentí libre y ligero como un pájaro, mientras seguía los pasos rápidos de mi amigo, a través de los pasillos oscuros del mundo subterráneo del aeropuerto de Kinshasa. Cuando Ruagasore y yo subimos al pasillo que daba a las barreras de control de acceso, sonriendo y relajados, el numeroso grupo de miembros Subud nos dio una calurosa bienvenida; la alegría expresada por las gesticulaciones de nuestros amigos, por nuestra reaparición, sonaba como si acabáramos de ganar un importante partido de futbol.

La danza

Mi sensibilidad y atención siempre aumentaban cuando dejaba mi hogar durante los viajes internacionales, pero ir al África tropical, por alguna razón, elevó mi nivel de conciencia a su más alto grado. Todos mis sentidos, el oído, la vista y el olfato; la receptividad a través de los sentimientos; el pensamiento, y la conciencia del alma; se volvieron más intensos, agudos y claros. ¿Era quizá porque todo era tan diferente? ¿Era porque me arrastraba fuera de mi rutina habitual y me colocaba en un ambiente totalmente diferente, por lo que me sentía tan completo en mi Ser?

Me di cuenta de que tenía una gran afinidad con las personas que había allí y mucho amor por ellas. Secretamente, dentro de mí mismo, me sentí como un africano; aunque sabía, por supuesto, que mi apariencia para ellos era la de un auténtico hombre blanco. Experimenté como me sentí uno con la gente local y mis amigos Subud, como la simple diferencia del color de la piel puede ser tal barrera, al despertar ideas preconcebidas que siempre enturbian todas nuestras semejanzas humanas.

Los contrastes y diversidad de colores del África tropical, su exuberante vegetación, sus flores y sus frutas, su tierra brillante color ladrillo, junto con su elegante gente, me recordaba las pinturas de Douanier Rousseau. Era como si yo fuera parte de una pintura viva, pero sin los carnívoros de cuatro patas.

Durante nuestro viaje previo a Polonia, los miembros polacos habían sugerido que organizáramos, en su distrito de los lagos, un campamento internacional para la juventud Subud. Jóvenes de todas partes del mundo estarían dos semanas juntos, acampados alrededor de un bello lago no lejos de Olsztyn, donde había un grupo de miembros Subud. Sugerimos que enviaran una invitación e información sobre el campamento a todos los presidentes de los países donde hubiera una organización Subud. La idea fue aceptada con entusiasmo y se enviaron invitaciones a todo el mundo Subud.

En ese tiempo en Zaire, había entre 600 y 700 miembros practicando el latihan, la mayoría de la parte inferior de la cuenca del Rio Congo. En la carretera al sur de Kinshasa estaban los pueblos de Inkisi, Matadi, Boma y Muanda, que estaban muy cerca de la desembocadura del Rio Congo, donde un pequeño grupo había crecido alrededor de la casa y escuela de Kiti Ki Menghi y su esposa Marie Claire. La historia que voy a contarles ocurrió realmente cuando Lusiyah, Rachmaniyah y yo visitamos Inkisi, donde había un grupo grande con muchos jóvenes. Era una noche sin luna y salimos de la casa de nuestro anfitrión, Koka, para ir a la reunión de miembros locales de Subud. Un hombre joven, muy amable, nos cogió por

Rachmaniyah, Lusiyah y Léonard aen la República Democrática del Congo

los brazos y nos guió con gran cuidado, durante una caminata de veinte minutos, en una oscuridad absoluta. Caminando entre zanjas, baches y charcos fangosos, finalmente llegamos a la sala alquilada para este efecto. Admiré la habilidad de nuestro anfitrión para ver bien en la completa oscuridad. Nos condujo hasta tres sillas plegables que se encontraban sobre una plataforma de madera. El techo a poca altura, estaba hecho de paneles de madera prensada, que colgaban parcialmente de manera irregular donde los enganches habían fallado. Parecía un mar de olas congelado al revés. Cuando la sala se llenó, el aire se hizo más denso, y todos parecían estar hablando entre sí con excitación.

Finalmente, el presidente del grupo de Inkisi se separó de la multitud agitada y subió los tres escalones hasta el escenario. La audiencia se calmó instantáneamente y quedó solo un ligero murmullo. Parecía serio, se movió de forma serena y solemne hasta el centro del escenario y dijo unas pocas palabras de bienvenida. Pude sentir que las palabras no salían de su corazón, aunque trató de dar la impresión de que sí. Su cara estaba tensa y a su boca le era difícil sonreír. No pudo mantener su aparente serenidad, y fue al grano elevando su voz y permitiendo que sus sentimientos expresaran el enojo que había estado aguantando durante las palabras de bienvenida.

"¡Hablando en nombre de la juventud Subud de Zaire, de sus padres y abuelos, tengo que decir lo enojados que todos estamos con la Organización Mundial Subud, que se llama a sí misma una hermandad!" Hizo una pausa y miró al azar para encontrar apoyo en los ojos de la indignada audiencia. Un profundo silencio se apoderó de todos. Y continuó, sopesando cuidadosamente sus palabras. "Nuestros jóvenes recibieron la invitación para ir al campamento de la juventud en Polonia. Usaron todos sus ahorros, incluyendo el de sus padres y abuelos, para hacerse las fotos y obtener el pasaporte, y han esperado pacientemente recibir los billetes de avión que les permitieran obtener los visados que se requieren para Polonia. ¡Pero nada! ¿Me oyen? ¡Nada más se ha oído de la Organización Mundial Subud, ni de los polacos! Ahora es casi demasiado tarde; nunca llegarán a tiempo. ¿Dónde están esos billetes para que nuestra juventud pueda responder a la invitación con su presencia?" Entonces miró fijo en nuestra dirección, esperando una explicación.

En la pesada atmósfera, podía oír los murmullos de enojo que venían de la sala. La tensión había alcanzado un estado explosivo. Miré a Rachmaniyah y a Lusiyah que parecían estar petrificadas; sabía que deseaban que hiciera algo para responder a lo que parecía una situación imposible.

Me levanté lentamente, y caminé hacia el centro del escenario. Todo lo que podía ver, en la sala mal iluminada, era lo blanco de decenas de ojos que me miraban fijamente. El presidente abandonó el escenario y volvió a su asiento. De pie en el escenario frente a la multitud enojada, desafiado por esta imprevista situación difícil, respiré tranquila y profundamente, abandoné mis miedos junto con mi ego y me acerqué a mi alma...

Instantáneamente, con gran sorpresa para mí, y supongo que también para todos los asistentes, comencé un baile insólito. Mi estómago se contrajo violentamente, doblando mi cuerpo en ángulo recto con mi pelvis; mi garganta y lengua comenzaron a ulular en un tono de voz muy agudo; mientras mis piernas, en un ritmo alocado, obligaban a mi cuerpo a bailar en grandes círculos alrededor del escenario

"¿Te has vuelto loco? ¿Qué estás haciendo?" Me pregunté mientras recordaba vagamente que, varios años atrás, me había ocurrido algo parecido durante un latihan. Una voz serena llegó desde la profundidad de mi Ser: "Continúa danzando hasta que cambie la atmósfera". La extraña danza continuó por algún tiempo y yo me preguntaba cuándo se detendría.

Cada vez que pasaba al lado de mis dos acompañantes, podía ver sus caras horrorizadas por el rabillo del ojo, pero seguí adelante, ya que sentía que la danza que estaba ejecutando era una expresión de amor.

La intensidad del baile y el ulular disminuyeron lentamente. Enderecé mi cuerpo y permanecí allí unos segundos, recuperando el aliento y sudando a chorros. Cuando abrí los ojos vi una escena increíble: la audiencia, entusiasmada, estaba de pie ovacionándome con gran alegría, gesticulando y gritando, mostrando una total aprobación a mi interpretación.

Sonreí de oreja a oreja y, cuando la atmósfera se calmó, una comprensión instantánea llegó a mi corazón y dije: "Mis muy queridos hermanos y hermanas, mis dos hermanas ayudantes internacionales, Rachmaniyah y Lusiyah, y yo mismo, entendemos las razones de la gran decepción, y hasta el enojo, que han expresado en relación a la invitación que ha llegado, a través de los canales internacionales, del presidente polaco de la Juventud Subud. Habiendo viajado a muchas partes del mundo me he dado cuenta de que, aunque una palabra puede ser aparentemente la misma en un país que en otro, su contenido y significado puede diferir mucho de acuerdo a la cultura, tradición y formas de vida de cada nación. Esta realidad ha dado lugar muchas veces en el pasado, y de nuevo hoy en nuestra situación, a malentendidos entre las personas, resultando frecuentemente en sufrimiento.

¿Cómo puede una palabra como 'invitación', que contiene un sentimiento tan positivo, conducir a tanto sufrimiento y confusión? Para ayudarles a comprender, les pediré que imaginen que están conmigo en un país muy al norte, digamos Noruega. Un hermano pudiera decir: 'Te invito a que me visites'. Para un noruego eso significa: 'Estás invitado a montar tu tienda al fondo de mi jardín por un día, o algo así, para que nos podamos ver'. Puede que él vaya hasta su tienda con una botella para compartir un trago con usted'. Un inglés diría: 'Te invito a nuestra casa a tomar una taza de té'. Cuando un alemán te invita realmente quiere decir: 'Ven a comer algo'.

Cuando un francés o un italiano te invita, no solo te dará una gran comida, que puede durar la mitad del día, sino que se asegurará de que pruebes su vino preferido.

Cuando un norteafricano, digamos un argelino, te invita, normalmente significa: 'Ven y comparte mi casa, puedes quedarte uno o dos días, si así lo deseas, yo corro con los gastos'.

¡Pero ahora soy totalmente consciente de que cuando alguien de Zaire te invita, no solo te invita a su casa, sino que también te enviará el ticket del viaje junto con la invitación! ¡La misma palabra, 'invitación', pero un contenido totalmente diferente!"

A estas alturas, todos reían sin parar. Algunos habían encontrado el último comentario tan cómico que lloraban de risa. El presidente regresó al escenario y dijo con un tono de voz divertido: "Gracias, gracias Léonard, por explicarlo todo tan claramente. Ahora entendemos las razones de esta gran confusión… ¡Es verdad, en Zaire antes de invitar a alguien, primero tenemos que mirar en nuestra cartera para ver si podemos pagar su billete!"

Todo el mundo rio de nuevo. Ahora la reunión se había vuelto armoniosa, nos sentimos como uno con el grupo; compartimos nuestras experiencias internacionales y también escuchamos sus muchas historias. Salimos tarde esa noche, y el amable joven que nos había llevado nos guió de nuevo, a través de los oscuros caminos, al lugar donde teníamos que quedarnos y me preguntó: "Leonard, ¿dónde aprendió a danzar así? ¿Sabe que nunca un hombre blanco ha hecho una danza ululante para negros africanos? Esta danza es nuestra manera tradicional de expresar el más alto amor y respeto hacia alguien a quien tenemos en alta estima, quizás un rey o un ser muy respetado. Por eso nos sentimos tan tocados, tan emocionados, cuando mostró su respeto usando nuestro lenguaje tradicional".

Contesté: "No aprendí esa danza. La danza ya estaba dentro de mí. La experimenté durante un latihan hace unos años. Cuando me quedé de pie en el escenario, me aquieté por dentro y sentí mucho amor hacia todos ustedes los que se encontraban en la sala, y entonces lo que hice fue dejarme llevar por la danza, por el movimiento y por los sonidos que espontáneamente salían de mí".

Recibiendo desde cada parte de nuestro cuerpo

Tengo que recordarle, lector, que a lo que llamamos testar se usa frecuentemente entre nosotros, los que practicamos el latihan, para llevarnos a un lugar de comprensión, no a través de nuestra mente como se hace normalmente en la vida cotidiana, sino a través de todo nuestro Ser, tomando conciencia de una realidad sin el uso del pensamiento. Por eso, cuando personalmente uso el test, siempre me aseguro de no utilizar la mente para desentrañar la pregunta y aclarar el problema, sino que escucho el problema de la persona, y luego dejo de lado completamente lo que he oído. Después invito a la persona a hacer un corto latihan, durante el cual, generalmente, surge una comprensión global de la situación; las palabras apropiadas que le siguen guían a 'quien recibe' a experimentar su realidad y así encontrar su camino.

La historia que voy a contar ilustra, no sin humor, lo que Bapak quiso decir cuando hablando del test dijo: "Usted puede realmente recibir una respuesta a través de cualquier parte de su cuerpo o de su Ser". Recuerdo que, en esa época yo no entendí claramente lo que quería decir.

En esta ocasión estábamos en Kinshasa. El hombre que quería verme podía tener cincuenta y tantos. Era de estatura pequeña, delgado y tenía rasgos finos que, de algún modo, amplificaban su timidez. Mi amigo Ruagasore me lo presentó diciendo: "Léonard, por razones que no entendemos, André ha dejado de recibir en su latihan durante bastante tiempo. Antes, su latihan era sonoro y muy fuerte. Ahora dice que ya no siente nada".

André asentía aprobando con movimientos de cabeza arriba y abajo. Sugerí que viniera conmigo a mi habitación para hacer latihan juntos. Yo estaba hospedado en el Centro Católico. Nos pusimos de pie, uno frente al otro, en la amplia habitación. Expliqué que haríamos primero un latihan corto los dos juntos, y quizás a continuación algunos test.

Comenzamos el latihan. Pronto vi que, aunque él estaba de pie, en calma y con gran sinceridad, estaba completamente inmóvil y callado, como si estuviera totalmente ausente. Mi propio latihan se amplificó, una suave melodía surgió de mi boca mientras, al mismo tiempo, mi conciencia se extendió para incluir a André dentro de mi campo de presencia. Después de unos momentos, sorprendido, sentí una presencia en mis órganos genitales. Abrí los ojos internos para observar, no sin algo de desconcierto, que la prolongación de mi pene semi-erecto se convertía en el de André, pasando a ser de color oscuro.

"¡Léonard! Eres verdaderamente un extraño bicho raro, ¿qué es todo esto?" Al cuestionarme sobre esta insólita situación, comprendí por qué André estaba tan bloqueado en su latihan.

"¿André?" Estaba obviamente lejos, dentro de sí mismo, ya que le costó abrir los ojos y centrar su mirada en mí.

"¿Sí?" Contestó tranquilamente.

"¿Has sentido algo particular durante este corto latihan?" Pregunté.

Inmediatamente sentí su turbación, mientras sus ojos miraban a su alrededor sin que él pudiera contestar.

"¿Has sentido algo en la parte de abajo de tu cuerpo?" Continué con más precisión.

"Sí, he sentido algo", contestó en voz baja, con sensación de alivio.

"Dime: ¿estás casado? Y si lo estás: ¿tienes un problema sexual con tu esposa?"

Me contó la dolorosa historia que le había bloqueado sus sentimientos y expresó su gran angustia: "Estaba muy enamorado, desde hace tiempo, de una joven llamada Felicity. Hace seis meses, fui a casa de su padre para pedir su mano y, después de unas largas negociaciones, acordamos que le daría una vaca y dos cabras por la mano de su hija. La boda tuvo lugar, y todo iba bien, aunque había sido un esfuerzo colosal para mí el reunir el dinero para honrar el acuerdo de matrimonio; sabe, soy un hombre muy pobre... Felicity parecía amarme también y éramos muy felices viviendo juntos en mi pequeña casa.

"Llevábamos solo una semana de casados cuando su padre, enojado, vino a casa y me amenazó con matarme si trataba de impedir que se la llevara. Su razón era que lo había estafado en las negociaciones con mis hábiles palabras y que ella valía mucho más que una vaca y dos cabras.

Su voz ahora temblaba, agitada por sus miedos y emociones.

"¿Le tienes miedo al padre de Felicity?" Pregunté suavemente.

André contestó, mirando al piso y abriendo sus brazos: "Es grande, fuerte y violento. ¡Para mí es imposible ir a buscarla porque estoy aterrorizado!"

"¿Tu latihan se bloqueó cuando su padre se llevó a Felicity?" Pregunté con voz monótona, cerrando los ojos.

"Sí", murmuró.

"André, cierra los ojos y relájate. Abandona tu ser ordinario y encuentra el lugar dentro de ti donde no hay nada positivo ni negativo, simplemente paz..." Esperé hasta que sentí que había alcanzado un estado interior neutro y pacífico.

"Ahora, llegando desde lo más profundo de ti, muestra cómo sería en este momento si te encontraras con el padre de Felicity."

Un miedo instantáneo se apoderó de André, su cuerpo comenzó a temblar y luego a tener sacudidas violentas, su cara se deformó, expresando pánico. No había necesidad de dejar que esta agonía se mantuviera, por lo que dije: "Ya es suficiente, deja ir ese miedo ahora... Regresa a tu anterior estado interior donde reside la paz", mientras esperé que su respiración se aquietara.

"Ahora, sigue solo los movimientos y sonidos que lleguen espontáneamente... ¿Cómo estarás, si estás cerca de tu alma, cuando llegues a la puerta de la casa de tu suegro para reclamar a tu esposa? Recibe ahora..."

Lentamente, la cara de André se expandió como elevada por sus finas cejas, y parecía que irradiaba luz desde su interior. Su boca sonreía con suavidad, sus brazos abiertos para un abrazo, y dio un paso al frente.

"Es suficiente por ahora, terminado...", dije suavemente y esperé a que regresará a su ser ordinario.

Reflejaba felicidad, estaba relajado y sonriente. "Gracias, ahora lo entiendo", dijo.

"Ya sabes qué hacer para que Felicity regresa a casa: mantente cerca de tu alma", concluí cuando nos separamos.

Una semana más tarde volvimos a Kinshasa después de nuestro viaje al suroeste y, durante el latihan en el grupo de Salembao, me encontré con André. Al principio no lo había reconocido, pero había notado que el latihan de este hombre era libre y expresivo. Me sorprendí cuando me di cuenta de que era mi amigo, el mismo que había venido a verme al Centro Católico. Después del latihan vino a contarme los últimos acontecimientos.

Al día siguiente de la sesión de test que había hecho conmigo, fue a casa de su suegro y, antes de llamar a la puerta, recordó el test y dejó ir completamente su ego y sus miedos. Instantáneamente fueron sustituidos por un sentimiento de amor hacia el hombre a quien había temido en el pasado. Llamó a la puerta y, para su asombro, su suegro salió con los brazos abiertos para darle la bienvenida y devolverle a Felicity. También se excusó por su mal comportamiento, y dijo que todo lo que deseaba ahora era mantener buenas relaciones con su nuevo yerno.

"¿Y tú latihan es mejor ahora?" Dije, sabiendo muy bien que lo era.

"Sí, maravilloso y libre."

Tratando con los ancestros

La historia que voy a contarles muestra como la práctica del latihan entrenó no solo mi cuerpo físico para moverse más libremente en todas sus partes ocultas, sino que también me aportó una conciencia de los mundos espirituales, mundos que no puedo ver con mis ojos ordinarios. Uso la palabra 'mundos' en plural porque me he dado cuenta de que cada mundo es relativo a su propia realidad y para mi propio nivel de conciencia. En otras palabras, la realidad de un mundo tiene su propia verdad, y ésta no es realmente aplicable a otro.

Esta experiencia ocurrió durante un latihan con los miembros masculinos del grupo de N'djili, no lejos del aeropuerto internacional de Kinshasa. Alrededor de quince hombres estaban presentes, la mayoría de menos de cuarenta años, en una pequeña habitación sin muebles. Previamente les había comentado que, después de un breve latihan, podríamos hacer algunos test generales.

En algún momento, durante el latihan, me encontré cerca de un hombre muy joven. Se encontraba inmóvil y no parecía estar en latihan como el resto. Abrí mis ojos interiores y vi una colorida cola, que parecían ser sus parientes, que permanecían cerca, detrás de él. Mi atención se concentró especialmente en una anciana, de constitución fuerte, que estaba agarrando su camisa y tirando de él hacia atrás con una mano, mientras con la otra sostenía un palo largo. La cola era larga ya que se perdía de vista; todos parecían tristes, me di cuenta de que ninguno sonreía.

Después de veinte minutos, el latihan se detuvo naturalmente y sugerí que los hombres se sentaran en el suelo con la espalda contra la pared, dejando un espacio en el centro. Compartí con ellos mi comprensión y experiencia de lo que llamamos 'test' y ofrecí el espacio a cualquiera que sintiera la necesidad de compartir sus experiencias de latihan o pidiera aclarar algún punto a través del test.

Se hizo un profundo silencio, y sentí que había timidez y falta de decisión para romperlo. Me sorprendió que el joven que había visto durante el latihan retenido por sus ancestros, hablara con un toque de enojo en su voz: "He estado haciendo el latihan durante dieciocho meses. No veo por qué continuar ya que no siento nada, no me muevo ni emito sonidos como los otros".

"¿Podemos ver si el test puede ayudar?" Sugerí.

Estuvo de acuerdo y pedí a los demás que se sentaran tranquilamente alrededor de la habitación mientras testábamos. Daniel y yo estábamos de pie, en medio de la sala, frente a frente, y cuando sentimos que estábamos absolutamente tranquilos, dije: "Daniel, relájate completamente en todas las partes de tu ser, permite que tus sentimientos se tranquilicen como las aguas de un lago cuando no hay brisa... Ahora, muestra a través del latihan ¿Cómo es para Daniel cuando se encuentra con su abuela, la madre de su madre?"

En cuestión de unos pocos segundos mi joven amigo gritó, poniendo sus manos y brazos sobre su cabeza como si se protegiera de los golpes de un palo. Todo su cuerpo estaba temblando de miedo; cayó al suelo en posición fetal con las manos protegiendo su cabeza y su cara. Gritaba con una mezcla de agonía y lágrimas: "¡No, no, no! ¡No hagas eso, para por favor, para!"

Su recibir era intenso. Todos sentimos su agonía y dolor.

"Tranquilízate ahora, Daniel, ponte en pie y regresa al tranquilo lugar dentro de ti mismo", dije suavemente. Como si estuviera lleno de moretones, se levantó lentamente y se quedó en silencio frente a mí".

Nos acabas de mostrar cómo es tu relación con tu abuela viva. Ahora, recibe cómo sería tu relación con tu abuela, si te mantienes cerca de tu alma."

Mientras buscaba dentro de sí mismo algo para sostenerse, Daniel se encontró con el amor por su madre. Su cara se tornó bella expresando ese sentimiento, sus manos a lo largo de su cuerpo se abrieron.

"Sí", dije suavemente, "ese es el sentimiento de amor que tienes por tu madre, pero ahora, para encontrar armonía dentro de ti mismo y dentro de tu familia, experimenta el sentimiento correcto que tienes que tener hacia tu abuela".

Le llevó más tiempo a mi joven amigo recibir esto, ya que había una lucha interna. Finalmente abandonó la resistencia, sus brazos fueron hacia delante y abrazó a su abuela amorosamente.

"De nuevo, Daniel, relájate completamente: ¿Dónde está ese miedo que habita en ti? Exprésalo…"

El temblor volvió a su cuerpo y su cara expresó el miedo.

Mientras continuas el recibir de este miedo: ¿Qué tienes que hacer dentro de tu ser para encontrar los sentimientos de amor donde no hay espacio para miedos?"

Daniel lo expresó rápidamente y mostró que era posible para él abandonar sus miedos cuando surgieran.

En mi siguiente visita al Congo, un año después, Daniel vino a verme para decirme que su abuela había dejado de golpearlo con un palo, desde aquella sesión de test, y que ya no le tenía miedo. Se había vuelto dulce y agradable con él. También, me di cuenta de que su latihan era completamente relajado, libre e intenso.

Deben preguntarse cómo pude saber que la primera expresión de amor era para su madre. Es porque cuando hago sesiones de test con un miembro, mi conciencia interior más sutil está atenta a lo que el miembro recibe durante su experiencia. De esa forma queda claro para mí, ya que yo mismo paso por la experiencia, aunque en un grado menos intenso que el que la persona está sintiendo. Para la persona que no está acostumbrada a esta práctica del latihan, puede sonar extraño, casi mágico, pero en verdad, es tan real y lógico como la ecuación… (2+2=4) lo es en el mundo material.

He usado esta forma de test en innumerables ocasiones, para ayudar a las personas a conectarse con su propia verdad y encontrar lo que son capaces de hacer para mejorar su manera de ser, con la finalidad de lograr armonía en sí mismos, con su familia y con el prójimo. Cuando me conecto a mi alma, mi conciencia realiza una acción trascendente. El latihan ha entrenado mi conciencia para usar la trascendencia para llegar al alma, el canal, que lleva al origen.

En alguna de sus charlas, en la época en que viajaba de país en país, Bapak frecuentemente explicaba, no sin humor, cómo era para la mayoría de nosotros la situación de nuestras almas: nuestras almas solo poseían partes o trozos de un cuerpo espiritual. A veces reía cuando describía que alguien solo tenía dos piernas espirituales hasta la cintura, pero sin nadie arriba. O solo una boca, un estómago y pies. Sus descripciones eran cómicas y me recordaban algunos personajes de El Bosco. Bapak nos dijo que, practicando el latihan con regularidad, lograríamos finalmente un cuerpo espiritual completo.

Para ser honesto, en ese tiempo no entendía realmente de qué hablaba. Parecía algo muy extraño, pero lo amaba tanto, que sabiendo lo poco que yo conocía acerca de lo espiritual, aceptaba lo que decía sin juzgar, esperando poder llegar a entenderlo un día.

Con modestia puedo decir ahora que, dentro de mi propia realidad, reconozco de qué hablaba Bapak entonces. Por supuesto, como el latihan llega sin enseñanza, el lenguaje que uso proviene de mis propias experiencias; en ese sentido no uso un lenguaje religioso 'enseñado' para expresar mi comprensión espiritual.

Fue para mí una oportunidad extraordinaria la de convertirme en ayudante internacional y tener la ocasión de viajar a diversas partes del mundo, no solo para conocer y estar con gente de todas las nacionalidades, sino también, a decir verdad, para poder dejarme llevar junto con gente autóctona en el entrenamiento del latihan. Durante cuatro años, pudimos viajar por Escandinavia, Rusia, Ucrania, Europa central, el sur de Europa, África del Norte, África Central y Sudáfrica. Fue una experiencia hermosamente reconfortante la de experimentar, sin el uso de palabras, la cercanía y semejanza entre todos nosotros los seres humanos. La experiencia del latihan, en cualquier continente del mundo que uno lo practique, parece acercarte a todos los seres humanos con un sentimiento de amor. En el latihan, cuando cada uno ha abandonado completamente su ego y deseos, sin enseñanzas, reglas, o códigos, la fuerza divina une a quienes son capaces de seguir los movimientos iniciados desde sus almas.

La acción del latihan libera lo que bloquea nuestra evolución

Me sorprendí cuando visitamos Nigeria, en el otoño de 1992, al percibir cuando hice mi primer latihan con los hombres de Lago, que la docena de hombres presentes estaban completamente inmóviles, y no emitían sonido alguno. Sorprendido de ser el único que se movía y cantaba, les pregunté la razón de su falta de expresión. David, el presidente del grupo, me explicó: "Nuestro latihan solía ser libre, con movimientos y sonidos, de hecho, solía ser muy ruidoso. Hace unos años pasó algo desafortunado que pudo haber terminado en tragedia..."

Hizo una corta pausa y siguió: "Solíamos hacer nuestro latihan en el primer piso de un gran almacén, en un enorme mercado cerca del centro de Lagos. Una vez, una de nuestras mujeres tenía un latihan muy fuerte, en el que gritaba y chillaba. En el mercado que estaba abajo, un grupo de hombres oyó los fuertes sonidos de purificación e inmediatamente pensaron que había un grupo de violadores en el almacén. Algunos de ellos habían visto hombres y mujeres subir las escaleras momentos antes, y dedujeron que era su deber ir a ´salvar´ a las mujeres de las garras de los bárbaros violadores.

El resultado fue una pelea caótica, algunos de nuestros hermanos Subud terminaron lesionados y no pudimos seguir haciendo el latihan en el almacén. Este percance nos afectó y preguntamos al ayudante nacional de aquella época qué deberíamos hacer. Contestó que Bapak había explicado una vez que, cuando hacemos latihan en un cuarto que no es a prueba de ruidos, si perturba a los vecinos, deberíamos pedir tener un latihan silencioso. Desde entonces, no nos movemos ni emitimos sonidos. Terminó con una gran sonrisa.

Eran alrededor de las nueve de la noche y, como habíamos hecho latihan en una oficina de uno de los miembros, pregunté a David: "¿Hay alguien debajo, encima o al lado de nosotros en este momento?"

"No, nadie", respondió.

"Magnífico. Propongo que hagan test, aquellos de ustedes que quieran, porque no se sientan satisfechos con su latihan. Primeramente, preguntaré: ¿Cómo es su latihan en la actualidad? Y a continuación: ¿Cómo sería su latihan si estuvieran totalmente libres de todo tipo de condicionamientos?".

Cada hombre se presentó para hacer el test, uno tras otro, y el resultado fue una revelación para cada uno, cuando recibieron, a través de sonido y movimiento, la expresión de su verdadera naturaleza. Uno de ellos mencionó que se sentía como si hubiera estado en un largo sueño desde el día de la gran pelea en el mercado.

Latif, el presidente nacional en ese momento, nos había llevado amablemente a visitar los otros cuatro grupos principales y, en cada uno de ellos, encontramos la misma situación: rigidez, silencio y ausencia de expresión física en el latihan. En cada oportunidad testamos con los miembros, uno por uno, y su latihan se desbloqueaba y reencontraban su libertad de movimiento y sonido. Desafortunadamente, muchos miembros habían dejado de hacer su práctica regular durante este largo período de 'latihan silencioso', desalentados por el sentimiento de que no estaban progresando en su espiritualidad.

Los últimos días de nuestra visita los pasamos en el Congreso Nacional Nigeriano en ljebu-Ode. El Congreso se realizó en la casa de un médico del grupo, el Dr. Labagio, que era lo suficientemente grande como para acoger a los numerosos miembros nigerianos que asistieron. Los latihanes fueron intensos; y fue agradable ver como cada miembro había sido capaz de abandonar el período de 'latihan silencioso' y ahora todos estaban dejándose llevar por su latihan completamente, sin ninguna restricción.

Visita a Nigeria, 1992

Un encuentro con la magia negra

De nuestra estancia en Nigeria, compartiré con ustedes una extraña experiencia que sucedió en una visita a la ciudad de Enugu. Samson, un miembro joven del grupo de Enugu, había preguntado si podía llevarme al día siguiente, temprano en la mañana, a ver el lugar dónde esperaba desarrollar su nueva empresa de artes gráficas y publicidad.

Apareció en una pequeña furgoneta blanca, a la que le faltaban las ventanas de las dos puertas delanteras. Inclinándose abrió la puerta, que chirriaba, invitándome con una agradable sonrisa de bienvenida a colocarme en el asiento del pasajero. Samson estaba muy contento de tenerme sentado a su lado en su furgoneta y su alegría burbujeante se convirtió en contagiosa. Ambos disfrutábamos la compañía del otro y partimos con grandes sonrisas en nuestras caras. Se sentía hablador. Yo, simplemente escuchaba.

"Está un poco en la periferia de Enugu. Verá, tiene un gran potencial. Mi primer trabajo es repintarlo de blanco, en este momento, verá, está algo sucio. Es sorprendente lo que un poco de pintura puede hacer ... Ahora estamos entrando en una parte peligrosa de la ciudad. Si pasa cualquier cosa, déjeme hablar a mí", me advirtió, como si tuviera una premonición.

Mi joven amigo de repente se puso tenso y serio. Miré delante de nosotros, estábamos llegado a un cruce y vi, consternado, que en un lado de la calle apareció un hombre alto que corrió hasta el centro de la intersección. Tenía un arco y flechas en una mano; el rostro oculto tras una gran máscara de madera de aspecto agresivo; el torso pintado con grandes rayas blancas; una falda corta de rafia alrededor de su cintura era toda su vestimenta.

Samson detuvo el vehículo a cinco o seis metros del hombre que nos amenazaba, de pie delante de nosotros; los brazos estirados con los antebrazos hacia el cielo; las piernas separadas con las rodillas dobladas en ángulo recto y los pies apuntando al exterior; todo su cuerpo se agitaba violentamente.

Los transeúntes se habían detenido para observar la escena. Hablando con tranquilidad forzada, entre dientes, sin mover los labios ni la cabeza, mi joven amigo dijo: "Cuidado, no reacciones ni te muevas, éste es un mal agüero".

El hombre enmascarado, en su danza guerrera, hablaba con voz fuerte en una lengua africana desconocida. Solo reconocí las palabras 'hombre blanco' que repetía con frecuencia.

Una sensación desagradable de frío paralizante se deslizó por mi columna vertebral cuando me di cuenta, mirando por el rabillo del ojo derecho, que una punta de flecha metálica oxidada y de apariencia venenosa, apuntaba a solo unos centímetros de mis sienes.

A estas alturas de la situación, Samson estaba temblando de miedo, y su rostro se había vuelto gris. Sentí que el mejor lugar donde podía estar era cerca de mi universo interior, abandoné totalmente mis miedos y llegué a un estado de profunda paz. Tan pronto como abandoné mi ser ordinario, moví imperceptiblemente mi cabeza para dirigirla hacia el pequeño arco que estaba completamente tensado. Lentamente me aventuré a mirar a mi derecha para ver quien estaba al final del arma.

El arquero tendría unos diecisiete años, las manos fuertes y firmes que estaban sujetando el arco y reteniendo la flecha tenían las uñas comidas y trazas de tiza blanca sobre ellas; la cara joven que me miraba estaba pintarrajeada de blanco con tiza y mortalmente seria. Los labios normalmente generosos de su cara juvenil se habían contraído en un pequeño y apretado círculo, a través del cual aparecía la punta rosada de una lengua puntiaguda. Me encontré mirando a los pequeños ojos negros y hundidos, en los cuales solo podía descifrar la mirada de un cazador a punto de disparar a su presa.

Aunque podía oír al gran guerrero danzante acercarse, permití que una expresión desconocida tomara posesión de mi cara. Mi lengua empujó la parte izquierda de mi labio inferior hacia arriba, mi pómulo prominente subió cerrando mi ojo izquierdo mientras mis fosas nasales se ensanchaban. Mis manos con los dedos erráticamente extendidos hacia afuera se unieron a la mueca para amplificar el efecto...

El joven arquero explotó literalmente en una carcajada incontrolada, el arco y las flechas cayeron al borde de la calle, mientras golpeaba sus rodillas con alegre entusiasmo ante la escena cómica. Lentamente volví mi cara en dirección al guerrero que, al ver mi expresión cómica, soltó también una carcajada que podía oírse detrás de su agresiva máscara. Samson, que estaba en alerta, vio el espacio para escapar y aceleró, dejando a los transeúntes y a nuestro agresor en su burbuja de risas.

Cuando estuvimos lejos del cruce, Samson me miró y preguntó intrigado: "¿Sabe?, esto pudo convertirse en una tragedia. ¿Cómo se las arregló para convertirlo en una comedia?" "Simplemente me entregué, abandoné mi ser temeroso y mis nervios, y seguí lo que vino, justo como en el latihan, Samson". Contesté, sintiéndome muy aliviado de haber sido salvado, una vez más, de una situación difícil de forma totalmente inesperada.

Desarrollando la conciencia del alma

Encuentro la palabra entrenamiento muy apropiada para explicar cómo entendemos la palabra indonesia latihan.

Los resultados de las muchas experiencias que describo en este libro fueron posibles gracias a este entrenamiento espiritual. Gradualmente pude, primeramente, desbloquear la conciencia que parecía residir solo en una pequeña parte de mi Ser, después, poco a poco, me aventuré a proyectarla en otras partes de mi totalidad. Entiendo que mi alma es como un recipiente cósmico divino, en el cual mi conciencia puede viajar por las diferentes partes de mi universo.

Bapak usaba frecuentemente otra analogía, nuestro ser interno puede visualizarse como un castillo en el cual hay muchos niveles y habitaciones. Nos diría también que la mayoría de nosotros habitamos solo una o dos habitaciones y que, si progresamos con el latihan, nos liberaríamos gradualmente para descubrir todas las habitaciones en los diferentes niveles de nuestro castillo interior.

Entiendo el entrenamiento como la habilidad de abandonar nuestro egocéntrico ser y colocar nuestra conciencia en la cuna de nuestra alma a fin de que no sea el autointerés lo que nos guie, sino el orden divino que siempre armoniza y mantiene el perfecto equilibrio universal.

Volviendo a la explicación de Bapak sobre el alma, mientras más completo esté el cuerpo espiritual, más lejos nos llevará dentro de nuestro universo interior. En este momento estoy compartiendo con ustedes dónde estoy en mi comprensión del vínculo entre el mundo material y el espiritual. El proceso del latihan, a lo largo de los años, me ha llevado a través de una miríada de fases diferentes, ampliando cada vez un poco más mi comprensión y mi conciencia

En mi caso, era el estado de miedo: miedo al espacio desconocido y miedo a no encontrar nada en el más allá; lo que había bloqueado mi desarrollo espiritual. Ahora, comprendo que el término 'nada' no es aplicable donde hay conciencia espiritual.

Estar cerca de mi alma con total confianza, y permitirle que viva a través de mí en todas las partes de mis actividades terrenales, se ha convertido en mi prioridad, ya que he comprendido que vivir a través de mi ego, necesidades y deseos, es vivir horizontalmente sin mucha profundidad.

Por supuesto, no puedo desligar o separar mis experiencias de vida del latihan. Ha sido mi única práctica espiritual, pero espero que los lectores que no han practicado el latihan de Subud, que hayan utilizado otros caminos y hayan tenido experiencias similares, reconozcan mi lenguaje.

Capítulo 6

De Vuelta en Provenza

Dejamos Inglaterra después de veintiséis años

La Casa de Lúpulo de Bassett había sido una maravillosa etapa en la vida de nuestra familia. La casa era lo suficientemente grande para albergarnos a los once, esto es, incluyendo a mi madre Olivia y a su compañero, Marcus Hamilton. La inusual distribución de aespacios en el interior, y la tierra que rodeaba la propiedad, nos daba espacio para desarrollar libremente nuestras propias individualidades, ofreciendo a nuestros hijos un ambiente estable en el cual evolucionar y, por lo tanto, facilitar el descubrimiento de sus propias personalidades.

Bassett's Oast House, primavera 1991

El negocio de antigüedades y diseño de interiores había contribuido plenamente a financiar las necesidades materiales de la familia, y nuestra propiedad inglesa representaba, en ese momento, una seguridad material relativa. Pero no eran suficientes para darnos a Mélinda y a mí un buen retiro.

A través de la tienda descubrí en mí mismo muchos talentos y pude usarlos creado actividades lucrativas, como han leído en los capítulos primero y cuarto. En lo profundo de mi corazón, siempre quise expresarme, algún día, a través de la pintura. Sentí que ahora era el momento para aplicar todo mi ser a la pura expresión artística.

La familia Lassalle en Bassett´s, 1988

Tanto Mélinda como yo teníamos un fuerte deseo de regresar al sur de Francia, donde habíamos comenzado nuestra vida en común cuando teníamos veinte años. Cinco de nuestros siete hijos, Lucianne, Miriam, Richard, Pamela y Hermas, se habían emancipado, y los dos más jóvenes, Dahlan y Laurence, estaban estudiando en Londres, Dahlan en la Escuela Internacional de Cine, y Laurence en una escuela de diseño gráfico. Compartían una pequeña casa cerca de Hammersmith Bridge, en Londres, y parecían relativamente felices allí, descubriendo, y de alguna forma luchando para enfrentarse al gran mundo que les rodeaba.

Dos años antes, en 1988, Richard, que en aquel momento trabajaba conmigo en la tienda de antigüedades y decoración, descubrió nuestro secreto deseo de volver a vivir en Francia. Nos sugirió con entusiasmo que cogiéramos una semana de vacaciones en Provenza y buscáramos una casa.

Traslado a Provenza con la ayuda de Marianna y Laurence

"¡Pero cariño, no tenemos dinero para eso!", exclamé, preguntándome cómo financiar ese proyecto. "No importa, Papá, lo encontraremos de alguna forma", contestó positivamente, de una manera que me recordó a mí mismo.

Siguiendo la sugerencia de nuestro hijo, nos fuimos en marzo de ese año; habiendo decidido buscar en la región de Mont Ventoux, para mí, el Fujiyama de Provenza. Reservamos una habitación en un hotel en la parte medieval de Vaison la Romaine, que se despliega al pie de la bella montaña y fuimos directos a la agencia inmobiliaria más cercana.

Buscábamos una casa antigua, preferiblemente que no hubiera sido reformada, para hacer nosotros la reforma. Tenía que ser de piedra, con algunas hectáreas de terreno, en un radio de 10 km alrededor de Vaison la Romaine. El agente propuso tres casas, y con mucho interés, nos llevó en su vehículo a visitarlas.

Primero nos mostró la propiedad más alejada, después una casita entre algunos viñedos y, notando nuestra falta de entusiasmo, dijo finalmente:

"¡Bueno! los estoy llevando a esta en último lugar porque pensé que era altamente improbable que ustedes la quisieran; aunque la experiencia me demuestra que uno nunca sabe lo que hay en el corazón de un cliente ..."

Era al final del invierno. Estaba lloviendo y las nubes, bajas aún, se extendían a medio camino subiendo las colinas. El camino nos llevó a través de estrechas gargantas, cuando de repente el paisaje se abrió, revelando un pequeño valle encantador, escondido entre Mont Ventoux y una montaña más pequeña llamada La Platte.

El agente condujo rápidamente a través de dos caseríos, entre huertos de albaricoqueros, y un kilómetro valle arriba, giramos a la derecha hacia un camino viejo y lleno de baches. En cuanto bajamos del coche, quedamos encantados por la pequeña y antigua granja incrustada en la roca de Mont Ventoux y rodeada de robles y pinos.

Aunque llovía, el viejo edificio estaba completamente libre de humedad. Obviamente algunos granjeros muy pobres lo habían construido en la roca solo con materiales locales. Originalmente poseía un pequeño manantial, que ahora estaba seco y por lo tanto la propiedad no tenía agua ni desagües.

Les Mûriers, febrero de 1992

El lugar no tenía acceso directo a la electricidad. Estaba rodeado de hectáreas de albaricoqueros adultos, robles y bosques de pinos. No había estado habitada desde hacía más de cien años y ahora la usaba un granjero local para guardar sus utensilios de trabajo. Cubriendo el rocoso suelo de los tres establos había hojas secas y una gruesa capa de estiércol viejo. El estiércol viejo provenía probablemente de una pareja de bueyes, un caballo y un rebaño de ovejas y cabras. Las ventanas y puertas habían desaparecido, pero el granjero había mantenido el techo en buenas condiciones, lo que había ayudado a evitar que las paredes se desmoronaran.

Cuando regresamos a nuestro hotel, abrí un mapa de la zona y dije a Mélinda desafiante: "¡Uno, dos, tres! Señalemos con nuestro dedo la casa que más nos gusta". Entre risas nuestras manos se encontraron mientras nuestros dedos luchaban por el mismo punto sobre el mapa brillante y colorido. Habíamos escogido la vieja granja que no tenía ni agua, ni electricidad, ni baños, ni desagües, pero se encontraba entre los bosques del mágico valle.

Ahora que habíamos tomado la decisión de que ésta era la casa que queríamos, dependía de mi encontrar la forma de financiarla. No los aburriré con toda la historia de cómo convencí al banco, pero finalmente, contra la garantía de la Casa de Lúpulo de Bassett, el administrador de mi banco nos dio de buena gana el dinero que necesitábamos para comprar la propiedad.

Durante los dos años siguientes pasamos nuestras vacaciones en la casa, organizando cambios básicos para hacerla relativamente cómoda. Un generador diésel nos suministraba la electricidad y mientras logré instalar una larga tubería de 200 metros para sifonear el agua desde el pozo de piedra, que se encontraba un poco más alto en el bosque. El agua nos servía para las duchas en el exterior y para usos generales.

Richard y yo diseñamos todos los planos necesarios para los principales cambios: dónde instalar la cocina, los baños, las salas, las habitaciones y todo lo demás. Contratamos a un joven inglés para hacer las mejoras a partir de los planos. Construimos un cobertizo de piedra en el cual colocar el generador; en realidad, sobre todo, para amortiguar su sonido ruidoso y monótono. El resto del trabajo tendría que hacerlo yo una vez que nos mudáramos.

Inglaterra estaba pasando una profunda depresión en ese momento de nuestra mudanza y el mercado inmobiliario había quebrado. Tenía la esperanza de que la venta de nuestra gran propiedad fuera suficiente para comenzar una nueva vida en Francia, y planificaba invertir el resto en crear un pequeño ingreso para nosotros. Pero ni pudimos vender nuestra casa ni saldar nuestra deuda con el banco. Así que alquilamos la Casa de Lúpulo de Bassett hasta que la situación mejorara.

Mélinda sabía cuán fuerte era mi deseo de pintar y recuerdo haberle preguntado antes de tomar la decisión de salir de Inglaterra: "Querida, ¿estarías dispuesta a mudarte a nuestra vieja y rústica casa en Francia, donde podría volver a coger mis pinceles para pintar, sin un ingreso seguro?"

Respondió: "No hay nada que me gustaría más que comenzaras a pintar de nuevo. ¡No importa el aspecto financiero; siempre nos las hemos arreglado en el pasado!" Su amor y confianza me dieron la fortaleza para enfrentar nuestro nuevo futuro. Mi madre confirmó la decisión diciendo que, tan pronto como fuera posible, le gustaría unirse a nosotros en Provenza.

La crisis financiera en el Reino Unido se sintió con fuerza, especialmente en las ventas de artículos de lujo, como antigüedades, y en las ventas de propiedades. Tuve dificultad en recuperar parte del dinero que la empresa había invertido en stocks. Si hubiera sido dos años antes, la situación material hubiera sido mucho más favorable.

La tienda nos había sostenido durante veinticuatro años y nos había ofrecido un maravilloso soporte para desarrollar nuestros talentos; sentí un poco de nostalgia, mezclada con mucha gratitud por lo que nos había dado. Vendí el contrato de arrendamiento a un entusiasta comerciante de antigüedades. La separación de la tienda creó un inmenso vacío, que de repente apareció delante de nosotros. Ahora podía dedicarme plenamente a planificar nuestro futuro.

En el verano de 1991, después de haber colocado temporalmente a mi madre y a Marcus en un hogar para ancianos en Devonshire, muy cerca de donde vivía mi hermana, nos sentimos dispuestos a dejar Inglaterra para preparar nuestro nuevo hogar.

Dos días antes de nuestra mudanza, organizamos una pequeña fiesta de despedida para la familia y los amigos. Inesperadamente y sorprendidos, recibimos generosos regalos: dos manzanos, un Bramley y un Cox's Orange Pippin; un equipo completo de apicultura y un sobre, del hermano de Mélinda, conteniendo un generoso cheque, que nos ayudaría mucho en nuestra mudanza y los primeros meses en Provenza.

Derramamos algunas lágrimas con nuestros tres hijos presentes: Dahlan, Laurence y Pamela, que habían venido desde Londres para ayudarnos a empaquetar, cargar el camión de cuarenta toneladas y su remolque y también para limpiar la casa después de nuestra salida.

Así que, a mitad del verano, abandonamos la Casa de Lúpulo en nuestro "CX Safari" cargado a tope, junto con nuestros sorprendidos gatos, Tequila y Hércules. Era la primera vez que viajaban.

Conduciendo por las sinuosas carreteras hacia Dover para coger el ferry aerodeslizante, con las orejas llenas del maullar nervioso de Tequila; cada uno de nosotros estaba flotando en su propio mundo.

Mélinda, probablemente con un peso en el corazón, pensando en sus hijos que quedaban atrás, en Inglaterra. Yo sintiéndome extrañamente libre de la tienda y de todas las responsabilidades que se habían acumulado a lo largo de los años desde nuestra mudanza a Tunbridge Wells.

Me sentía como un caballo al que han liberado de su carro. Pensé en mis muchos clientes que ya no podrían hacer uso de mis consejos y mi talento artístico, simplemente levantando el teléfono. Veinticuatro años excitantes habían pasado por el "21 The Pantiles". Muchos de mis clientes se habían convertido en amigos y entusiastas coleccionistas de muebles del siglo XVII y de otros artículos antiguos coleccionables...

De pronto me di cuenta de que había estado conduciendo automáticamente durante muchos kilómetros; decidí concentrar mi atención en las carreteras secundarias, estrechas y concurridas.

El trabajo continúa...

Fue maravilloso encontrar, a nuestra llegada a la casa, una cálida bienvenida de nuestro hijo Richard y Miranda, su esposa embarazada. Se habían quedado en la vieja granja preparándola para nosotros y ahora estaban listos para mudarse a un pueblo llamado Forcalquier, cien kilómetros al este, detrás de Mont Ventoux.

Creo que recuerdo haberles narrado que me criaron en una isla desierta del Mediterráneo, donde el agua escaseaba y el confort era más que espartano. Bueno, nuestro primer año de vida en la vieja granja "Al final del mundo", como se llamaba el lugar, me recordaba mis primeros años de la niñez, vividos en l'Ile du Levant con mi madre y mi hermana. El agua escaseaba una vez más, no teníamos electricidad, y así sucesivamente...

Había una enorme cantidad de trabajo práctico por hacer. Lo primero era traer agua hasta la casa. Después, instalar tuberías en todos los lugares de la casa donde se necesitaba el agua. A continuación, instalar los baños, aseos, la cocina con todos sus accesorios, construir las chimeneas y todos los millones de cosas que necesita una casa para ser relativamente cómoda.

A la propiedad le pusimos por nombre Les Mûriers, por dos antiguos árboles de moras que había en la terraza, que nos brindaban una agradable y fresca sombra durante el verano. Después de acomodarnos en este valle tranquilo e íntimo, comenzamos a atender las muchas tareas que teníamos que hacer desde nuestra llegada.

Mis obligaciones como Ayudante Internacional todavía me ocupaban buena parte de mi tiempo y aún no había sido capaz de hacer ninguna pintura, ni promocionarme localmente como artista. Habíamos llegado al final de nuestras reservas financieras y me preguntaba cómo nos las arreglaríamos en los próximos meses.

Una tarde, el día antes en que debía volar a Moscú por mi trabajo en Subud, un antiguo cliente noruego telefoneó y preguntó si podía aconsejarle en la compra de un gran apartamento de lujo en el centro turístico de ski de Méribel, en los Alpes franceses. También quería que le dijera, si encontraba el proyecto interesante, si podía diseñar sus interiores y supervisarlo hasta su terminación. Le pedí que me enviara los planos por fax, ya que tenía que verlos antes de poderle dar una respuesta.

El edificio estaba construido en la base de una renombrada pista de esquí. Albergaba tres grandes y lujosos apartamentos, con plazas para estacionar en el sótano. El proyecto era atractivo y vi que era posible convertirlo en un hermoso espacio; le di mi aprobación y salí para Moscú.

¡El cliente quería que diseñara e hiciera fabricar todo el contenido del apartamento, desde los muebles, la ropa de cama y los cubiertos, incluso hasta escoger los vasos de cristal! Decidí no cobrarle por mi tiempo y por el diseño, sino que me pagara la diferencia entre los precios al por mayor y al detalle de todo lo que se comprara o hiciera para el apartamento. Cuando yo mismo era el que pintaba efectos especiales, cobraba una tarifa horaria.

Este trabajo, que apareció de la nada, en un momento en que nuestra situación financiera estaba por los suelos, reforzó mi confianza en que estar en un lugar positivo dentro de mí mismo era todo lo que en realidad importaba; el resto fluiría armoniosamente.

Méribel estaba a solo cuatro horas y media por carretera desde Les Mûriers; esto me permitía supervisar de cerca el diseño interior que propuse a mi cliente. Después de varios meses de intenso trabajo, todo el apartamento estaba terminado y el cliente estaba encantado; ¡aunque nunca me creyó cuando le expliqué que, verdaderamente, mi diseño y trabajo no le habían costado nada!

Al hilo del trabajo/talento, enumeraré algunos ejemplos más, que muestran cómo un trabajo se encadenaba a los otros, a pesar de que fueran de carácter muy diverso.

Diana, una amiga arquitecta que se había mudado con su esposo a

Yakarta unos años atrás, llamó un día preguntando si estaría dispuesto a pintar una serie de grandes pinturas, para un hotel internacional en la hiperactiva ciudad indonesia. De inmediato le pregunté si podía enviarme una muestra del tejido que alfombraría las estancias y pasillos de pared a pared, que tuviera los colores y motivos básicos del hotel, junto a la descripción de las paredes y estancias donde se colgarían las pinturas.

Los colores rojo/marrón y amarillo dorado y los motivos de abanicos, que decoraban las moquetas del Hotel Mandarín Oriental, me dieron el esquema de colores para las grandes pinturas. Envié siete muestras de mis propuestas, pintadas al gouache. Las aceptaron inmediatamente y, ahora, todo lo que tenía que hacer era encontrar un lugar donde pintar los cuadros, ya que eran demasiado grandes para pintarlos en nuestra pequeña casa. Todavía no había construido mi estudio en los establos de la vieja granja.

Unos amigos artistas, de la localidad de Beaumont, me ofrecieron generosamente el uso de su estudio que, por cierto, estaba cerca de la casa del alcalde y de la iglesia. Un día, mientras pintaba uno de los cuadros en lo alto de una escalera, el alcalde del pueblo entró en el estudio y observó fijamente mi trabajo. "¡Oye Léonard! No sabía que podías pintar así". Estaba obviamente muy impresionado y sugirió que, antes de enviar los cuadros a Yakarta, organizáramos una exposición en el ayuntamiento para mostrarlos y que la gente del pueblo pudiera verlos. Él lo organizaría todo e informaría a la prensa.

La exposición fue un éxito y al día siguiente había fotos mías y de los cuadros en toda la prensa local. El alcalde invitó a los cuatro directores de la Junta de Electricidad de Provenza a la exposición y decidieron que un artista de ese calibre debería poder ver adecuadamente en su casa. Ellos lo arreglaron todo para que nos conectaran a la línea principal de suministro eléctrico por una cantidad de francos muy razonable.

Impulsado por el momento de entusiasmo, el alcalde me preguntó si estaría dispuesto a restaurar los frescos del siglo XVII del techo y las paredes de la iglesia del pueblo y también crear un mural nuevo en honor a San Roque, su patrón. Acepté el proyecto y de inmediato me puse a trabajar. La mayoría de los frescos originales habían desaparecido con el tiempo, pero me las arreglé para recuperar lo esencial de los dibujos y repinté todas las partes del techo y las paredes usando la técnica "fresco-seco", pigmentos naturales con un aglutinante de huevo y aceite de linaza.

Trabajé durante ocho semanas con entusiasmo inspirado, subiendo y bajando andamios, haciendo mis mezclas de huevo para usarlas como aglutinante, añadiéndolas a los pigmentos de colores apropiados, permitiendo que mis pinceles de pelo de marta bailaran libremente sobre las superficies preparadas. Me di cuenta que no tenía que pensar qué hacer o cómo hacerlo; fue como si ya estuviera grabado en mis sentimientos, solo tenía que seguir el movimiento y observar pasivamente mi mano, sosteniendo el pincel, haciendo el trabajo.

No había calefacción en la Iglesia y enseguida tenía que retener el flujo continuo de gotas de agua salina presentes al final de mi nariz, debido a la atmósfera fría y húmeda; mi conciencia a veces se ensanchaba para abrazar, en mis sentimientos, a algunos de los pintores del Renacimiento Italiano. Sentía una afinidad con ellos; Giotto, Fray Angélico, Mantegna, Simone Martini, sin mencionar a Leonardo da Vinci y Miguel Ángel. No es que compare mi creatividad con la de los Maestros, nada de eso; pero la atmósfera, interior y exterior, que tienen que haber experimentado en el silencio profundo y neutral de las iglesias donde trabajaron, tiene que haber sido similar a la que yo vivía.

Ese olor particular de la tempera de huevo - la mezcla de aceite de linaza, yema de huevo y agua destilada – añadido a la sensación tranquila y pacífica que se siente durante los momentos de concentración, cuando la respiración se paraliza esperando que la mano termine su pincelada... fueron momentos intensos que tienen que haber experimentado. Aunque, la mayoría de ellos realmente usaron la técnica original del fresco, pintando sobre una mezcla fresca de cal apagada.

No cobré por mi trabajo, solo una pequeña suma para pagar el coste de los materiales. Sentí que podía ser nuestra contribución a la comunidad de Beaumont du Ventoux. La población local apreció mucho que restauraran su iglesia, y lo demostró trayéndonos botellas de vino, con grandes sonrisas y calurosos apretones de mano.

También tuvo el efecto de reavivar mi deseo de pintar de nuevo. Comencé de inmediato a restaurar los establos de la vieja granja y los convertí en un estudio de buen tamaño.

CAPÍTULO 6

El reencuentro con la pintura al óleo

Nuestro pozo financiero estaba casi seco una vez más, pero sabía que para mí era un buen momento para volver a pintar, ahora que mi estudio estaba listo. Al no poder aún comprar lienzos, preparé tres paneles grandes de chapa de madera, con una base que hice con cola de piel de conejo y yeso. Como había terminado hacía poco las pinturas murales de la iglesia, usé la misma técnica de tempera de huevo con pigmentos naturales.

Había deseado reactualizar la vida de Jesús y pensé hacer un tríptico de tres escenas famosas; el bautismo de Cristo, con San Juan Evangelista y Jesús en uno de nuestros ríos locales; María Magdalena poniendo ungüento sobre los pies de Jesús en la casa de Lázaro; y Jesús en la cruz con los tres ladrones en segundo plano. En cada panel estaba representado alguno de los paisajes locales y el Mont Ventoux al fondo; mis personajes estaban vestidos con ropa actual, y Jesús bautizado en ropa interior.

Qué experiencia tan extraordinaria, después de tantos años, estar en el silencio de mi nuevo estudio, enfrente de un panel grande y blanco que pedía ser pintado. Me encontré de pie, llorando, las lágrimas rodaban por mis mejillas; lleno de sentimientos de agradecimiento por poder regresar a este mágico instante de pura creación. No pasó mucho tiempo antes de que mi pasión artística se apoderara de todo mi ser. Estaba de regreso en el mundo de las sensaciones, tratando con la forma, el espacio y el color.

La pintura y la creatividad habían regresado a mi vida, mientras trabajaba, sentía como si estuviera concibiendo otras pinturas por venir. Cuando aparecían en mi mente y en mis sentimientos, las almacenaba discretamente en algún lugar de mi ser. Me sentía casi avergonzado de mí mismo por estar usando todo ese precioso tiempo de vida para mi propia expresión personal; pero sabía que tenía que haber cierta cantidad de egoísmo involucrado en el proceso si quería regresar a mi talento inicial.

Fue interesante observar que, mientras pintaba, mi lienzo se convirtió en un tipo de espejo interior reflejando mi comprensión sobre lo que eran para mí las bases de la vida: el tema de Adán y Eva, la relación hombre-mujer dentro de uno mismo; y la creación del mundo en el Génesis donde los cuatro elementos, a través de su interacción, creaban la vida.

Quería expresar a través de mi pintura cómo entendía y vivía estas realidades. Para mí, Adán y Eva no estaban allá, en el pasado lejano del hombre, sino que estaban realmente presentes en cada momento de mi vida.

A medida que pintaba, mis ojos y mis sentimientos artísticos, se despertaban lentamente de un largo sueño, mostrándome que la naturaleza inmaculada me rodeaba con toda su simplicidad. La luz luminiscente de Provenza tenía esa peculiaridad de realzar la belleza inherente de la creación. Dondequiera que mirara, me sentía inspirado a pintar, ya fuesen paisajes, flores o naturalezas muertas. Tan pronto como mis ojos se posaban sobre el tema escogido, la interacción de la luz bailando, dando vida a las formas esculpidas y los colores, producía en mí un estado de comunión, donde me sentía verdaderamente uno con el tema.

Me di cuenta de que, aunque no había pintado sobre lienzo desde hacía más de treinta años, había madurado en mi arte. Sí, era como si mi creatividad artística hubiera continuado silenciosamente, lejos, por debajo de la superficie. Había una gran diferencia, con mi forma de pintar al final de los cincuenta y principio de los sesenta; probablemente debido a la práctica continua del latihan, y a una vida plena, podía alcanzar ahora un lugar de conciencia que no conocía cuando era joven.

Continué pintando casi todo el tiempo, acumulando suficiente obra para montar mi propia exposición local. Me alentó la reacción de los visitantes, aunque me di cuenta que solo vendía pinturas a la gente que ya conocía. Al año siguiente, monté otra exposición y de nuevo me encontré con que, aunque los franceses locales admiraban mi trabajo, las únicas pinturas vendidas lo fueron a personas que conocía, que habían venido del extranjero.

No pasó mucho tiempo antes de que el mundo material me atrapara de nuevo y tendiera su mano exigente. La única manera para mí de continuar pintando fue vender la mitad de mi seguro de vida privado. Gracias a eso, pude continuar con mi trabajo, liberándome de las preocupaciones inmediatas de dinero.

Un desafío inesperado

Mientras pintaba no rechazaba los pocos trabajos que llegaban, ya fueran de diseñar muebles, reformar una casa, diseñar chimeneas, ayudar a un cliente con un interior...Todos ellos contribuían a nuestro pequeño ingreso. Al final de junio de1995, recibí una llamada telefónica de Diana Wildsmith, la arquitecta que me había dado el trabajo de los murales en el Hotel Mandarín Oriental. Era agradable oír su voz desde tan lejos, Indonesia... Preguntó si me sentía capaz de diseñar un gigantesco reloj de cristal para un centro comercial de Yakarta. El encargo era desafiante y le pedí que me mandara inmediatamente, por fax, sus planos para el interior de ese gran proyecto.

Era para un edificio de treintaidós pisos en el centro de la capital indonesia. Los tres niveles inferiores iban a ser un inmenso centro comercial, con bancos, tiendas de lujo, cafeterías y restaurantes. Un gran atrio conectaría los tres niveles que serían accesibles por medio de escaleras. El primer piso tendría fuentes, y en medio de ese enorme espacio, la rica familia indonesia detrás del proyecto deseaba un gran reloj de cristal suspendido.

Mirando los planos y dibujos de Diana, su elección de materiales, granito negro, rojo y verde oscuro; y el diseño bulboso de las impresionantes columnas de granito que soportaban los pisos; me recordó los tiempos de los faraones del antiguo Egipto. Enseguida me puse a trabajar abriendo mi cuaderno de bocetos en una página virgen. Cerré mis ojos, consciente de la necesidad, pero vaciando mi mente de pensamientos, y en su lugar me visualicé internamente en medio de este inmenso espacio vacío.

No pasó mucho tiempo antes de que todo el diseño llegara a mi visión interior: en el piso inferior, en el centro del gran atrio, habría un plano de agua circular. En su centro se levantaría un bloque redondo de granito negro rodeado por chorros de agua que formarían una fuente circular. En el medio del bloque de granito negro, habría paneles de granito rojo formando una caja sin su tapa; dentro de ésta, proyectores de luz concentrada, rosas y verdes, dirigidos hacia lo alto del techo del tercer piso. Descansando sobre la caja de granito rojo habría un obelisco de diez metros de altura hecho de cuatro paneles de cristal iluminados por las luces móviles de la caja de granito rojo. Dentro del cristal de cinco centímetros de espesor habría una bola dorada, del tamaño de una pelota de baloncesto, en su interior, habría un pequeño elevador eléctrico, activado por una computadora desde las oficinas de la secretaría, en algún lugar del edificio. A la una de la madrugada la bola dorada comenzaría a bajar lentamente sobre un alambre invisible de cobre, que suministraría energía al motor del elevador dentro de la bola. En cada lado izquierdo de los cuatro paneles de cristal del obelisco, habría números romanos dorados grabados con cada hora, desde la I hasta las XXIV.

Me puse a trabajar en mi mesa de dibujo y, siguiendo mi inspiración, logré rápidamente un dibujo a escala de mis propuestas, y lo envié vía fax. No solo fue bien recibido y aceptado, sino que me pidieron crear diseños para otras dos fuentes, esculturas y cuatro grandes pinturas murales. El proyecto era enorme y necesitaba organizarme metódicamente para no verme agobiado por el exceso de trabajo.

Nunca antes mis talentos artísticos y de ingeniería habían sido desafiados en tantos frentes al mismo tiempo. Era estimulante y tranquilizador descubrir que no tenía problemas para encontrar la inspiración necesaria. Así que, una vez más, aparté temporalmente mi lienzo blanco, mis pinceles y mis pinturas al óleo; me senté en mi vieja mesa de arquitecto y comencé a dibujar.

En la base de granito del obelisco de cristal, el cliente indonesio quería ver un reloj ordinario. Así que, sobre un panel de granito rojo de la base cuadrada, el que daba a la escalera de los tres niveles, diseñé un reloj perfectamente circular; el cristal grueso de la cara del reloj estaría a ras de la piedra pulida.

Para la siguiente fuente, diseñé un recipiente largo y estrecho con forma de 'i', siendo su 'punto' un recipiente redondo, en el cual cuatro patas de bronce del tamaño de una oca, cada una de ellas seguida por tres patitos, nadarían alrededor de cuatro patos estáticos, con los cuellos estirados hacia el cielo y chorros de agua saliendo de sus picos, convirtiéndose en una fuente de cuatro surtidores. Los patos, estarían sobre una estrella de cuatro discos de mármol blanco El recipiente grande, estaba salpicado por doce nenúfares hechos en cerámica de gres, de color verde-sauce, de cuyo centro surgiría un surtidor en forma de sombrilla, que se iluminaría desde debajo del agua.

Y la tercera fuente, en la parte superior de una gran escalera principal, consistiría en un cuenco redondo, hecho de mármol de Carrara, descansando sobre una columna de cristal, a través de la cual las aguas burbujeantes subirían hasta la parte superior plana del cuenco de mármol. Sobre éste estaría una figura de la mitología javanesa, Kresno (indonesio para Krishna), de bronce dorado y tamaño natural, en una posición de danza clásica javanesa, aplastando la cabeza de un demonio negro con el pie derecho.

El Viejo director indonesio de la compañía también quería cuatro pinturas, representando cada una de las cuatro etapas del desarrollo del hombre. Desde el nacimiento a la pubertad, desde la pubertad hasta la vida de estudiante, de la vida de estudiante al mundo laboral, y del mundo del trabajo a la jubilación y la muerte. Era ciertamente un proyecto muy estimulante. También me pidieron crear algunos diseños en acero para el centro comercial.

Encontré una firma de ingeniería, cerca de Marsella, para hacer y ensamblar los diferentes elementos mecánicos y almacenarlos antes de embarcarlos.

Esculturade Kreshno, proyecto en Yakarta

Un famoso fabricante de vidrio francés hizo y grabó el obelisco de cristal. Un comerciante local de piedras suministró todas las partes de granito y mármol hechas según mi diseño. El reloj lo hizo Omega. El mecanismo y programas de software para el globo dorado lo harían en el Reino Unido, incluida una melodía corta y moderna de gamelan, que sonaría brevemente cada hora durante las 24 horas del día. Los bronces del Kresno danzando y los patos se fundirían en Alemania cerca de Stuttgart. Y, finalmente, una firma de Paris fabricaría las bombas de agua y los surtidores.

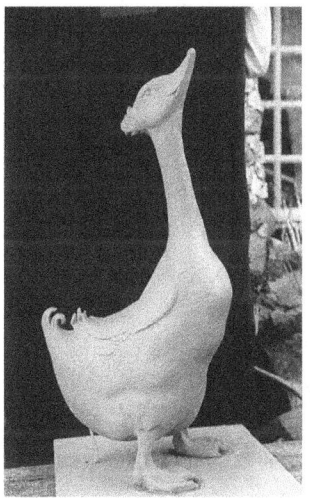

Escultura de pato-fuente, proyecto en Yakarta

Todo este trabajo tenía que coordinarse en un programa. Decidí desarrollar el proyecto en tres etapas principales. El cliente tendría que pagar por adelantado la cantidad a gastar en cada una de las etapas. La familia indonesia responsable del gran proyecto vino a mi estudio, no solo para conocerme sino para evaluar mi habilidad para diseñar y materializar un proyecto de esa magnitud. Durante nuestra reunión, de tres días, los conduje a través de todas las etapas del desarrollo y los llevé a la firma de ingeniería que había elegido cerca de Marsella. Quedaron impresionados por su visita y recibimos el visto bueno para comenzar de inmediato.

Trabajé en todos los frentes, incluyendo hacer las esculturas de arcilla que se convertirían en bronce, para luego dorarlas, colorearlas y patinarlas. Nunca antes había esculpido, excepto un poco en la escuela de arte, y lo encontré un desafío muy agradable. Cuando terminé, un mensajero especializado en trabajos de arte vino a recoger las cuatro estatuas para llevarlas a las fundiciones de bronce en Alemania.

En algún momento a finalesde abril de 1997, mientras trabajaba en el proyecto, surgió desde mi interno un sentimiento fuerte y claro: "Este proyecto no se materializará. Tienes que decirles a los fabricantes, y a la gente involucrada, que no dediquen más tiempo en absoluto al proyecto, más allá de lo que ya han cobrado". La advertencia era tan clara que respondí de inmediato escribiendo a todas las partes interesadas, pidiéndoles que detuvieran el trabajo en cuanto hicieran lo que se les había pagado y continuaran solo cuando llegara el segundo pago.

Había estado demasiado ocupado para prestar atención a las grandes pinturas, y decidí usar ese tiempo para comenzar a trabajar en ellas. Pinté sobre lienzo a prueba de podredumbre, usando pigmentos naturales aglutinados por un medio acrílico. Había mucho trabajo por hacer, y éste me llevó hasta el final de agosto de ese año.

Mientras tanto, me di cuenta de que mis socios indonesios se comunicaban con menos frecuencia y no habían enviado el segundo pago, aunque les había dicho que estaban atrasados. ¡Un día, escuchando las noticias por la radio, oí que toda la economía indonesia se estaba derrumbando y que el país estaba completamente en quiebra! Todos los bancos tuvieron que cerrar; la economía estaba completamente paralizada.

Contacté con Diana que confirmó la crisis política y financiera, y me dijo que el proyecto no podía continuar, ya que el banco que lo financiaba había quebrado. Después de esa llamada, sentí una profunda gratitud hacia mi Fuente de Vida por haberme guiado a tiempo, protegiéndome de tener una enorme deuda. Al final, no debía un céntimo a ninguna de las firmas que trabajaron en el proyecto, excepto a mí mismo, ya que había utilizado el tiempo, de espera de más fondos, para pintar los cuatro murales.

Unos meses más tarde, en 1998, la familia indonesia me ofreció comprar las pinturas; deseaban mucho tenerlas, pero ofrecieron obtener las cuatro por el precio de dos. Rehusé, prefiriendo quedarme con ellas en mi estudio.

Esta experiencia amplió mi confianza en mi inventiva y mi creatividad; también sacó de mí una capacidad de diseño, que no sabía que poseía. Dejé el reloj de cristal a los ingenieros de Marsella, y pedí a las fundiciones que destruyeran las estatuas de arcilla, ya que no podía pagar su fundición en bronce. Me quedé con las cuatro placas circulares de mármol sobre las cuales hubieran descansado los patos machos y con la base de la fuente para Kresno; que ahora sirve como mesa en nuestro jardín, recordándome la desafiante aventura.

No hay duda de que hubiera preferido ver terminado el excitante proyecto, pero sentí que todo el ejercicio había sido muy positivo. Extendió mi creatividad hasta nuevas fronteras, y me dio la oportunidad de trabajar con ingenieros, de gran talento, sobre problemas que se presentaron durante el desarrollo de los muchos aspectos del proyecto. Por último, pero no por ello menos importante, aportó a Lasalle Arte y Diseño, mi compañía, un buen ingreso durante esos dos años y medio.

La tragedia del 11 de septiembre de 2001

Cerca de las cuatro de la tarde del 11 de septiembre de 2001, estaba pintando en mi estudio, totalmente absorto en un ramo de flores y en el concierto de piano de Frédéric Chopin, que estaban emitiendo en un programa de radio de música clásica. De repente la música se interrumpió por un comunicado urgente: "¡Nuestro corresponsal en Nueva York acaba de comunicarnos que una de las Torres gemelas ha sido alcanzada por un avión jumbo!"

Atónito por el anuncio, encendí el televisor que normalmente mantengo detrás de una cortina en mi estudio. Lo que vi era increíble. La misma torre comercial que había visitado algunos años antes, estaba en llamas. La cámara que estaba filmando la horrible escena debía estar a poca distancia. El cielo era perfectamente azul, excepto por el denso humo que se elevaba desde las tres cuartas partes superiores del edificio.

No podía creer a mis ojos cuando, de repente, otro avión golpeó la segunda torre generando una enorme explosión de fuego y humo negro. La cámara acercó la imagen de la escena; ahora estaba viendo, entre los escombros que caían por el impacto, algunas formas humanas del tamaño de hormigas, flotando como a cámara lenta, bajando a lo largo del colosal edificio.

Los latidos de mi corazón se incrementaron; aumentando la presión sanguínea en todo mi cuerpo; me sentía terriblemente furioso por el comportamiento estúpido y criminal del hombre. ¿Acaso el mundo se había vuelto loco? Todo mi cuerpo temblaba debido a mis emociones que estaban muy perturbadas. Era difícil creer que lo que estaba viendo era real y estaba pasando. Totalmente consciente de lo alterado que estaba, pregunté a mi ser interno: "Léonard, ¿cuál es el mejor estado y el mejor lugar para estar en un momento así, tan trágico?"

Enseguida apagué el televisor y me puse de pie, abandonando completamente mis sentimientos de malestar e indignación, mi sufrimiento y a mí mismo. De inmediato, sentí una tranquilidad profunda y neutral en mi interior, mientras mi conciencia se ampliaba; mi voz entonó el sonido de una potente melodía. El latihan que estaba haciendo era muy fuerte y estaba plenamente consciente. Mis ojos interiores se abrieron mientras cantaba y vi una escena muy sorprendente.

Nueva York el 11 de septiembre de 2001, óleo sobre lienzo

CAPITULO 6

Desde la otra orilla del rio Hudson podía ver la ciudad de Nueva York iluminada por la luz dorada del sol de madrugada. El viento que venía del noroeste, estaba empujando la enorme nube gris oscuro elevándola desde las torres colapsadas hacia la luz del sol. Vi, en la nube de polvo, la agonía de una humanidad sufriente, chillando y llorando su profunda desesperación.

Oí un canto angelical y armonioso. Miré hacia arriba, a los cielos, y vi que estaban llenos de seres angélicos bajando con sus brazos extendidos hacia la trágica escena; sus cuerpos luminosos dorados por los rayos del sol. A pesar de que la densa nube oscura de agonía que se extendía desde la ciudad llevaba

muchos rostros que expresaban gran confusión y sufrimiento; también pude ver, saliendo de lo alto de la nube, las partes superiores de cuerpos, brazos y manos ofreciéndose hacia los ángeles auxiliadores que llegaban.

Había un equilibrio entre la belleza y la agonía. Parecía que el caos allá abajo era la creación del hombre, el sufrimiento estaba en el polvo y el humo. Una multitud de ángeles estaba salvando a las almas. Parecía que estaban allí para dar auxilio y seguridad a las almas indecisas que estaban saliendo de la oscuridad del humo. No había juicio en sus acciones. Estaban allí para dar amor y cuidado a las almas que habían abandonado su ira y su sufrimiento.

No volví a encender el televisor. Sentí la necesidad de compartir la comprensión que había recibido de esta experiencia; tomé rápidamente mi libreta de apuntes y comencé a dibujar. Después de algunos esbozos rápidos, sabía que la pintura ya estaba esperando en mis sensaciones internas. Tomé un lienzo grande y empecé a pintar. Me sentí neutral mientras observaba lo que había visto reaparecer sobre el lienzo blanco.

Unos días más tarde, la pintura apenas se había secado, dos visitantes entraron en mi estudio para ver mi trabajo. Issa, una psicoanalista y chamán, y su amiga Laura una cantante profesional. Ambas vivían en San Francisco. Issa fue directamente a la pintura del 11 de septiembre y preguntó ¿cuánto? Le dije, y sin dudarlo la compró en el acto.

A ambas les gustó tanto mi trabajo que me ofrecieron organizar una exposición en su casa de las afueras de San Francisco. Además, me sugirieron que hiciera una exposición de mis pinturas alegóricas en el Instituto Californiano de Estudios Integrales; cosa que hice.

Una historia más

Para enlazar con mi introducción, les contaré solo una historia más que demuestra cómo la acción de abandonarse permite que otros poderes latentes entren en acción; poderes que están mucho más allá de aquellos a los que mi ser ordinario puede acceder. Lo que quiero decir es que, al no aferrarme a los muchos deseos de mi ego y a mí mismo, me hago consciente de mis verdaderas necesidades, las que son beneficiosas para mi familia, para mí mismo y para quienes me rodean. Conocer las necesidades, pero no usar mi voluntad para encontrar una manera de obtenerlas, permite que la acción del alma entre en juego.

Acepté la amable oferta de Issa y preparé dos exposiciones para San Francisco. Fue una gran tarea, cerca de cuarenta pinturas, algunas muy grandes, fueron cuidadosamente envueltas y empaquetadas en grandes cajas de madera y llevadas al aeropuerto de París-Charles de Gaulle, con el apoyo de una compañía de transportes.

Mélinda y yo fuimos a San Francisco y nos quedamos un mes en casa de Issa y Laura. Las dos exposiciones fueron un éxito y se vendieron quince cuadros. Los otros, se quedaron almacenados, ya que tenía en mente organizar una exposición, al año siguiente en Nueva York, con las veinticinco pinturas restantes.

Regresamos a finales de diciembre, cansados del largo viaje, y al llegar a casa alrededor de las diez de la noche, no pudimos abrir la puerta de la cocina. En nuestra ausencia, la lluvia torrencial había inundado los pisos inferiores de la casa y el taller, y de tres a cinco centímetros de agua cubrían el suelo.

Al día siguiente fui a mi estudio y descubrí que había perdido cerca de doscientos de mis dibujos y otras obras de arte. Eran trabajos que había hecho durante cuaren-

Mélinda en el torno de su taller

taicinco años, muchos de ellos en tinta de colores sobre papel Bristol satinado. El agua los había pegado entre sí y no fue posible salvarlos. El inspector de seguros de la casa vino rápidamente y, después de anotar mis demandas, me dijo que había muy pocas posibilidades de que me reembolsaran por la pérdida de mis obras de arte. La póliza solo cubriría unas pocas alfombras y cortinas, lo que confirmaron por escrito con un cheque de 200 €. Devolví el cheque con una carta de desaprobación, y seis meses más tarde el litigio aún no estaba resuelto.

Algún tiempo más tarde recibí una llamada de un amigo de Chicago llamado Daniel, preguntando si estaba dispuesto a trabajar, en África, con otros que tenían experiencia en trabajo social. Habiendo estado

varias veces en África, estaba bien informado sobre los proyectos Subud de nuestros amigos en la República Democrática del Congo y en Angola. Pequeñas clínicas, escuelas, proyectos sociales y pequeñas empresas, habían sido apoyadas por SDIA (Asociación Internacional Susila Dharma) y por empresarios privados miembros de Subud. Daniel organizaba un seminario en su oficina para ver cómo podríamos ayudar más a las poblaciones locales a desarrollar empresas en sus respectivos países. Daniel, ofreció generosamente cubrir todos los gastos incluyendo los vuelos y acepté.

El día antes de salir para los EE. UU., escribí una carta muy firme a la compañía de seguros recordándoles que cada uno de mis dibujos valía más de 200€ y que, si no me reembolsaban en parte por su pérdida, pondría el asunto en manos de mi abogado; añadiendo que le enviaba copia de la carta a éste. En el camino hacia el aeropuerto pensaba que mi vehículo, un viejo Renault Nevada con más de 389,000 km, estaba empezando a mostrar señales de vejez. Me preguntaba de qué forma podría pagar otro vehículo, y cómo podría liquidar la deuda que había acumulado en los últimos años. Envié mi carta a la compañía aseguradora antes de coger mi vuelo a Chicago, sin tener idea de qué iba a pasar.

El departamento de inmigración de EE. UU. rechazó la entrada a los congoleños y proporcionó visados de corta estancia a los angoleños. Aunque echamos de menos la presencia de nuestros hermanos de R. D. del Congo, tuvimos un fin de semana muy fructífero trabajando juntos. El último día, sentimos que era necesario meter las manos en nuestros bolsillos para dar a nuestros hermanos angoleños unos pocos dólares a fin de ayudarlos a comenzar su empresa. Discretamente miré en mi cartera donde me quedaban exactamente trescientos treinta dólares americanos. Saqué los tres billetes de cien, dejando treinta para mi viaje de vuelta a casa, y los puse en la colecta.

Al día siguiente cuando regresé a casa en Francia, Mélinda me entregó el correo y dijo: "...y está este sobre extraño del seguro con un cheque dentro. Me confundo con tantos ceros, ¿son 3.000 €?" ¡Miramos el cheque y, pudimos comprobar con alegría que era de 30.000 €! Podíamos pagar la deuda y comprar un vehículo nuevo; que aún estoy usando hoy, en el momento en que escribo. No hubo explicación de la compañía de seguros, ni disculpas, solo el cheque que cobré al día siguiente. De nuevo, sentí una inmensa gratitud por estar tan bien cuidado. Me recordó cuando oí a Bapak decir: "Cuando den de forma correcta, recibirán de vuelta por centuplicado".

Desde que nos mudamos a Beaumont du Ventoux, Mélinda y yo hemos sido totalmente aceptados por sus habitantes. Pintar los frescos en la iglesia fue sin lugar a dudas una buena iniciativa, pero no lo es todo; los vecinos nos muestran mucho respeto y sentimientos de afecto. Propuse mi nombre para las elecciones municipales hace unos años, y casi fui elegido, falto un voto. El partido de oposición, al cual pertenezco, decidió realizar un periódico trimestral, que se distribuye gratis a todos los miembros de nuestra comunidad. Este boletín informa con exactitud de lo que se discute en las reuniones del Consejo municipal y de las noticias locales; y está abierto a cualquier artículo, siempre que esté firmado por sus autores y que no sea para polemizar sino simplemente para informar sobre hechos. Su creación ha aportado unidad y un sentimiento más democrático a la comunidad. Algunos lugareños han comenzado el entrenamiento espiritual y podemos hacer latihan juntos.

Algunas palabras para terminar

Como escribí en las primeras páginas de este libro, comencé el latihan kejiwaan de Subud cuando tenía 19 años. Mi vida entera ha estado inspirada por su práctica; por lo tanto, no podría separarlo de mí mismo, ya que está integrado como parte de mi todo. av

Espero que hayan encontrado mi lenguaje accesible y que hayan reconocido algunos fenómenos impredecibles de la misma naturaleza, en su vida de cada día, que podrían tener origen en su propia 'Fuente de Vida'.

CAPITULO 6

El almendro en flor de nuestra casa, óleo sobre lienzo

Glosario

Bapak	Término indonesio respetuoso para dirigirse a un hombre mayor.
Ibu	Término indonesio respetuoso que significa madre.
Latihan	Palabra indonesia que significa entrenamiento o ejercicio.
Kejiwaan	Palabra indonesia que significa espiritual.
Subuh	Significa el alba. Bapak nació al alba.
Subud	Palabra derivada de una lengua asiática pre-sánscrita, significa «completo». Bapak lo explica con tres palabras sánscritas: Susila, Buddhi, Dharma.
Cilandak	Poblado en la periferia de Jakarta.
Testing	Término utilizado para describir una forma de acercarse a una pregunta o una situación, de una forma neutra sin pasar por el corazón o la mente y recibir una comprensión que llega de lo profundo de nuestro ser.

Nota del autor: He evitado utilizar términos religiosos para describir mis experiencias espirituales como forma de hacer la realidad de mis experiencias más accesibles a todos los lectores.

Índice de cambios de nombres

François cambió a Léonard.

Jean, mi esposa, cambió a Mélinda.

Joanna Melia, nuestra primera hija, cambió a Laura, después a Lucianne.

Honor, mi madre, cambió a Olivia.

Sylvette, mi hermana, cambió a Lydia.

Philippe, mi hermano, cambió a Rainier.

Lucas, nuestro hijo pequeño cambió a Melvin.

Peter Gibbs, mi amigo arquitecto cambió a Lambert.

Sobre el autor

Lèonard Lassalle nació en Niza, el 7 de diciembre de 1937, de madre inglesa y padre francés, de África del norte, los dos artistas pintores.

Los primeros seis años de su vida los pasó con su padre adoptivo, Marcel Lassalle, su madre y su hermana Sylvette, tres años mayor que él, en l'Île du Levant à 15km de la costa, en el sudeste de Francia.

En 1942, en plena guerra, dejaron la isla para refugiarse en Dieulefit, en la región de Drôme, donde asistió con su hermana a la escuela de la ciudad de Beauvallon.

Entre los quince y los diecisiete, estudió dibujo y publicidad en París, con el célebre artista, pintor, dibujante y figurinista, Paul Colin. En 1955, estudió artes gráficas, y después pintura, en la Escuela Central de Artes y Oficios, en Londres. En 1959 conoció a Jean Orton, que se convertiría en su mujer.

Justo después de conocerse empezaron un entrenamiento espiritual llamado « Latihan Kedjiwaan de Subud », que coincide con sus naturalezas independientes.

Tuvo que interrumpir su actividad artística en 1962, empujado por la necesidad de sostener a su familia; se convirtió en vendedor ambulante de antigüedades en París. Más tarde, la familia, con tres hijos, se trasladará al sur de Inglaterra, a Tunbridge Wells, donde abrió una tienda de decoración de interiores y antigüedades, especializada en el siglo XVII. Esta pequeña empresa les permitió criar a sus siete hijos.

Después de veintiséis años, volvieron a Francia y se establecieron en Provenza, donde cada uno cultiva su talento de artista.

www.ingramcontent.com/pod-product-compliance
Lightning Source LLC
Chambersburg PA
CBHW062155080426
42734CB00010B/1695